U0925861

为了人与书的相遇

史景遷作品

郑培凯 鄢秀 主编

雍正王朝之大義覺迷

Treason by the Book

[美] 史景迁 著 温洽溢 吴家恒 译

Jonathan D. Spence

广西师范大学出版社

·桂林·

图书在版编目(CIP)数据

雍正王朝之大义觉迷 /（美）史景迁著；温洽溢，
吴家恒译．—桂林：广西师范大学出版社，2011.2（2020.12 重印）
（史景迁作品）

ISBN 978-7-5495-0224-0

Ⅰ．①雍… Ⅱ．①史… ②温… ③吴… Ⅲ．①文字狱
－史料－研究－中国－清前期 Ⅳ．① K249.205

中国版本图书馆 CIP 数据核字 (2010) 第 228563 号

广西师范大学出版社出版发行

广西桂林市五里店路9号 邮政编码：541004
网址：www.bbtpress.com

出 版 人：黄轩庄
出 品 人：刘瑞琳
责任编辑：郝志坚 吴晓斌
校　　对：王　颖　刘安捷
书名题签：黄华侨
装帧设计：陆智昌
内文制作：杨　雷
全国新华书店经销
发行热线：010-64284815
山东韵杰文化科技有限公司

山东省淄博市桓台县 邮政编码：256401

开本：787mm × 1092mm 1/32
印张：9.125 字数：157千字
2011年2月第1版 2020年12月第10次印刷
定价：62.00元

总 序

妙笔生花史景迁

郑培凯 鄢 秀

一

近半个世纪以来，西方列强对中国虽已停止了侵略殖民，但西方一般民众对中国的认识，仍然带有殖民心态与说不清道不明的迷思，三分猎奇、三分轻蔑、三分怜悯，还有一分“非我族类”的敌意。想到中国的山河广袤、人口众多、历史悠久，心目中浮现的图景就似真似幻，好像乘坐荒野打猎的越野吉普，手持望远镜，驰骋过山林丛莽，观看熊罴虎豹、狮子大象、猿猴猩猩、斑马羚羊，倏忽群兽遍野，狼奔豕突，倏忽蒿草无垠，万籁俱寂。中国像万花筒，什么都有，什么花样组合都变得出来；中国历史像变魔术，可以把一切想象变成真实，又可以把一切真实变成幻象；中国文化传统玄之又玄，阴阳变化，万象归一，天下万物生于有，有生于无，变是不变，不变是变。不要说听的人越听越糊涂，讲的人也是越讲越糊涂，于是，中国也就“假作真时真亦假”，神龙见首不见尾了。

其实，在欧美真想了解中国历史文化，也有不少西文学术书可供阅读，从孔子到毛泽东，都有所论述，而且大体上都提供了史实正确的知识。读者对中国近代有兴趣，也可以从各类学术专著与教材，知道些翻云覆雨的历史大人物，得知鸦片战争肇启列强对中国领土资源的觊觎与蚕食，得知中国从几千年的帝制转为民国政体，得知军阀混战与日本侵略，得知国共内战与共产党的胜利。耐下心来读点思想史与社会经济史，还能知道耶稣会传教给中国带来一些科学新知、早期中西文化接触给西方启蒙运动提供滋养、清代思想统治影响学术变化、明清以来人口流动与增长的情况、美洲白银与农作物传入改变了中国经济结构。甚至会发现，原来有这么许多学术专著讨论中国近代历史事件与特定人物，探讨传统社会生产与伦理关系的解体，研究政体改变与城乡结构的变化，以及西潮如何冲击文化传统、思维逻辑与教育制度，等等。但是，对一般读者而言，学术专著太深奥，教科书又太枯燥，陌生的人名、地名、事端、争论，令人越看越纷乱，满脑都是浆糊。实在不懂为什么中华帝国会反对通商、反对自由贸易、反对门户开放，不懂为什么一向讲究礼义和平的老百姓会突然变成革命群众，不懂中国人民到底在想什么。好像愈知道许多人物与事件，却愈加糊涂，有如雾里看花。

这几十年来欧美出了一位研究中国史的奇才史景迁（Jonathan Spence），他最大的贡献就是以优美流畅的文笔，把中国近代错综复杂的人物与史事，通过严谨的历史考证，参照专家的钻研成果，以“说故事”的传统历史方法，娓娓道来，让西方读者“拨开云雾见青天”，对中国的历史经历有了“感觉”。

二

“史景迁”这个华文名字，是他在耶鲁大学研读历史学博士学位期间，一位中国史学前辈房兆楹给他取的，寓意明显，期望也高，学历史就要景仰司马迁，以司马迁为楷模。司马迁的《史记》，材料丰富，考辨严谨，叙事清楚，条理分明，文笔生动，“究天人之际，通古今之变，成一家之言”。史景迁是现代史家，不像司马迁出身“史卜巫祝”传统，有着“究天人之际”的使命，但是，他研究晚明以迄当代的中国历史，叙事的方法与文体却循着《史记》的精神，的确当得起“通古今之变，成一家之言”的赞誉。从他第一部《曹寅与康熙》(*Ts'ao Yin and the K'ang-hsi Emperor: Bondservant and Master*) 开始，他就结合档案史料与研究曹雪芹先世的各类文史资料，写了康熙皇帝的治术，同时也勾勒了清朝天子的内心世界。这种对原始资料的扎实研究基础，让他在第三部著作《康熙》(*Emperor of China: Self-Portrait of K'ang-hsi*) 中，得以化身康熙，以第一人称的叙事方法，发挥历史想象，充分展现康熙大帝的喜怒哀乐，让西方读者看到一个有血有肉的中国皇帝。书写康熙，把一切客观历史材料转为自传文体，必须从天子的角度看天下，涉及各种各样的天下大小事，以宏观的视野，高屋建瓴，为大清帝国的长治久安着想。如此，表面是书写假托的康熙自传，实际上却必须考虑中华帝国的方方面面，从统治天下的全相角度呈现中华帝国的全貌。

史景迁第二部书《改变中国》(*To Change China: Western*

Advisers in China,1620-1960)，探讨近代西方人士如何参与及推动中国的历史变化，从早期的传教士汤若望、南怀仁，清末的戈登、赫德、丁韪良、傅兰雅，一直写到民国时期的鲍罗廷、白求恩、陈纳德、史迪威，开启了他对中西文化接触与交流的研究兴趣，撰写了后来一系列相关著作。他的兴趣，从西方人在华活动扩展到中西文化接触所引发的思维刺激与调适，探讨不同文化碰撞时相互理解与误解的困境。具体的人物在特定的历史环境中，都有独特的引人入胜的故事发生，不但是西方人在明末的中华帝国会有各种奇特遭遇，中国人在 18 世纪初欧洲的异国遭遇更令人难以想象。史景迁就像福尔摩斯一样，利用他掌握多种欧洲语言的优势，进入中外历史材料的迷宫之中，追索隐藏在历史帷幕后面的蛛丝马迹，想象中外历史文化接触的夹缝中，远赴异乡的人物是如何生活的，而其遭遇又如何存留成历史的记忆。他混合运用中外史料，披沙拣金，追索明末利玛窦远渡重洋，由西徂东，来华传教的经历，也写了广东天主教徒胡若望流落法国的一桩公案，更整合了蒙古西征之后，西方对中国的想象与描绘。

《利玛窦的记忆宫殿》(*The Memory Palace of Matteo Ricci*)，上溯到明末耶稣会士来华传教，如何适应中国的文化环境，如何利用欧洲流行的记忆术作为敲门砖，打入热衷科举考试、重视背诵诗书的士大夫群体。《胡若望的疑问》(*The Question of Hu*)，写一个中国天主教徒胡若望因傅圣泽神甫（Jean-François Foucquet）的提携，远赴法国，却因举止乖张，流落异乡，甚至被关进疯人院里，三年后才得以返回广东家乡。史景迁利用了梵蒂冈的教廷档案、大英图书馆档案及巴黎的国家外事档案，拼成一幅匪夷所思的雍正初年广东华人流落法兰西的故事。《大汗之国》(*The Chan's Great Continent: China in Western Minds*) 则综观西方人如何想象中国的历史历程，从蒙元时期的鲁伯克修士、马可波罗，一直到当代的尼克松、基辛格，不但写来华西方人所记的中国经历，也写没来过中国的文人作家如何想象中国，影响了一般民众的中国印象。对于中国读者而言，这些仔细爬梳过欧西档案与文史群籍的历史资料，经过天孙巧手缝缀成一个个动听的故事，就像一面面精美的缂丝挂毯，不但引人入胜，也开拓了我们的眼界，了解不同文化的相遇、碰撞与互动，是多么的错综复杂，时常还惊心动魄，比小说虚构还要离奇。

《康熙》在 1974 年出版之后，引起出版界的轰动效应，深受读者欢迎，成为畅销书，甚至被白修德（Theodore H.White）誉为“经典之作：把学术提升到美的范畴”。西方史学界也开始注意史景迁书写历史的修辞策略，称赞他文体自成一格，剪裁史料别具慧心，从不大张旗鼓，宣扬新的理论架构，却在不经意处，以生动的故事叙述，展现了历史人物与事件所能带给我们的历史文化思考。他继之在 1978 年，写了第四部著作《王氏之死》(*The Death of Woman Wang*)，以山东郯城的地方志、黄六鸿的《福惠全书》、蒲松龄的《聊斋志异》为史料基础，探讨清初小老百姓的生活环境与想象空间，从宏观的天下全相与中西文化观照，推移镜头至偏僻乡间农民与农妇的生活，把蒲松龄的文学想象穿插到梦境之中，以不同角度的现实与虚构特写，重组了 17 世纪山东农村的生存处境。这部书最引起史学界议论的，就是剪裁蒲松龄如梦如幻的优美文字，用以虚构妇人王氏临死之前的梦境。史景迁运用文学材料书写历史，当然不是要呈现实际发生的史实，不是妇人王氏的“信史”，却可以引发读者想象清朝初年的山东，在历史意识上触及当时历史环境的“可能情况”。

书写历史，最重要的是要依靠文献证据，假若文献未曾明确提供材料，可不可以运用书写想象去重新构筑历史场景？这就是现代历史书写最蹊跷暧昧的领域，也是后现代史学不断质疑与解构的关键。他们不但质疑史料经常不足，或是一批“断烂朝报”，缺失的比留存的材料可能要多，不足以反映历史实况，令人更加质疑所有历史材料的可靠性。像 Hayden White 这样的历史哲学论者，就在他的《元史学》（*Metahistory*）中提出，所有的史料，包括第一手材料与档案，都是具体的个人记录下来的，一牵涉具体的人，就有主观的思想感情倾向，就不可避免有“人”的历史局限，就不可能完全科学客观，做到巨细靡遗地记录人与事的复杂情况，而不掺入运用修辞逻辑的历史想象。他甚至进而指出，历史写作与文学写作无大差别，都是运用文字，通过想象修辞的手段与不同倾向的书写策略，虚构出一个文本。这种推衍到极端的主观书写论，有其立论的根据与辩难的目标，很难斥为无稽，但却故意扭曲了文学创作与历史求真求实的基本意图有所不同。值得提出的是，史景迁的著作不能归入“后现代”的主观虚构历史书写之中，因为他写每一本书，都恪遵传统史学的规律，尽量使用存世的史料，上穷碧落下黄泉，从中国史书方志档案到西方史志档案，几乎做到“无字无来历”。他在连接史料罅隙，推理可能历史情况时，也明白告诉读者，文献材料是什么，作者解读的历史“可能”是什么，从不混淆视听。

三

史景迁的史学著作，经常是雅俗共赏，兼顾学术研究与通俗阅读，一方面让专家学者思考史学探索的意义与方向，另一方面又让一般读者深入理解中国近代的历史，特别是中国人生存的时代环境与生命意义的追寻。他写的《天安门：中国人及其革命，1895—1980》(*The Gate of Heavenly Peace: The Chinese and Their Revolution, 1895-1980*)与《追寻现代中国》(*The Search for Modern China*)，最能显示他史识的通达与文笔之流畅，能够不偏不倚，就事论事，却又充满了历史的同情与了解，让西方读者理解，中国是一个实实在在的地方，即使难以认同中国历史的发展，却也看到生活与奋斗其中的历史人物，都是有血有肉有感情的人，在特定的黯淡历史环境中，奋勇追寻茫茫前途的一丝光明。《天安门：中国人及其革命，1895—1980》着眼中国近百年文化人与文学家的处境，环绕着康有为、鲁迅、丁玲、他们的师生亲友，以及所处的历史环境与文化空间，写他们的追求、挫折、困境与期盼；《追寻现代中国》则以教科书撰述通史的形式，历述明末以迄当代的政治经济变化，从晚明的繁华到清兵入关，从康乾盛世到晚清颓败，从鸦片战争到康梁变法，从五四运动到共产党执政，从“大跃进”一直述说到改革开放，同时没忘了论及曹雪芹与《红楼梦》、“五四”时期的蔡元培、陈独秀、胡适、鲁迅等，指出文化变迁的长远影响。这两本历史著作的书写方式，都是传统史学呈现历史全相的主流写法，出版后，都在欧美图书市场成了历史畅销书，并且自

1990年以来，成为西方大学中国史课程的通用教科书，影响了好几代大学生与文化人。他接着出版的《太平天国》(*God's Chinese Son: The Taiping Heavenly Kingdom of Hong Xiuquan*)、《雍正王朝之大义觉迷》(*Treason by the Book*) 等等，一直到近年的《前朝梦忆》(*Return to Dragon Mountain: Memories of a Late Ming Man*)，每一本书问世，都能生动活泼地呈现中国的历史经验，掀起畅销热潮，使西方读者对中国近代历史变化的认识更加深入，加深对于中国历史文化的同情。

史景迁的历史著作如此畅销，受到广大读者的喜爱，也就遭到一些传统学究型历史学家的讽刺，说他是"说故事的"史学家，不曾皓首穷经、在故纸堆中考据出前人未见的史实，而且视野过度宽广，未曾穷毕生之力，专注某一桩历史事件，成为特定历史题材的"权威专家"。也有些以社会科学方法自诩的社会经济史学者，认为史景迁著述虽多，但提不出一套理论架构，对历史研究的科学性毫无贡献，又不以社会科学"放之四海而皆准"的普世性为依归，不曾努力把中国历史文化研究纳入普世性社会科学，充其量只是引起西方对中国历史文化的兴趣。这些批评其实都是皮相之论，以狭隘的学术观点、本位主义的专业立场，排斥历史学的基本人文精神与开发多元的普世关怀。

从政治大事的角度书写历史全相，是中国传统史学的主流写法，《春秋》纪事罗列重要事迹，《史记》叙事以"本纪"为经，"列传"为纬，辅以表记志书，成为中国正史的写作通例。司马光的《资治通鉴》与后来的各种"纪事本末"，虽在传统史学体例之中另列一格，其实还是全相式的政治事件书写。不仅中国史学传统如此，西方史学从古希腊开始，也是以叙述“故事”为主。希罗多德（Herodotus）的《历史》，糅合各种资料与传闻，删汰芜杂，以“说书”的叙述方式呈现。古希腊文historein，本义是“问询”，意即司马迁在《史记·太史公自序》所说的，“罔（网）罗天下放失旧闻，王迹所兴，原始察终，见盛观衰”。太史公作《五帝本纪》，记述上古传闻资料，也面临类似的问题，自己还作了检讨：“百家言黄帝，其文不雅驯，荐绅先生难言之。……余尝西至空桐，北过涿鹿，东渐于海，南浮江淮矣，至长老皆各往往称黄帝、尧、舜之处，风教固殊焉，总之不离古文者近是。”希罗多德之后的修昔底德(Thucydides)，对记述往古的传闻颇不以为然，认为可靠的历史只有当代的记录，因此撰写当代的战争大事为《伯罗奔尼撒战争史》，在资料的“问询”上有亲身的经历，还可以采访许多身历其境的当事人，得以对勘论辩。虽说着史风格有所不同，更加强调资料源的可靠性，但其呈现战事发生的前因后果，仍是政治事件的全相叙述。不论是司马迁、希罗多德，还是修昔底德，叙述历史的修辞手法，都是去芜存菁，运用明畅的文字，讲一个动听的故事。到了欧洲启蒙时代，吉本(Edward Gibbon)写《罗马帝国衰亡史》，还是遵守这个写历史“说故事”的基本原则。

倒是近代的历史学家，先受到19世纪兰克学派的影响，在历史研究领域强调科学实证，以考辨史实为历史研究主要任务，长篇累牍进行饤饾考证，以显示历史研究的专业化。学术机构的建立、文史哲的专业分科、学术专业职场化、学术职业升迁的专业评核，把文化学术的理想转为薪酬饭碗的优渥，加剧了历史研究钻牛角尖的倾向，迫使严肃而有才华的历史学家随波逐流，把全副精神放在历史学科制度的规范要求上面，使得全相性叙事的历史著作遭到学院的排斥，沦为毫无史观与史识的历史教科书与通俗历史演义的领域。到了20世纪后半叶，历史研究的科学客观性遭到挑战，许多史学家又从一个极端摆荡到另一个极端，转向“观点”与“问题意识”为主导的探讨，充满了政治正确与社会意识的信念，强调阶级、种族、性别、弱势群体，从各种文化批判角度，进行“把历史颠倒的重新颠倒过来”的工作，化历史研究为意识形态斗争的场域。

总而言之，以新角度新观点来书写历史，拓展我们对历史的认识，或者指出传统历史书写的局限与歧视，固然有其价值，但全相叙述的历史书写传统，还是不该断绝的。不仅如此，历史研究虽然已经成为学术专业领域，却也不能放弃学术研究的基本人文关怀，不能排斥学术通俗化的努力，不能把一般人有兴趣的历史题材当作没有价值的老生常谈，更不能把自己文字能力的艰涩鲁钝作为学殖深厚的借口。由此看来，史景迁既能著述宏观全相的中国历史，又能在历史叙述的实践上探索新的历史研究领域，以生动的笔触揭示新的观点与问题意识，难怪可以雅俗共赏，也为中国历史研究提供了值得深思的启示。

中国史学传统要求史家具备“才、学、识”（刘知几），章学诚又加了“德”。在《文史通义》中，章学诚是这么解释的：“义理存乎识，辞章存乎才，征实存乎学”，强调的是，要有文化传统的认识与关怀，要有书写叙述的文采，要有辨伪存真的学殖。对于他自己提出的“史德”，章学诚在《文史通义》立有专章，作了详细的疏解，关键在于：“能具史识者，必知史德。德者何？谓著书者之心术也。”余英时在《论戴震与章学诚》一书中指出，章学诚的史学思想承袭了中国儒家传统，太注重政治伦理，所强调的“史德”偏于传统道德的臧否，而不同于现代史学强调的客观性：“其主旨虽在说明历史学家于善恶是非之际必须力求公正，毋使一己偏私之见（人）损害历史的‘大道之公’（天）！但是这种天人之辨仍与西方近代史学界所常讨论的历史的客观性和主观性有不同处。”我们若把章学诚对“史德”的要求与余英时的评论放在一起，借来观测史景迁的历史著作，就会发现，史景迁的现代西方史学训练，使他不可能陷入儒家道德臧否性的中国传统“史德”误区。反倒是因为他身为西方学者，远离中国政治，与中国近代的政治伦理没有切身的关联，没有族群兴衰的认同，没有利益的瓜葛，不会以一己偏私之见损害历史之大公。从这一点来说，史景迁书写中国历史的实践，配合了余英时的现代史学反思，为中国史学传统的“才、学、识、德”，提供了颇饶兴味的现代诠释。

四

这套丛书两位主编之一的郑培凯，与史景迁先生有师生之谊，是史先生在耶鲁大学历史系任教时正式招收的第一个博士研究生。自 1972 年开始，他就在史先生指导之下，浸润历史学的研读与思考，并且从一个学生的角度，反复阅读老师的历史著作，以期学习历史研究与书写的诀窍。从《康熙》的写作时期开始，郑培凯就不时与老师切磋问学，还会唐突地询问老师写作进度与历史书写的策略。

史先生写《王氏之死》、写《天安门：中国人及其革命，1895—1980》、写《利玛窦的记忆宫殿》、写《追寻现代中国》，从开题到完书出版，郑培凯都有幸过从，亲聆教诲，还时而效法“有事弟子服其劳”的古训，提供一些不轻易经眼的文献资料。老师对这个学生倒也施以青眼，采取自由放任态度，提供了最优渥的奖学金，有酒食则师生同馔，老师埋单付账。在耶鲁大学学习期间，郑培凯自己说，从老师学得的最大收获，就是如何平衡历史书写的客观材料与剪辑材料的主观想象，运用之妙，存乎一心。而那个“一心”，则类乎章学诚说的“著书者之心术”。

《天安门：中国人及其革命，1895—1980》一书在1981年出版之后，郑培凯立即以之作为讲授中国近代史的辅助教材，并深深佩服史景迁驾驭纷繁史料的本领。此书不但资料剪裁得当，文笔也在流畅之中流露深厚的历史同情，使得历史人物跃跃欲出。郑培凯曾自动请缨，向史景迁建议申请一笔译书经费，翻译成中文出版。他当时也大感兴趣，认为由这个亲自指导的学生迻译成中文，应当可以掌握他的文气与风格，忠实呈现他的史笔。然而，后来因为经费没有着落，郑培凯又教研两忙，杂事纷沓，抽不出时间进行这项工作，只好放弃了一件学术功德，让它变成“姑妄言之，姑妄听之”的逸事，回想起来，不禁感到有愧师门。这本书翻译未成，倒是触动了史景迁编写一部中国近代史教科书，同时辅以一本中国近代社会文化史料选译集的想法，商之于郑培凯与李文玺（Michael Lestz）。这两位学生遵从师教，花费了五六年的时间，终于完成了这项史料翻译选辑工作，出版了《寻找近代中国之史料选辑》（*The Search for*

Modern China: A Documentary Collection, New York, Norton,1999)。

近年来，出现了不少史景迁著作的中文译本，几乎包括了他所有的专书，质量则良莠不齐，有好有坏。有鉴于此，广西师范大学出版社的总编辑刘瑞琳女士想出一个方案，策划集中所有中文译本，邀请郑培凯做主编，选择优秀可靠的译本为底本，重新校订出版。郑培凯与史景迁商议此事，立即获得他的首肯。广西师大出版社经过一番努力，终于取得史景迁全部著作的中文翻译版权，也让郑培凯感到可以借此得赎前愆，完成二十年前未遂的心愿，可以亲自监督校订工作，参与翻译大计。然而兹事体大，怕自己精力有限，不能逐字逐句校读所有的篇章，无法照顾得面面俱到，便特别延请了研究翻译学的鄢秀，共同担任主编，同心协力，校阅选出的译本。

在校阅的过程中，我们发现，即使是优秀的译本，也难免鲁鱼亥豕之误。若是笔误或排印的问题，便直接在校阅之中一一更正。还有一些个别的小错，是译者误读了原文，我们便效法古人校雠之意，经过彼此核对原文之后，尽量保持译文语句，稍作改译，以符合原文之意。

我们在校读的过程中，发现最难处理的，是译文如何忠实表现史景迁原书的风貌。史景迁文笔流畅，如行云流水，优美秀丽，时有隽永笔触，如画龙点睛，衬托出历史人物的特质或历史事件的关键，使读者会心，印象深刻，感到有余不尽。我们看到的各种译本，虽然有的难以摆脱欧化语法，大体上都还能忠实原作，在“信”与“达”方面,差强人意。但若说到文辞的“雅”,即使是最优秀的译本，也因为过于堆砌辞藻，而显得文句华丽繁复，叠床架屋，是与原著风格有一定差距的。由于译本出于众手，每位译者都有自己的文字表达风格，因此，我们校读不同的译本，只能改正一些排版的错误与翻译的误读，无法另起炉灶，进行全面的文体风格校订。

翻译实在是难事，连严复都说，“一名之立，旬月踯躅”，真要挑剔起来也是没有止境的。我们作为史景迁系列作品的主编，当然要向原作者、译者及读者负责，尽心尽力，精益求精，作为学术功德，完成这项计划，为中国读者提供一套最为精审的译本。我们也希望，读这套译本的中国读者，要体谅翻译的限制，能够从字里行间，感到原作的神韵，体会原作的惨淡经营，又能出以行云流水的笔调，向我们诉说中国近代历史与人物。故事原来都是我们的，听史景迁说起来，却是如此动听，如此精彩，如此引人入胜。

目 录

前 言

读史其中一个用处就在于提醒吾人，事情可以匪夷所思到什么程度。曾静谋反的奇案，还有《大义觉迷录》的刊刻印行、通颁天下，似乎正是这句话的脚注。但是读史另有一个用处，就在于让吾人看到，人可以这般实际地应对如此匪夷所思的情境。曾静与雍正又再一次说明了这点。

在1720年代到1730年代之间，清朝的儒士或目睹此事，或在其间推波助澜，并以惊人的细密面对之，因此留下极为庞大的档案，见证这段历史。从如雪片般呈禀朝廷的奏折，可以大致勾勒出各地封疆大吏遇事决断的梗概，也可窥知奏折往返递送且有皇上批语所依循的流程，还可看到官员为博圣眷而附上所掌握到的谋逆材料。这些文件是由朝廷主掌档案的官员世世代代保管，对史家弥足珍贵。1912年，清朝覆亡，这些文件每每得在遭受战火波及之前装箱封存，辗转流落各地。到了20世纪末，这些档案终究得以分别藏于台北、北京两地温湿度受控制的场所，出奇逃过接二连三的摧残。

曾静一案始于1728年，在1736年由朝廷终审了结。但是几乎在案发之初，此案的原委便可上溯至遥远的过去，部分是在 17 世纪中叶明末清初的军事冲突与知识论辩中，部分则可远溯至古代，甚至迄于孔子之前中国哲学、历史文本粗具雏形的年代。同样的，朝廷终审结案之后，回响仍久久不衰，不仅历经了清末民初的分崩离析，而且还延续到我们所处的年代：中国有一家出版社于 1999 年集结出版了本案重要源文件的抄本，满足观众在看了《雍正王朝》电视剧之后所产生的好奇心。

曾静案所讲的不只是皇帝与其死敌的故事，它还旁及《大义觉迷录》这本奇书，此书幸赖朝廷的饬令，得以在 1730 年代初风行天下、广为摘引。而拙著在某种程度上，也是一本有关书籍如何被书写、刊行天下，有关巡回驳斥，有关自我宣传，有关眩惑听众与大肆抨击的书。

这则离奇的故事讲的是 18 世纪的中国人，他们一方面汲汲营营于儒士的名位，另一方面又身陷于科考的迷惘之中：他们一方面皓首穷经，但又得对上位者所做在他们看来是专横、负面的决断逆来顺受。在文士精英圈内失败者之中，有许多人打心底否认他们是上位者所断言的那种知识分子，曾静就是这类的典型，而许多无端被牵连进曾静这个案子的人也是其中之一。

在另一个层面上，本书讲的是那个我们大多数都已失去联系的世界，在那个世界里，陌生人闯入居里所在的村子常常引人侧目，总要被窃窃私语、左思右想个几年。在这类的世界里，譬如整个案子发生的湘南丘陵间的孤村，皇帝有如天高之远：从京里的信使总是会受到重视，珍馐华宅，馈赠络绎不绝于途。因为京师乃是卧虎藏龙之地，一如档案所见，这也是个流言滋繁，充斥各种奇谈异志的世界：迂腐蒙昧，极为不安全，总是有种轻率的宽宏大度。

当我写作本书时，发现这将会是一本有关审案过程的书，这是我当初始料未及的。调查曾静案所采取的手段，唯有在记忆不易受到牵绊且市井小民皆能费心、逐步再现过去事件的社会里才可能存在。同时，他们习惯添枝加叶、言不由衷，往往会使得这个世界里的记忆在个人想象的土壤中歧散、孕育、滋养。有鉴于审理官吏的百折不回、殚精竭虑，手中又握有庞然物力人力，实情虽然诡谲多变，却也不至于让他们在通往真理的道路上进退维谷。即使他们误走歧路，皇帝也会适时将他们唤回正途。为了与蕴涵个人色彩的地方性记忆搏斗，审理案子的官吏不得不旁敲侧击，实行各种可能奏效的媒介：墙上的告示和传单，成册的诗文，编纂的箴言，以及晦涩的讽喻和梦境。他们用的审案技巧包括不断对有戒心的目击者施以压力，重复鞫讯，要求撰述自白，大刑伺候或威胁动刑，亲人规劝，孤立，诈骗，佯装称兄道弟，背弃盟誓，甚至散播嫌疑犯的画像。

对今天的我们面言，这些办案手法仍与现代相互辉映，并唤醒吾人对迩来中国和其他地区政权的记忆。但这桩离奇案子的来龙去脉和细枝末节终究有其时空的局限性，是因着像曾静、雍正这类的人而展开的。他们二人素未谋面，彼此也称不上熟识。他们带给对方的征兆虽隐晦不明，却总是可以拨开层层迷雾。他们二人对社稷、自我的信仰，努力想了解对方的意图，竟奇迹般的至今犹存。所以只要吾人摒除缠绕的枝节，在黑暗里凝视，无论时代如何悠远，总是能进入他们二人的内心世界而探索这整个过程的蛛丝马迹。

资料来源说明

对曾静与吕留良案的兴趣始于清末（1899），当时流亡日本的中国维新之士无意间发现了曾静的《大义觉迷录》抄本——这本书在中国仍属禁毁之列。这本公然抨击清朝统治者的珍贵书册虽然已有一百五十余年的历史，但仍是让清末统治者难堪的绝佳机会。在1920年代，此时清朝覆亡已十年，研究者在如今是北京故宫博物院的紫禁城内典藏的清史档案里发现了1720年代和1730年代上呈雍正皇帝的奏折，其中记载了曾静意图谋逆、被拿获以及随之而来审讯曾静本人与其门人等来龙去脉的宝贵材料。故宫博物院出版的《文献丛编》搜集了未加标点、未经编辑的版本，之后这个版本略经扩充、剪裁，成为一个独立的单元，而被收录在同为故宫博物院出版有关清代文字狱的选集，名为《清代文字狱档》，1966年，台北出版了整部《大义觉迷录》的复本；随着二月河原著的《雍正皇帝》电视剧播放之后，北京中国城市出版社也于1999年出版了一个加上标点、译成白话的版本，它也收录了故宫博物院早年出版的选集，并加上标点。

傅路特（Luther Carrington Goodrich）在1935年出版的《乾隆的文字狱案》（*The Literary Inquistion of Ch' ien-lung*）的页八十四至八十七，向英语世界的读者首度概略介绍曾静案的情节，后来傅路特在北京（当时称作北平》获得一册《大义觉迷录》的抄本。十年后，房兆楹（Fang Chao-ying）在恒慕义（Arthur W.Hummel）编辑的《清代名人传略》（*Eminent Chinese of the Ch' ing Period*）所撰述之"曾静"条简略行传里（页七四七至七四九），概略提供了当时有关本案的权威性知识。迄今为止，有关曾静与吕留良最重要的后续研究，见费思唐（Thomas S. Fisher）于1974年在普林斯顿大学完成的博士论文《吕留良与曾静案》（*Lu Liu-liang[1629-1683] and the Tseng Ching Case[1728-1733]*），该论文修改部分章节后，分别出版了英文与中文两种版本。有关本案不同面向的深入探讨同样出现在黄培（Huang Pei）的《独裁政治的运作：雍正时期的研究，1723—1735》（*Autocracy at Work: A Study of the Yung-cheng Period,1723-1735*）（1974），页二一五至二二〇；杜兰德（Pierre-Henri Durand）的《学者与权力：中华帝国的文字狱》（*Lettres et pouvoirs: un process litteraire dans la Chine imperial*）（1992），页三七四至三八三；吴秀良（Silas H. L. Wu）的《历史与传奇：〈胤禛剑侠〉小说》（*History and Legend:Yung-cheng Chien-hsia Novels*）（1998）；牟复礼（F. W. Mote）的《中华帝国，900—1800》（*Imperial China, 900-1800*）（1999），页八九八至九〇〇，以及克罗丝莉（Pamela Kyle Crossley）的《透镜：清帝国意识形态中的历史与认同》（*A Translucent Mirror: History and Identity in Qing Imperial Ideology*）

(1999)，页二五三至二五九。

可用来补充有关曾静与整个案子之早期著作的丰富文件数据于近年相继出现。我大部分取材自其中的两种选辑，而这两本资料均是各省接踵而至奏报雍正、且有雍正亲书朱批之奏折原件的照相版印刷品。第一种是台北故宫博物院在1977年至1980年间出版的多卷专辑，名为《宫中档雍正朝奏折》；另一种档案材料专辑则取自北京故宫博物院的馆藏，1991年以《雍正朝汉文朱批奏折汇编》的书名出版。北京故宫博物院出版的选辑其实涵括了台北本子的大部分档案，但这个以复制品再制的选集往往模糊难辨。所以，若是台北典藏的档案，我在引注时就标注为台北编辑的版本。

1993年，北京故宫博物院第一历史档案馆出版了一套颇富价值的档案，即雍正朝时期的朝廷日志，书名为《雍正朝起居注》（引注时简称《起居注》）。尽管除了1734年的篇章之外，1730年代中叶以降的部分已散失，但尚存的部分涵盖了曾静案初期的年代。尤其是从《起居注》可以追溯《大义觉迷录》书内记载的每一道重要上谕，并可依年代明确排序朝廷所采取的行动。（单独使用《大义觉迷录》时是无法做到这一点的，因为这本书册内的所有重要档案文件都没有标明日期。）故宫博物院编辑这些档案资料的意义之一是，在背景资料方面，我们不需只靠像《大清世宗宪皇帝实录》（引注时简称《清实录》）这类经过层层检查的文本或者像《朱批谕旨》这类由朝廷所编撰之雍正朝时期的奏折和谕旨。反之，我们可以直接阅读原文件。

单位换算说明

清代时期的中国纪年是采取皇帝在位的年数、接续阴历月、日的形式；在本书内，除了事关重大的情节采取阴历外，我把中国纪年的方式转换成西方通行的格里高利历法（Gregorian calendar）。

中国人计算距离的单位是“里”，等于三分之一“英里”。

原书中引用的汉人名，则采取汉人使用的方式，姓氏在前（通常是单音节），一个或两个音节的名字在后。满洲人名则是采取清代时期所使用的单一但多音节的名字。

楔　子

此人怀中揣着信函，站在鼓楼旁的路边，双眼凝视街道尽头，这条路穿越西安城，绵延三里，直抵警卫森严的西门。其左侧视野受阻于高耸的城墙，城墙之内就是治理这边省的总督衙署和宅邸。这正是他伫立此处鹄候的原委：他打听到现任总督岳钟琪正在西门外的一处营帐办公。之后岳钟琪返抵衙署必由此路而行，届时他便可采取行动了。

这等候之人形单影只，但这并非出自他的谋划。启程之前，他的老师还说离西安几里之外有一处村庄，他可在此找到同行之人。此人姓“毛”，乃是一位受人景仰的夫子，他与这次行动的谋划者看法相近，且会提供此行的盘缠。但他到了毛家却发现，毛夫子已于六年前亡故，如今只有毛夫子的两个子嗣蛰居此地，毛氏昆仲都以务农为生，也帮不了什么忙。而他的堂弟随他自南北行，沿途做伴，搬运行李，显然也支持此行，不料两天前却临阵打了退堂鼓，拿了一条铺盖和大部分行囊，不告而逃回南方。所以，此刻他虽心中忐忑，却是无人能诉。

近正午，岳钟琪的坐轿在轿夫、侍从簇拥下，循西街打道回衙署。此人不等岳钟琪行至鼓楼，便奔到街上，手中挥舞着信函，朝着岳将军的队伍扑去。岳钟琪的随从不假思索，呵斥此人站住，并把岳将军的坐轿团团围住，不让他再靠近。

岳钟琪在座轿内，这整个情景他都看在眼里。这人穿的不是一般官式衬衣，也未作书吏打扮，惊慌失措，拦轿呈书，这是他任官以来司空见惯的了。但此次这人的行为却是不同，举手投足不似寻常百姓。岳钟琪在轿内当下决定，召唤随侍拿住此人，并把信进呈览阅。[1]

随侍遵从照办，岳钟琪一看信函封套，心头不禁一凛，即知大事不妙。如果这是官方信函，事关政府的公务，自会以“川陕总督”或“西路军大将军”的全衔敬称岳钟琪，但此信却称他为“天吏大元帅”。[2] 岳将军所处的环境险恶，像这类的称谓本身就不是好事。岳钟琪下令随侍拿住此人等候讯问，然后走进衙署，交代侍从不可打扰他。

侍从退去之后，岳钟琪展信阅览。作者并未出示真名，只在首页自称“南海无主游民夏靓”，并说投书之人名叫“张倬”。信函内容正如岳钟琪所料，也是他所害怕的：只消读个几行，便知这等内容乃是不折不扣的逆书。

注释

1 **岳钟琪将军有关投书一事的密折原件** 日期为雍正六年九月二十八日（1728年10月30日），见《雍正朝汉文朱批奏折汇编》，卷十三，页五五五至五五八，抄本见《清代文字狱档》，页一至四。该密折原件亦收录在《宫中档雍正朝奏折》，卷十一，页四三二至四三六。后来的审讯查明了投书人张熙（张倬）与其堂弟行动的经过路线（详见第四章注释）。有关投书岳钟琪事件的精辟解释，可参考费思唐（1974）。那天早晨在近郊收到信函，见《宫中档雍正朝奏折》，卷十一，页四四一至四四二，硕色的奏折，日期同样是雍正六年九月二十八日。当时长安街道区划的细部，见《长安县志》，卷三，页二；城墙与鼓楼，前揭书，卷十，页二。

2 **谋逆对岳钟琪将军的称呼有其他不同的翻译** 房兆楹在“曾静”（页七四八）条的译法是Heaven’s Official and Generalissimo；费思唐（1974），页二一六，译为Commander-in-Chief who carries the Heavenly Orders。

第一章　投　书

岳钟琪的仕途平步青云，这使得他此时此刻的处境益发险峻。岳钟琪生于 1686 年，乃是将门之后，二十五岁就授松潘镇游击，三十二岁官拜副将，三十六岁擢升四川提督；曾参与藏边的战役，在青海湖一役逐退西宁的土著部落，又打过甘肃之役，平乱于云南。1728 年 10 月底，四十二岁的岳钟琪已官拜川陕两省总督、宁远大将军，雍正对他心存感激，优宠有加，岳钟琪之子岳浚亦受不次拔擢，在扼守大清门户的山东做巡抚。岳家富甲一方，在川甘两省拥地无数，在各大城市还有豪宅，瓦房深院，良田阡陌交错纵横，管家小厮成群，供岳钟琪差遣、照料家产。[1]

纵使岳钟琪富甲一方、权倾一时，他也深知这是因为皇恩浩荡。要是皇上对他的忠诚有所怀疑，那么这一切在转瞬之间都将成空。当年满洲铁骑于 1644 年逐退明军，缔建大清，此后号令神州，但满人还是朝夕惕励，战战兢兢，以维系江山于不坠。

让岳钟琪惴惴不安还有一个原因，那就是岳家的盛名。岳钟琪是南宋名将岳飞之后，这对他是利弊互见。岳飞当年意欲纠合汉人，匡复为北方鞑虏夺占的河山。岳飞丹心一片，英勇抗敌，却遭人猜忌，为权奸所构陷，最后以莫须有的罪名身陷囹圄，死在狱中，北方山河自此沦陷不复。[2] 但岳飞一片忠心照汗青，被视为将相的典型风范，而他念兹在兹重拾“旧山河”的吁求也成为汉人的心声。岳飞的家乡设了安奉岳飞牌位的祠堂。戏剧、小说颂扬岳飞的雄心壮志。说书人演绎岳飞为人刚正不阿，临阵骁勇善战，仿佛他们置身沙场，亲眼目睹岳飞的英勇，说至岳飞遭人构陷背叛，闻者无不潸然泪下。当年岳飞长年征战，亟欲逐退的女真人，正是今日统治中原的满人先祖；排满人士会遥想岳飞当年，也是不足为奇的。岳钟琪对当今皇帝不管何等忠心，但民间相信岳钟琪身上所流的血液，使得他成为复仇雪恨、恢复汉人昔日荣耀的不二人选。岳钟琪知道民间的这种想法，而他也知道，皇帝对此知之甚详。

岳钟琪独自一人在书房，展读这封甫交付他手中的信函。有些说法是他先前便已听闻，知之甚稔，像是称颂他“系宋武穆王岳飞后裔”，而促其“乘时反叛，为宋明复雠”。这封信续道：“以为君且守死尽节于其前，又有俯首屈节尽忠于匪类。”[3] 岳钟琪如今宁可侍奉满人，而不愿信守祖先的声威，已然损及名节：“人臣之择主，如女子之从夫；为臣者事非其主而失身，如女子已嫁人而再醮。”[4]

不过这封由自称“夏靓”之人所写的信也另有新说。“慨自先明君丧其德，臣失其守，中原陆沉，夷狄乘虚窃据神器，乾坤反复，”他写道，“中国阴阳合会之地，只应生人之一类，不应复有禽兽并育。”其间的道理甚明：“天生人物，理一分殊，中土得正而阴阳合德者为人，四塞倾险而邪僻者为夷狄，夷狄之下为禽兽。”[5]

这封信函还提及，在满人异族统治之下，神州蒙尘，浑沌未明：“天昏地暗，日月无光。”这是何以近来孔庙毁于回禄之灾；这是何以近五六年来，寒暑易序，五谷少成，恒雨恒旸，而“山崩川竭”；这是何以“五星聚”，“黄河清”，“阴尽阳生”。[6]

“夏靓”还思索失衡的社会秩序，他说：“土田尽为富户所收，富者日富，贫者日贫。”[7] 夏靓显然不以富户自居：“当今日，遭逢今世，无志于当世之利禄以自污。”[8] 或许，他是以务农为生？“与一二同志闭门空山养鸡种瓜。”倘若他真是耕者，却又潜心古籍、优游于古代，且以史为念。对夏靓来说，自北宋覆亡以降这五百年来，于学术政事皆无可观之处。[9] 唯有一儒士“秉持撑柱”，夏靓称这位儒士为“东海夫子”。[10]

至于践祚的皇帝雍正，夏靓极表憎恶，他为岳钟琪罗列了雍正的罪状：弑兄屠弟；谋父逼母；怀疑诛忠；虽富有四海、府库充盈，却十分贪财；性喜好杀，酗酒成性，纵情淫色，无怪乎“天震地怒，鬼哭狼嚎”。[11]

岳钟琪到了午后才读毕这封信。要掩人耳目，独览此信并不难，但有好几人亲眼看见这封信交到他的手中，是故他必须谨慎行事。设若岳钟琪欲鞫讯传信之人，则必定要有可靠的证人在场。假使他要自行调查这类荒诞不稽的信件，或秘密审讯传信之人，纵使查得水落石出，又有谁会信得他？

十五个月前的1727年8月初，岳钟琪也陷入类似的局面，当时他正领兵坐镇成都府。[12] 8月4日正午方过，众人见到一人双手各握一石，在大街上发足狂奔，沿街叫喊“岳公爷（钟琪）”率川陕兵丁就要反了，成都东南西北各城门会有人同时策反，见人就杀。

先是成都府城内的巡街员役举发此事，经岳钟琪的僚属调查来龙去脉之后，发现此人姓卢，名宗汉，乃是个失心疯，但这却无法让岳钟琪释怀。这件事虽让岳钟琪脸面挂不住，但他还是得上奏此事，就算他不奏，底下的僚属也会奏报雍正——即使他视僚属为友。这件事虽然微不足道，但他们若想宦途顺利，则事无大小，只要危及国本都不能隐瞒。岳钟琪在上呈的奏折中颇为难堪地说："设使疯病果实，又何事不可言，何人不可毁，而必架此大题诬陷及臣。"岳钟琪后来又写了一份奏折，滔滔倾诉他的愤怒和内疚，自责忝为人臣武将却失职，坦承财政、行政举措的失当而做出误判，进而反复重申他身体欠佳，请求皇上恩准他卸除所有的职责。[13]

雍正在1727年夏天稍后下旨，回复岳钟琪的奏折，他会秉公处理这次成都事件。雍正写道，他这几年来收到谗谮岳钟琪的谤书一箧，谓岳将军乃岳飞之后，意欲修宋金之报复。[14] 雍正说他并不理会这些荒唐悖谬之议，他还不次拔擢岳钟琪以示信任，以杜绝众人的含沙射影。[15] 皇帝唯一的抱憾，就是这些诬谤不仅贬损了岳钟琪，也波及淳良忠厚的川陕兵民，而岳钟琪打仗靠的就是这些人。

雍正在岳钟琪的奏折上朱批（这只有岳钟琪能独览），岳自责于己者，不过是枝微末节的事罢了，并不值得一顾，要岳安心。之前没人向雍正奏过此事，他现在也不想知道这些怨谤。岳钟琪应谨守岗位，秉公行政。倒是生病一节，应该妥善照顾。于是雍正派了最信任的御医刘裕铎，带着几帖名药，南下成都，为岳钟琪诊治。刘裕铎到了成都，花了三天的工夫为岳钟琪把脉，试着抓了几服药之后，岳钟琪身体康复，心头忧虑也告祛除。[16]

成都一案的流言飞语可能会四处弥漫，损及岳钟琪的声誉，让百姓以为天下不靖、四海不宁，于是雍正又从刑部派了一人南下成都，把事件查个水落石出。此人在1727年9月抵达，暗访传言中的疯汉、与他住在一起的亲戚，以及逮捕这名疯汉的巡街员役。经过严厉审讯，间以严刑拷打之后，证实此事背后并没有教唆之人，也没有阴谋的迹象。卢宗汉的作为显然是疟疾久治不愈，以致心神错乱，体虚燥热所致，如今他对于8月初在街上所发生的事已不复记忆。卢宗汉在这之前即有疯癫病症，病因源于受恶邻所胁而卖地，他想取回部分土地，三番两次报官，均被历任官吏给驳回。此时岳钟琪刚上任未久，素有公正不阿的官声，卢宗汉最后前往成都，希望能引起岳钟琪将军的注意。成都一案中的若干疑点也获厘清。如卢宗汉两手握着石头，意在驱赶野狗；眼神呆滞，乃因精神涣散所致；后来他被巡街员役关进囚车，送往城内大牢，人顿时瘫成烂泥一般，随即便恍惚沉睡。[17]

岳钟琪那时正是一帆风顺，这件案子也没让他见疑于雍正。但成都这事发生还不到一年，岳钟琪又该如何上奏另一宗类似的案子，而仍能不失圣宠？为了期使圣明烛照，他必须让案子的供词一清二楚，而毋须再暗中调查。所以，这件案子的证词只能取自确凿可信的证物。这件案子可是大逆不道，地位卑微的证人显然难当此大任。岳钟琪两度派手下前往同在西安的陕西巡抚西琳处，请他即刻来将军府一趟。但西琳回复因正在西安城外的校场练兵，无法前来。岳钟琪久经官场浮沉，知道在这种情形下贸然召回西琳并不聪明。西琳是满人，地位仅次于岳钟琪，而校场就在西安内“满城”的心脏地带。[18] 1646年，满人夺下长安，将整个东半城据为满城，建有内城作为防御工事，并有五千名满人驻军和一万五千名家眷卫戍此地。

于是，岳钟琪又把驻在长安第三把交椅的按察司硕色找来。按察司的官署与总督官邸隔街相望，就在投书之人伫立等候的鼓楼之旁,这时硕色手边无事,所以也就应岳钟琪之召而来。两人稍作商量，岳钟琪即安排硕色进入厅堂旁的密室，他不用亲眼看到也可以听得一清二楚。硕色就了定位，岳钟琪就召唤被捕的张倬到署，还给他奉上一杯茶。

两人啜了口茶，岳钟琪和颜悦色，问张倬从何处来，他走了多少路才到长安，这趟路又走了多久？张倬的老师“南海无主游民夏靓”居址何处，要怎么才见得到他？岳钟琪还单刀直入，问他是什么原因让他的老师突发奇想，撰写此书而向岳钟琪投递，并以这种不寻常的方式拦轿递书。

张倬颇有提防。他说他曾立誓不得泄露其师行踪。他只能透露他的老师住在广东近海之处，受到多名门生保护。那么张倬自己又住在何处呢？他早年住在武昌城和湖广各处，现在则与其师蛰居南海之滨。张倬此行花了四个月，自广东经贵州、四川，北上入陕西，抵西安,前来晋见岳钟琪。那他又为何选择岳钟琪来投递这封信呢？因为张倬和其师听闻岳钟琪三度不应皇帝之召。所以他们心想岳钟琪必反。南方各省民生凋敝，天象异常，更使他们深信起而行动的时机已经成熟。

岳钟琪紧捉朝廷三召之说不放，又继续追问，于是张倬透露了其间的转折："我到陕方知并无三召不应之说，此书已不愿投。后思数千里远来，不可虚返，故决意投递。"

岳钟琪为了深入追查背后的动机，又转回民生的话题。岳钟琪问道，张倬及其师为何认定百姓伺机反叛？难道张倬自己看不到陕西一片繁荣吗？张倬同意，陕西在岳钟琪治下确实是繁荣昌盛，但张倬的家乡湖广连年大水，积尸载路。岳钟琪回答："此乃天灾，何与人事。"而且，岳钟琪很清楚，湖南、湖北只有少数几县闹灾荒，而皇上也已下旨赈济。张倬回说："官吏又性急又刻薄，不知百姓苦楚。"

岳钟琪又换了话题，试图查明张倬及其师的居所。岳钟琪表示，张倬若是不愿透露住处等详情，他又如何知道这事的真假？岳钟琪又怎知这不是仇家设下的圈套，遣派张倬投递逆书，试探他的反应？1725 年就发生类似的事，当时节制陕甘、任西路大将军的年羹尧正是位极人臣，不可一世，但是受到下属鼓动，恃宠而骄，结果被拔权降位，赐自缢。当时岳钟琪任职于年羹尧的麾下，所以深知其中曲折。但张倬并未中计，他立誓纵然因坚不吐实而遭岳钟琪处决，他也不会透露他及其师的住处。[19]

此时已是当日午后未末申初。巡抚西琳练完兵之后从校场赶赴岳府。岳钟琪出邸迎接西琳，并简述他亲自诘讯的僵局。既然好言相劝没有进展，那就施以严刑拷问。巡抚与按察司一同隐身在隔壁密室，以亲耳听取供词。[20]

不过就算对张倬严刑拷问，施加迭夹重刑，但他还是不肯吐实。张倬哀嚎不断，但仍反复说他的先生住在南海之滨，广南交趾交界之处。这些话对于追查谋逆并无意义，这样过了几个时辰，岳钟琪晓得，再这么下去张倬恐怕就一命呜呼了，那么这封神秘信函从何而来就无法追查了。于是下令将张倬押回大牢，巡抚和按察司明日一早再入密室偷听。

翌日（即10月29日）一整天都在诘讯张倬，但仍不得要领。岳钟琪虽然口里说了要以大刑伺候，但却没有再施重刑。他反而把昨天的话又细说一遍，得要证明张倬不是敌营派来讹骗岳钟琪的幌子。岳钟琪还说，连严刑拷问也是有其必要的，否则怎知张倬说的是实话？岳钟琪这次说出年羹尧的名讳，他曾极受皇上恩宠，但为部属出卖，落个自尽的下场。岳钟琪认为，张倬等人显然打的就是这种算盘，那他还如何相信这些文人在替天行道？张倬昨天遭到严刑拷打，今日已难相信岳钟琪所言。但是岳钟琪说，自古以鼎镬对待说客本有深意，既然张倬拒吐实言："尔以利害说人，人亦以利害试尔。"[21]

张倬重复这六省伺机谋反的说辞。为何是湖南、湖北、广西、广东、云南、贵州这六省？岳将军问道，张倬回答说这六省在1673年时响应吴三桂反清，假使再有适当的领袖，这六省必定会再兴兵叛乱："一呼可定。"

岳钟琪细细推敲投书人的话中含意，岳钟琪身为总督，侦刺民隐毕竟是他的职责之所在，所以他能以对地方民情的熟稔而驳倒张倬的说辞，并不时点出投书之人昧于事实之处。但往复讯问，只在言辞上打转，并无进展。就算这后头有所阴谋，也是轮廓未明，并不知首谋究系何人。天色渐暗，张倬的口气已近乎威胁：他提醒岳钟琪，已有许多人知道昨晚的刑讯，定会口耳相传，四处散布。这话一定会传到皇上的耳中，而对岳钟琪起疑心。如此，岳钟琪将陷于凶险。

没想到岳钟琪坦然回答："从此朝廷知谋反的人都来约我，势必疑我、虑我，我何能一日自安？"投书者的恐吓恰恰提供了解决之道，岳钟琪说："今日骑虎之势不得不放你去，倘因外人传言朝廷觉察，我只说是迂腐儒生条陈时事，语言狂妄，当经刑讯逐释，便无形迹。"张倬不为所动，亦不信岳钟琪的话："言亦至理，但我断不信。且我此来，死得其所，你即实意放我，我亦实意不去。"两人的话讲不在一起，于是岳钟琪下令将张倬还押大牢。

10 月 30 日清晨，岳钟琪已别无选择，便回官署，将此事奏闻皇上。岳钟琪是封疆大吏，有密折上奏之权，在雍正看到密折之前，是没别的人会知道内容的。密折多由上奏的官员亲书，而不假幕僚之手。密折也有定例格式，先述事，再条陈主要观点，最后加以总结，并提出处置建议。密折所用的纸张也有一定规格：白色，每张纸高二十五公分、长六十公分，折六折以便于浏览。官员以墨书写，行与行之间都留有空间，以供皇帝朱批。官员落款之后都是空白，皇帝若是还有长篇批示，便可写在此处。[22]

岳钟琪提笔写下："冒昧密陈，恳请恩鉴。"这措辞并不寻常。岳钟琪极尽小心之能事，简述信使人张倬于 10 月 28 日中午之时投书，概述信函内容，并仔细说明从 28 日午后、傍晚和 10 月 29 日三次审讯的过程。岳钟琪向雍正坦承，张倬生性"狡黠奸深"，他无能解决此案。虽然他深知对皇上、对社稷身负大任，但他力有未逮。

他所能建议的，就是把投书之人张倬押解至北京，交由皇上亲信且擅长审讯的大臣，或许能突破张倬心防。

岳钟琪还说，他理应随折进呈逆书，但虑及逆书的措辞悖乱罔极，除非皇上有旨，否则他不敢冒昧呈览而亵渎天聪。他已会同巡抚西琳将逆书以火印缄封，等待进一步裁示。岳钟琪还说，第二、三次侦讯在暗室旁听的巡抚西琳，可证明密折所言确凿无误。张倬被捕时随身带着两本书。一是抄录的《坐拟生员应诏书》，一是刻本的《握机图注》。这两本书也已密封收藏。

岳钟琪把密折交给递差，命他即刻飞驰北京，进呈皇上。撰写密折有一套严谨法则，急递也有类似的规矩。递差通常选自封疆大吏的家臣或属下的将官。驿站星罗棋布，遍及各地，联结重要城市、各大交通要道，朝廷在各分支都派驻有递差。一朝一代的运作效率可从信息传递的速度观之，这要靠维持稳定而数量足够的交通工具，才能保持信息畅通：北方用的是快马，若是地形崎岖，有时也用骡、驴，西疆干燥的沙漠地区则仰赖骆驼。在南方，运河、河流纵横交错，便舍车马而用舟船，舟船式样则视河道状况而定。递差歇脚、用膳的客栈，也是这个系统的一部分。岳钟琪在密折中并未提及递差的姓名或官阶，但前后对照可以得知他的确是飞驰投递。他于 10 月 30 日正午离开西安城，奔驰两千五百里，于 11 月 5 或 6 日抵达北京。[23]

岳钟琪在写、递密折之时，把整个案子想得更透彻。虽然他的密折可以证明他的笃实、忠心不贰，但奏折的内容只说明了他对这个案子束手无策，而他所提出的对策又显得空泛。要是京里负责问讯的人不比他高明，而张倬又死于严刑逼供，该怎么办？这对破案又有何裨益？他所提的解决之道能让皇上宽慰吗？

岳钟琪苦思之下，灵机一动。无论张倬居里何处，他现在孤孑一人，惊骇万分，痛苦不已。虽然经过三次冗长的审讯，还是无法让他却除心防。霭颜以对说不定可收官僚威吓所得不到的效果。有个名叫李元的，先前在西安城东督导学务，甫被拔擢为县丞，岳钟琪信得过这人。李元刚入官场不久，他应与张倬没什么渊源。于是岳钟琪把李元唤到官署，把他的想法大致说了一遍：岳钟琪要李元脱去官服，装扮成寻常百姓，佯称是岳家仆役。李元以此身份想办法接近张倬，松懈他的防备。李元设法摸清他的底细，谈谈地方上的流言，也要盛赞岳钟琪，说他绝对是个值得信赖的人。于是先在错落的官署里找一间空房，陈设家具，让李元住进去。然后再把张倬给放出来，让他跟李元住在一起。彼时天气严寒，岳钟琪差人送酒致裘。岳钟琪让这两人把酒畅谈，第二日也不去打扰他。[24]

10 月 31 日向晚，天色渐暗，岳钟琪把按察司硕色找到隔壁密室，再把张倬传唤至将军府。岳钟琪语带诚挚告诉张倬，说是已经把他的话仔细想过，决心涉险谋反。或许是岳钟琪的一片诚心，或许是拥着轻裘的一股暖意，把酒言欢的愉悦，又听了有关岳钟琪的种种溢美之词，张倬接受了岳钟琪的表白，不过他还是要求岳钟琪立誓，不得出卖他和他的老师。岳将军发誓，张倬所说的话，他绝不会泄露半句。[25]

岳钟琪温言追问，张倬一一透露他先前坚不吐实的内情。其师“夏靓”、“南海无主游民”的真名是曾静。曾静居里并不在东南沿海，而是在湘南的永兴县蒲潭村。投书之人本名张熙，原籍湖南衡州，近来住在其师曾静家中。张熙还供出其师谋反计划中的其余四人。一人姓刘，现下在湖南学塾当先生，熟知天文韬略。另一人姓陈，自称是刘的门生。第三人姓谯，也是湖南人，但张熙并不清楚是在湖南哪一个乡镇。第四人姓严，家住浙江商业重镇湖州，原籍不同于前三人，精于兵略、火器。

岳钟琪不愿对张熙逼迫太甚，命他回去与李元一同歇息，到了隔天（11 月 1 日）清晨再传唤他。岳钟琪用这段时间给雍正上密折，概述他的计划，他对张熙所发的誓，以及他与张熙在 10 月 31 日的谈话结果。岳钟琪还附上六名谋逆的真名，及其确切的住所。岳钟琪提笔写下“为逆犯已吐造谋之人谨缮密折”，口气颇为自豪。岳钟琪另选递差，命其火速追赶上一份递送密折的信差。他不见得赶得上，但至少应可在皇上看了第一份密折，采取行动之前送进宫里。[26]

岳将军让张熙歇到次日破晓才传唤他。按察司又以证人的身份，在隔壁密室坐听。岳钟琪装作一副急切好奇的模样，连连追问张熙在第一次谈话时提及有六省在他呼吁之后都会揭竿而起，套用张熙的说辞是“一呼可定”。岳钟琪问道，这六省何以一呼可定？张熙只回说：“但据民情乃不易之理。”

岳钟琪并不满意这个答案。岳钟琪回说，这几个省份民情悦服，且朝廷屡加赈贷。何以吾人会相信这只是民情的问题而已？“尔等必有兵有粮，将于何处举动，方自信一呼可定耳。”张熙辩称：“我等但有同志数人，讲此义理，其他悉非所知。”岳钟琪又问：“汝昨所言大抵迂腐儒生，必更有智勇兼备之人方可济事。”张熙回道，那即是我师曾静及刘之衍、严鸿逵等其他张熙提及“俱有本领韬略大不可量，但能聘用吾师何愁不济。即何以使湖广六省一呼可定之法，亦唯吾师有此智略。我后生小子，岂能见及。不过奉命致书，传达吾师面嘱之言，有六省传檄可定之语耳”。[27]

不过，这次谈话还是颇有斩获。张熙告诉岳钟琪，一年前，他在秋天前往浙江，造访已故儒士吕留良的后人，吕留良的名号即致岳钟琪信函中所提到的“东海先生”。吕留良的孙子让张熙翻阅吕的日志和文集，还把吕留良所著的诗册送给张熙。吕留良的著述言之有物，但他的子孙却甚为平庸，于是张熙就离开了。

岳钟琪随口探询张熙在浙江与何人晤谈、住在何处，以及张熙父亲、亲戚的名字和居址。张熙在几天前还坚拒透露其父名讳和住所，现在却是有问必答：张熙的父亲名新华，家住在湘南安仁县外约一百二十里的小村。张新华是乙亥年进学，因被控告参与地方骚乱而被除去功名，所以不得再着学袍。张熙还有一位堂弟，陪同张熙前往长安。但张熙还没投书，这位堂弟就仓皇失措逃回家。除了这些家人之外，在谋逆中还有两名姓“车”的人，原籍俱是湖南，业已迁居，现在住在长江畔的江宁城。姓“孙”的江苏人，同车姓之人住在江宁。另有“沈”姓之人，家住在浙江，他跟随严鸿逵；严鸿逵擅长兵略火器，张熙昨天也提到这人。

岳钟琪踏破铁鞋无觅处，得来全不费工夫，他一心所盼的消息全都有了。他令张熙退下，取出纸笔，再给皇上恭缮第三份密折。岳钟琪在密折开头写道：“逆犯续吐情。”岳钟琪摘略陈述他甫与投书之人的对谈，还加上了一些他自己的想法。岳钟琪虽然并未罗列从张熙处苦心搜集的吕家族人的姓名和居址，但他还是建议皇上密饬浙江总督遴选能员，前往吕家仔细搜查；岳钟琪还提及吕留良在康熙年间便望重江南。岳钟琪还听说，吕留良之孙曾涉及一念和尚密谋逆反案，若非先皇康熙念及吕家系书香门第之家，与谋反之事无涉而不追究，他恐怕早已命丧九泉。岳钟琪上奏，他详加搜查张熙的行李，搜出张熙几本随身携带的手抄本：一是《易经》批注，一本是诗册，一本是医方。岳钟琪已将《易经》和医方封存，静候圣裁。不过诗册中有诗文取自吕留良，所以岳钟琪将之随折递送。

岳钟琪在六天之内三选急递，带着密折、吕留良诗文的抄本，以及新的谋逆名单（如今谋逆人数已增为十三人），星夜驰往北京。这名急递当然赶不上前两人，但应该能及时送到皇上手中，让皇上把这第三份密折与前两份一同考虑。岳钟琪查知这一干谋逆至少分布在三个省份。但六省某处的兵丁正等待一呼底定，似乎也是事实。

从张熙拦轿递书至今，刚好过了七日。情势一度非常危急，所幸最后峰回路转。如今从张熙身上也榨不出更多的信息，也无需继续欺瞒。岳钟琪下令将张熙从舒适的住所，移到铜墙铁壁的西安狱所之内隔离监禁，由按察司本人直接戒护。张熙轻裘美酒的日子不再。

注释

1 **岳钟琪生平** 见《清代名人传略》，页九五七至九五九，费思唐（1974），页二一五至二一七对他有精辟的概述。岳钟琪的庞大田产和财富，见《文献丛编》，页二三二至二三三。岳钟琪的儿子岳浚当时是山东署理巡抚。虽然Bartlett并未以曾静案为其分析的焦点，但对岳钟琪与雍正关系的解释亦可见Beatrice S. Bartlett, *Monarchs and Ministers: The Grand Council in Mid-Ch' ing China, 1723-1820* (Berkeley: University of California Press, 1991), p.56-64。

2 **详细分析岳飞** 见Edward Harold Kaplan, *Yueh Fei and the Founding of the Southern Sung* (Ph. D. thesis, University of Iowa)；概述可见Helmut Wilhelm, "From Myth to Myth: The Case of Yueh Fei' s Biography," in Arthur F. Wright and Denis Twitchett, eds., *Confucian Personalities* (Stanford: Stanford University Press, 1962)。岳钟琪自逆书中摘引他自己与岳飞关系的段落，见《雍正朝汉文朱批奏折汇编》，卷十三，页五五五，雍正六年九月二十八日。牟复礼，《中华帝国，900—1800年》，页八九八以及一〇四九的注二十三对岳钟琪是岳飞的后裔表示怀疑。

3 **曾静的逆书原件佚失** 此处和余下段落系转引自雍正六年十一月十一日（1728年12月11日，见第二章注释的讨论）雍正驳斥这封逆书所颁布的上谕，以及《大义觉迷录》内的各条鞫讯，或者杭奕禄在1729年奉旨审讯曾静的问供。

4 **论忠贞阁臣** 《大义觉迷录》，卷一，页六〇 b；卷一，页六十一 a 用"失身"一词。

5 **论夷狄统治者** 《大义觉迷录》，卷一，页三十九 a；卷一，页四十四 b 至四十五。

6 **论异象** 日月无光，《大义觉迷录》，卷一，页四十四a；孔庙回禄之灾，卷二，页六十四 a；山崩川竭，卷一，页四十五 a，与卷三，页一 a；五星，卷一，页四十六 b。

7 **针砭社会** 《大义觉迷录》，卷一，页五十八 b。

8 **针砭自我** 《大义觉迷录》，卷一，页六十九 b 至七〇 a。

9 **乾坤反复** 《大义觉迷录》，卷一，页四十九 a，与卷一，页五十六 b。

10 **东海夫子** 《大义觉迷录》，卷一，页六十六 b。

11 **论雍正皇帝** 各条触目的指控，见《大义觉迷录》，卷一，页十五至三十六；总结，卷一，页五十六 b。

12 **在成都的岳钟琪** 1727年，《雍正朝汉文朱批奏折汇编》，卷十，页二〇，以及卷十，页二十四，岳钟琪与四川提督黄廷桂在雍正五年七月三日（1727年8月19日）的奏折里奏报了雍正五年六月十七日发生的这桩事件。

13 **岳钟琪的自责** 《雍正朝汉文朱批奏折汇编》，卷十，页四十四至四十五，雍正五年六月二十二日。同一奏折的修正观点，参见《雍正朝汉文朱批奏折汇编》，卷十，页四十五至四十八。

14 **皇帝昭示上谕以资回应** 《清实录》，卷五九，页三至四，雍正五年七月三日。

15 **皇帝信任有加的批示** 《雍正朝汉文朱批奏折汇编》，卷十，页二一八至二一九；在雍正五年七月十三日奏折内的朱批。

16 **御医刘裕铎的来访** 《雍正朝汉文朱批奏折汇编》，卷十，页二至八；《雍正朝汉文朱批奏折汇编》，卷十，页三至七。

17 **审理官员对成都案的奏报** 《宫中档雍正朝奏折》，卷八，页六三一至六三五，雍正五年八月六日。

18 **长安满城与教场** 吴柏伦，《西安历史溯流》（西安：陕西人民出版社，1979年），页二七五至二七六，及地图，页二七二；1984年增订版，页三〇〇至三〇四，及地图，页二九二。

19 **奉查和初次调查** 岳钟琪自己的奏折，《雍正朝汉文朱批奏折汇编》，卷十三，页五五五至五五六，以及《清代文字狱档》，页一至二，在奏折中岳钟琪奏禀雍正，他“霭颜”相待。在英语世界中对这次会晤最详尽的解释，见费思唐（1974）。硕色在奏折里解释自己在旁窃听的角色，参见《宫中档雍正朝奏折》，卷十，页四四一至四四二。

20 **巡抚西琳和刑讯** 《雍正朝汉文朱批奏折汇编》，卷十三，页五五六；《清代文字狱档》，页一b至二。

21 **10月29日的审讯，论及邹鲁与年羹尧** 《雍正朝汉文朱批奏折汇编》，卷十三，页五五六至五五七；《清代文字狱档》，页二至三；费思唐（1974），页二一八至二一九。这“六省”是湖广（即合湖南与湖北）、广西、广东、云南、贵州。

22 **10月30日驰寄第一份奏折** 《雍正朝汉文朱批奏折汇编》，卷十三，页五五八，亦见于《清代文字狱档》，页三。

23 **递差制度（courier system）** 运作细节可参考《大清会典实例》，卷一〇四二；重印，页一七四九四至一七五〇一。John King Fairbank and Teng Ssu-yu, “On the Transmission of Ch’ing Documents” in *Ch’ing Administration: Three Studies* (Cambridge: Harvard-Yenching Institute, 1960)一文细腻分析、描述了清代的档传送制度，见该文，页十四至十七，论及官方估计的距离，以及页三〇估计的标准时间。两本迷人的研究分别阐释了雍正之后乾隆、道光两朝的奏折与审案制度，见Philip A Kuhn, *Soul Stealers: The Chinese Sorcery Scare of 1768* (Cambridge: Harvard University Press, 1990)，以及Susan Naquin, *Millenarian Rebellion in China: The Eight Trigrams Uprising of 1813* (New Haven: Yale University Press, 1976)。

24 **李元与投书人张熙** 《雍正朝汉文朱批奏折汇编》，卷十三，页五七一，雍正六年九月三十日；《清代文字狱档》，页四。《长安县志》，卷八，页十四，称他为李元升，他在1727年到任。费思唐（1974）书中分析了这个策略。

25 **盟誓** 《雍正朝汉文朱批奏折汇编》，卷十三，页五七一；《清代文字狱档》，页四。岳钟琪盟誓的誓言文字并无留存记录。

26 **岳钟琪在雍正六年九月三十日的奏折里附加了这六位谋逆的姓名并加以说明** 见《雍正朝汉文朱批奏折汇编》，卷十三，页五七二。这份名单并未见于《清代文字狱文件》或其他数据出处。

27 **岳钟琪与张熙，11月1日的对谈** 参见《雍正朝汉文朱批奏折汇编》，卷十三，页五八七至五八九，雍正六年十月二日，岳钟琪在这第二封奏折里列了七个人名；《清代文字狱档》，页四b至六（未列名单）；费思唐（1974），页二二〇至二二二。

第二章　皇　帝

雍正在11月初收到岳钟琪关于谋反的密折。雍正勤求治理，不厌精细，他仔细独览岳钟琪进呈的密折。雍正亲自处理各省上呈的密折，所以并未把岳钟琪的折子假内阁大臣或各部臣工代行处理。只有各省督抚、提督总兵以及布政司、按察司和学政有上呈密折之权，但是这类官员总数也超过两百，皇帝每天都要收到数十份密折。雍正的时间多花在阅览、批示奏折，所奏若是无涉敏感，就会把奏折委交朝廷阁臣票拟对策。[1]

雍正通常是在紫禁城内或京城西北郊康熙年间建造的圆明园批阅奏折。圆明园悠然置于田园之间，遥望西山娇娆景致。密折有专门搜藏之处，并由亲信阉官、侍卫戍守，所以无论日夜，无论雍正人在宫内宫外，均能随时把密折进呈御览。雍正案头也总是备有笔砚，以及御用批示档的朱砂（臣下书写则用黑墨）。雍正在批阅奏折时，常在字句旁边画小圈圈加注强调，或在字句之上、字里行间，草草写下简短批语。雍正常在奏折末尾留白处，以草书写下长篇评述，这与奏折严谨工整的楷书恰成鲜明对比。

由于递差制度受经费、时间所限，省方大员一般是把密折汇集之后，一起进呈。透过这种方式，雍正可以一口气阅览同一地区送来的密折，批复之后的密折放在同一折匣内，再由原赍折之人带回。[2]例如，在张倬投书案发之前十天，岳钟琪有十二份奏折都在同一折匣内，其中事有大小，从地方商业税的稽征、各类盗匪案件，到西疆战事的军需后勤、甘肃回民的治理，以及接待途经长安前往北京的达赖喇嘛的使节兼有之。但是岳钟琪在 10 月 30 日详细上奏逮捕、审讯投书之人的奏折，却是单独进呈，倒是让人颇为意外。岳钟琪就本案所上的第二份奏折落款日期为 11 月 1 日，里头初步胪列六名嫌犯，亦以相同的方式处理。显然岳钟琪的心力全放在这件逆书案，其他政务即使急如星火，也都暂时悬搁一旁。

雍正这时已年届五十，登基已历六年，所收有关谋逆之事的奏折无数，有些还涉及岳钟琪，像是 1727 年的成都疯汉事件就是一例。这类荒诞不稽的行径、潜藏的威胁及悖乱的污蔑，雍正已是习以为常了，而像“夏靓”、“南海无主游民”的名号在他也是不足为奇。而且，雍正从岳钟琪的奏折所看到的内容都是语出偏颇，又把康熙晚年雍正和诸皇子夺权争位加油添醋，臆测一番。雍正已练就固执己见、急躁苛猛的习性。[3]雍正一直深信，有人处心积虑想杀掉他，所以雍正下手也绝不留情，其中还有三位雍正自己的亲兄弟。这在庙堂上早已是人尽皆知的事。皇兄允礽先于 1725 年元月殁故，允礽在康熙朝曾被立为储君，被废后、自雍正登基以来，圈禁于条件恶劣的京城大牢。另外两位皇弟卒于 1726 年夏天，雍正始终疑心皇八弟、九弟欲僭夺皇位，甚至还迫令隐去两人的真名，分别称之为“阿其那”、“塞思黑”，意为“肥如猪”、“贱如狗”。皇九弟被圈禁在距北京东南方几里的保定，铁索在身、手足拘挛，被关在密不通风的小房，四面有砖砌高墙，食物饮水则是架设转桶，越过高墙来供应，皇九弟后来染上热病，复因痢疾而亡。数日之后，皇八弟也告去世,病因不详,于是有人臆测皇八弟是被毒死的。对于这两人，雍正严禁丧家公开发丧吊唁。[4]

此类事件更让人深信，雍正的皇位一定是篡夺来的，所以才要剪除政敌。康熙在位时，很喜欢到北方木兰秋狝或巡幸西疆、江南，雍正在即位之前也偶一为之，但是登基之后的这六年，都没这么做过，这更加深了雍正的神秘色彩。[5]而天家骨肉似乎也遭到报应：到了1728年底，雍正的后妃生有九子四女，其中四女六子殇逝。

从雍正颁的谕旨来看，他总是惕励自己，祖先乃是满洲铁骑。满人在八十年前入主中原，雍正是统治神州的第三位满洲皇帝。他虽然不曾御驾亲征，但也时时关切拓疆辟土的政务，想办法安抚边境或纳入大清版图的部族。雍正让底下的满、汉宠臣大权在握，却又时时掌握他们的一举一动，并在大臣的衙署内广布耳目，随时将臣下言行举止上禀。一旦雍正怀疑他们有贰心，那么下手也是毫不留情。雍正从不信任异邦人士，不管是日本商人或欧洲传教士都一样，甚至包括与他们打交道的汉人，并监控他们的去留。[6]

雍正认为，人多半私心自用，所以必须时常考课。他感觉世风堕落，必须兼采儒家义理和法家手段予以纠正。雍正讲究天人感应之理，喜与佛教高僧大德辩论宗教教义。[7]雍正又常感精神不济、身体违和，也把游方大夫召到宫中，广求道士炼丹制药，让他恢复体力。雍正甚至还要宫廷画师画了十几幅他的肖像，雍正在画中作道士、战士、中亚邦主、学者和隐士等各式装扮。

根据岳钟琪的密折，谋逆的秘密接触遍及浙江沿海一带，吕留良的儿孙至今也还住在浙江，这消息尤其令雍正寝食难安。雍正对浙江人的厌恶已深，认为他们总是心怀不轨、盛气凌人。对雍正诋毁最甚的就是浙江人，他虽然已经将生事造谣者株除，但是雍正心中隐痛犹在。为了整顿浙江一带的民风，雍正最近下旨设置了“浙江观风整俗使”以专职稽查奸伪，此职乃其他各省所无。[8]

雍正心里虽然有这些纠结，但是并没有在岳钟琪 10 月 30 日的奏折行间加以批示或加注记号。只有在奏折的结尾，岳钟琪表示除非圣谕裁夺，否则他不敢冒昧把逆书传递北京而上亵天聪，雍正才在行间朱批 ：“犬吠兽号之声耳，有何可介意，送来闲观之。”

雍正读毕整份奏折，便有长篇大论要说，尤其是针对张姓投书人的部分 ：“竟有如此可笑之事、可恨之人。朕观此人不似内地匪类，就其言论天下时势光景、朕之用人行政、一些不知未闻之人，非是苗疆内多年汉奸，即系外洋逆党。其语言口声果似湖广人否？人品相貌学问何如人也？近文近武？不过市井俗人也，可将内闲言语试问便可知矣。”雍正说道，人人都知道这案子事涉岳钟琪的前程，所以他能体会岳钟琪的行动如此果断。但是，岳钟琪应缓缓设法计诱 ：“何必当日追问即加刑讯，伊既有是胆为此事，必是一妄命冈不畏死之徒，便解京亦不过如此。”

当务之急须设法计诱，从不畏死之徒口中探得实情。雍正于是在奏折最后一页草草写下四计，或许条条都能奏效。其一，从容徐图，设法诱问线索。其二，严密看守投书之人，有人或许会惊慌失措而与之联络，因而找出共同谋逆之人。投书之人不可能单独行动，假若同谋之人出现，可以将之缉拏归案并详加盘查。其三，岳钟琪可与投书之人坦诚交心，告诉投书之人他仍在思索这宗案子，犹疑不决该如何禀告皇上。岳钟琪可假意百思不解，说投书之人想必是疯痴之人或者从未顾虑此举可能会被岳钟琪拏获，他究竟是何居心。经过这番说词之后，岳钟琪可大略陈述本朝及先帝的深仁厚泽，以及他们对大清日后所缔造的太平之福。投书之人怎能尽受道听途说观念的荼毒，而不思在光天化日之下永享太平之福？料想必有人误导他。言及此，投书之人及其师不可能单独行动，岳钟琪可将话题转向他们二人的共犯。雍正甚至还教岳钟琪如何套出投书之人实情的简单说词："据汝所言，似非一二无知之人，必有有识见人将你性命为伊等侥幸之谋也。何不将你送之死地之仇人举出。"

雍正最后写道，若是这几种方法都不管用，岳钟琪可用第四计——百般阿谀奉承。盛赞投书之人如此不世豪杰，则其师又不知是何超越之人物，竟可六省一呼即应。各省参与计划之士必多！岳将军可以这么说："何不回去将伊等劝化归正为国家臣子，不但不徒老死于匪类，抑且垂名竹帛矣。"[9]

雍正的案头还有一份发自陕西的奏折，落款日期同为10月30日。这份奏折是由按察司硕色撰书，他曾在10月底隐身在岳将军准备的密室内数小时。硕色说，根据他窃听而来的对话，他自信了解张姓投书之人："臣细看其人甚是狡猾，断非一二人所谋之事，必有党羽匪类。"硕色认为，没理由怀疑其党羽匪类就分布在湖南与广东。雍正批覆岳钟琪奏折花了些时间，但他并未长篇批示硕色的奏折以资嘉勉，仅写了一个“览”字。岳钟琪才是全案的关键人物，皇上显然对硕色的感想兴趣缺缺。[10]

雍正乍听这宗谋逆案，心中最先以为张姓投书之人、或许还有其师夏靓并不是汉人。这几个月来，雍正频与朝中臣工和各省封疆大吏讨论两个相关问题。第一，某些“变节的汉人”被流放到湖南、广西两省苗族分布的地区；这些受刑的汉人经常剥削苗人，霸占其土地，哄诱他们加入不实的“宗族组织”，阻扰他们与地方父母官积极合作。第二，是有关中国沿海省份与日本人非法贸易和移民滋生的问题，以及该如何决定何人有正当理由从事旅行，例如，虔诚的日本信徒邀请中国寺庙的高僧大德前往他们的宗教中心弘法；然而，无论在中国本土和日本，或往来于吕宋、爪哇、暹罗之间的异邦人士，又常以此名义掩护非法的货物、火器走私。[11]

赍折之人还在等候皇上批示岳钟琪 10 月 30 日的奏折，11 月 1 日的第二份奏折又送抵宫中，奏明他佯装立誓和本案初步突破的细节。雍正读到岳钟琪虚与委蛇、誓言效忠张倬和其师，承诺参与他们的谋反计划，再也按捺不住他的情绪。他在奏折里的“盟誓”两个字旁加注红圈，心中想法倾泻而出：“览至盟誓二字，朕不觉泪堕，卿此一念，天祖鉴之矣。此等盟誓乃不得已权变之举，神明有知，断无不消灾灭罪、赐福延禄之理。嘉悦之怀殊难笔喻。我君臣契合之情，盖由前劫善缘所钟，卿系乘愿力而来佐朕治理国家苍生者，岂泛常所可比拟。朕实嘉悦之至。”[12]

雍正读奏折之所以会有如此情绪反应，实源自最近的经验，他对于岳钟琪目前所任之川陕总督在政治上、战略上的重要性有深切领略。就是这块地方让雍正践祚之初的第一大汉人宠臣年羹尧滋生狼虎野心。雍正御极以来几年间，屡屡御赐年羹尧重礼，表达关切之情。君臣两人之间的关系，复因年羹尧之妹贵为雍正的宠妃而更形盘固。雍正的十三名子嗣有一女三男是年妃生的。雍正派年羹尧担负节制监控皇十四弟这项棘手危险的任务，可见倚重之深。皇十四弟允禵和雍正系出同母，算是血缘手足。允禵处事干练，备受推崇，当年康熙让他节制西藏战事，权力极大。雍正怀疑这位皇弟阴谋篡位，于是把他放到孤悬塞外的西宁西城，由年羹尧管辖。不久，雍正疑心允禵和年羹尧串通谋反，于是将他召到北京，下狱治罪。雍正又同时对年羹尧下手，罪名是凭权纳贿、不守臣道、贪婪成性、浮夸成风。年羹尧在1720年代可谓千夫所指，批他的人里头有位平步青云的青年将军，他就是岳钟琪，许多年羹尧解下的职位，包括川陕总督在内，都是由岳钟琪接任。年羹尧落得抄家没籍，甚至连御赐的礼物也被没收，但只要年妃在世，年羹尧就还能保住一条命。孰料年妃在1726年夏天突然病故，当年位极人臣，如今命运已定。年羹尧被控九十二条大逆不道的罪名，赐自缢。[13]

年羹尧被捕后抄家，查到一本名为《西征随笔》的异书。这是浙江人汪景祺所著，此人出身书香世家，1724年跋涉西行，到长安投效年羹尧帐下，希望能谋个一官半职。这份手稿即是汪景祺呈送年羹尧的。这本书虽题了一个看似无关痛痒的书名，文字雕琢，语多典故，用的文体也是惯见的旅游日志和日常札记，但观其内容则满纸讽喻议论。汪景祺把这趟旅程写成暴力与惨状的见闻录，他每日从当地人士的言语，还有客栈里的客旅漫谈闻悉种种触目惊心的消息。许多人告诉汪景祺连年征战的惨状，不仅战场上尸横遍野，与官军交战的部落民族在被下狱之后亦受尽惨无人道的对待。他们还告诉汪景祺，官军掳掠、强暴妇女，并将之配发官兵之家为奴。汪景祺不时盛赞年羹尧的不凡功绩与青年部将岳钟琪的卓绝勇气，认为以年岳两人战功彪炳，雍正的赏赐并不匹配，连公开表扬他们的战功也不曾有。他们绝对有权对所受的待遇表示不满。

汪景祺在书中自称代表西北各省汉人百姓的心声，汉人的土地被课以重税，以支应连年的边疆战事。汉人和部落民族死于饥馑的人数不下于死于战事的人数，于是土地任由荒废，卖子鬻女，妇人靠出卖肉体营生。盗匪蜂起、四处流窜，百姓的惨境更形雪上加霜。根据汪景祺的记载，他从晋西、临近黄河的地方听到的净是这类故事，尤其特别的是啸聚山林的女匪徒打家劫舍的故事。她们聚之以义，饱尝磨难焠炼而更形强悍。女匪徒个个身怀绝技，且常以名号威镇四方。汪景祺写到"翡翠女"，说她投掷长矛快如雷电；"小云"使的是大刀，刀法精奇，映射出的光影仿如雪花片片。汪景祺还提及"玉女"，她的神射绝技赫赫闻名，使的是硬弓，射出的箭既远又很准；同伙"紫云"总是身穿紫衣，带着紫弓紫箭。还有人能一纵飞天，有人能御马飞驰，有人生性狠毒，令人闻风丧胆，有人乔扮男装，有人虽裹小脚也能健步如飞。此地还有名为"胭脂盗"的女性，当地人士向汪景祺谈及她们时总是窃窃私语，或忐忑不安，环视四周，以防有人窃听。

汪景祺的日志有许多地方在讥讽康熙、雍正，说他们易受欺瞒，个性吝啬，穷兵黩武，漫无节制。汪景祺对康、雍两帝宠信、奖掖、拔擢的大臣更是严词苛评，并罗列朝廷之上油腔滑调的伪君子；这些人汪景祺全都指名道姓，详列其出生地，中科甲的时间。他说这些人处事凶残，以礼教令无辜男女无端送命。汪景祺的名册里有四十年来最显赫的官员，其中以张鹏翮（卒于1725年）位冠朝列。张鹏翮进士及第，历任各部、康雍两朝内阁大学士，督导河工，出任无数皇帝特派之职。然而，根据汪景祺的说法，张鹏翮颇为可议。此人纵情色欲、狡猾取宠，面敷脂粉有如戏子。汪景祺说张鹏翮在早朝之后，便急忙直奔家中卧房，侍女一丝不挂，正在房里等他。张阁老连朝服、官帽都还来不及脱去，就站在床沿办起事来，侍女还用脚绕着张鹏翮的脖子和肩膀。[14]

雍正阅罢书稿之后，在书首处亲书“悖谬狂乱”四字。汪景祺罔读圣贤书、不顾先人养育之恩，“大逆不道”，“讥讪谩骂”帝王之家。雍正下旨将汪景祺立斩枭示，年及十六的儿子也处死，妻与其余子嗣发遣边疆为奴。年羹尧私藏汪景祺的手稿而不行参奏，在九十二条罪状中是五项“大逆之罪”之一。[15]

陕西只要有任何图谋不轨的风吹草动，雍正都非常在意，岳钟琪对此自然是心知肚明；他在11月所上奏折的措辞语气均在向雍正表明心志，岳钟琪绝不会步年羹尧的后尘。岳钟琪对于收到逆书一事坦承不讳，而不是私自匿藏。岳钟琪麾下的西北大军也不会涉入宫中诸皇弟及其党羽之间的朋党斗争。岳钟琪的第二份奏折尽可能择要奏禀，以期雍正及早读到这份奏折。岳钟琪在奏折里言及不惜违背誓约，以表忠诚，以明心志，还列了六名共谋和已知的居址。

雍正在奏折后面草草朱批："开单留中，朕自命妥协之人前往捕拿料理，将张熙仍好好设法宽其心而羁留之。"[16]

雍正一反常态，下令抄录岳钟琪这两份奏折及朱批，存放宫中以便日后参考，由此可见雍正看重此案的程度。[17]俟抄录完毕之后，再将朱批的这两份奏折密封于折匣内，交予岳钟琪派出、正在等候的赍折之人。这种内有直接来自皇帝急件的折匣外头覆有黄绫，由赍折之人星夜西驰，于 11 月 17 日抵达岳钟琪在长安的官署。岳钟琪焚香朝北叩拜，跪接折匣。御批有如皇上亲临，必须谦卑敬畏以对。

雍正并不追究岳钟琪被牵连到如此危险的案子，而且雍正建议试探投书之人以得实情，这又与岳钟琪最后所用的手段不谋而合，令他深感宽慰。[18]翌日清晨，岳钟琪已备妥上呈雍正的折匣：匣内放有曾静撰写、张熙投递的逆书原件，张熙行李内的书册，岳钟琪在奏折中也回了雍正最想知道的问题：岳钟琪禀告，张熙实系湖南人士，绝非来自南方沿海，也不是皇上所猜测的异邦之人。而且，张熙形貌瘦弱，粗通文墨，绝非熟谙武艺之人。张熙对兵法韬略既一无所知，也毫无见地，只要一问到有关谋逆的细节问题，张熙就推给他的老师曾静。

不过雍正要到 11 月底才会得到进一步的消息，他决定必须扩大搜捕知道这宗案子的人，如此才有助于本案的解决。促使雍正作此决定的是他收到岳钟琪的第三份奏折，其中所列的疑犯名单增至十三人，其中至少有两个是浙江人，有三人目前蛰居江苏（但原籍不在江苏），其余都是湖南人。而且，岳钟琪在这份奏折里引了浙江儒士吕留良的著作，他似乎对湖南的谋逆颇有影响。岳钟琪还详述吕留良之孙曾于二十年前（即1707年）一念和尚举事的叛乱中被拿获。身逢这段时期的人都晓得，一念和尚集结随众，效忠前明，所发布的命令沿用大明年号，不用清朝纪元。其随众头戴红巾，手举明朝旗帜，歃血为盟，宣誓效忠领袖和帮众。到了1707年，一念和尚集结了数千人，声势壮大，而且擅长斩杀满洲铁骑的战技，并在浙江山区构筑坚实据点。然而，这次叛乱最终还是被清军剿灭，岳钟琪提醒雍正，圣祖仁皇帝当年念在吕留良的孙子系读书明理的儒士，必无知情怙恶之事，所以在多方审讯之后便宽宥了他。[19]

岳钟琪提供的这些细节让雍正感到惊惶，这是一件文人谋反的案子，雍正心想，必须火速处理这宗案子。但在扩大搜捕知情者的同时，事机绝不可外露。这样一来，官府才能在这几省谋反之人心生警觉之前予以缉拿。

如何拿捏分寸则是一门学问。朝廷的动向常刊印在京报上，这是由内阁选辑的时事通讯，在北京刊印，仅供京官或各省县令以上的官员阅读。但非法披露消息的现象司空见惯，都邑的胥吏往往把列为保密的消息卖给地方上刊印时事的人，省级的胥吏也会把刚送来的京报卖给四处兜售的商贩。透过这两种管道，各地本来无权阅览的人也能取得刊印粗陋的京报。为了降低走漏消息的危险，朝廷曾延后发布官方消息的时间，但是此法成效不彰。[20]

那么要如何让官员既能参与其事，又可谨守秘密？雍正常用所谓的“廷寄”这种直接而秘密的沟通管道。雍正做事偏爱秘密行事且重效率，他在登基几年后就发展出这套特殊的方法：当雍正觉得宜采廷寄的方式时，就会向三位最受信任的大臣下达指示。其中大学士张廷玉、蒋廷锡是忠心不贰、处事干练的汉族命官；第三位是雍正的皇十三弟允祥，他比雍正小八岁，为人耿介廉洁，在皇位继承的斗争中坚定支持雍正，因而极受雍正信赖，被封为和硕怡亲王，并承命主掌全国经济事务。接到皇上的口谕之后，这三人以廷寄的格式撰书，皇上尽速核可廷寄内容的措辞用语，这三人仔细检查廷寄的抄本内容之后，再把它分递给严加监控的列名领受者。如此一来，可让好几人同时接到廷寄，但仍能严守秘密，不致外漏。[21]

雍正就是用廷寄这种方式，把曾静案的来龙去脉与因应对策寄给几位省级的封疆大吏，落款日期为1728年11月11日。雍正还附上两份文件：一是长安投书人揭示的十三名嫌犯名单、居所；二是岳将军关于审讯投书人张熙的第一份奏折的抄本。这十三名嫌疑犯将是第二阶段调查的焦点，于是再根据地域区分调查范围。雍正把三名确定是江宁人或其他原籍江苏的嫌疑犯全部委由两江总督范时绎审讯。浙江人的部分则交予该省总督李卫全权处置。李卫同时负责指挥搜罗所有吕留良的文集，并审问吕家的后人，吕留良本人已于1683年殁故。因为范时绎和李卫所辖地区相邻，所以两人必须密切合作。

搜捕名单上八名湖南籍的嫌疑犯势必费事费时。湖南既是投书人张熙及其师曾静的故里，显然也是整宗案件的核心。湖南比江苏、浙江离北京更远；而且，湖南现任的巡抚王国栋做事也不干练。无巧不巧，王国栋才上任不久，之前做的是浙江观风整俗使。所以雍正决定派当年（1690年代）在西北战事功绩彪炳的满族将领海兰担任钦差大臣佐助王国栋。这份廷寄正是由海兰交予王国栋，然后与之一同调查此案。

到了 11 月 12 日向晚，这三份廷寄都已发出。给两江总督范时绎的是委由兵部递差传送；范总督的衙署位于江宁，距北京东南方两千两百五十里，两地之间有便捷的通道连接。浙江总督李卫坐镇杭州，距京城有两千余里之遥，但此时联系北京反而简单。李卫最近才就各种事务上奏了几份密折，而他亲信的赍折之人田把总人还在北京，等候赍拿奏折和皇上的批示回禀杭州。所以皇上的谕旨，连同和硕怡亲王允祥三人所拟的廷寄与所附文件封印包好，放入折匣后，可由田把总携回。海兰副都统亲自携带廷寄和附件，由亲信将官、侍卫陪同，快马加鞭，兼程星驰。海兰一行人必须日夜赶路，因为北京离湖南首府长沙有逾三千六百里之遥。雍正虽无法正确估量赍折之人抵达的时间，但这些人都会火速赶往。根据以往的经验，前往江宁、杭州约莫十天，抵达长沙则要个十五天左右。假设每一省需要七八天进行查访，又要七八天撰书奏折上呈北京，那么大约在一个月之后，雍正便可收到关于本案进一步的具体消息。[22]

但是雍正在 11 月 28 日收到岳钟琪上呈的曾静逆书，打破了这种按兵不动的状况。岳钟琪简述逆书的内容，论及他听自投书之人张熙的言说，曾静逆书的冲击让雍正措手不及。曾静不仅对雍正的为人为君大加挞伐，言论粗鄙不堪，令雍正大为震怒，同时还详述 1722 年的继位危机，还有当时雍正与其他阿哥的种种行径。在雍正来看，曾静的言论荒谬自不待言，但曾静写起来却是言之凿凿，煞有介事；如果雍正不想置之不理，就必须严加驳斥。[23]

雍正收到曾静逆书不到十天，便已为文一一加以驳斥。[24] 雍正劈头便说，无论曾静的指控如何悖谬，但雍正自己知道，其心上天、皇考、天下亿兆生民可垂鉴。然而这种种的肆行诬谤让雍正深信，曾静背后应有大奸大恶之徒，捏造流言蛊惑百姓；他身为皇帝，若是不能追究这些大奸大恶之徒，以正天下人的视听，无异让魑魅魍魉公然狂肆于光天化日之下，摇众心而惑众听。[25] 为达到此一目的，雍正首先要驳斥的是最恶毒的指控——雍正弑父，僭取皇位。

雍正越写越感不吐不快。他举出御极之前，他有好几次表达了对其皇考康熙皇帝的诚孝。雍正详述康熙崩殂前几天，其余阿哥、心腹臣工何人、何时前往服侍康熙的种种细节。[26] 他历数其余几位阿哥的包藏祸心和傲慢鲁莽，以及父皇又是如何时常苦于诸阿哥的行径，痛加喝责。雍正言及他之所以决定圈禁几位阿哥，并非出于心狠手辣或挟怨报复，而是要对祖先负责；而且他无意杀害背叛他的皇弟，甚至还在他们生病时择良医照料。[27] 流言还说雍正侮辱母后及诸母妃，又强据诸阿哥的妃嫔为己有，这种说法也是荒诞不稽，颠倒黑白。雍正本人，还有亲眼目睹雍正造访皇家女眷的阉官都能证明雍正以礼相待。[28]

至于曾静逆书的其他指控，雍正严加驳斥说他贪财的诘责：他富有四海、府库充盈何须贪婪横取？[29] 他天性不喜饮酒，更遑论过量，又如何能谤渎他酗酒？这类的指控均源自曲解了来京陛见的提督路振扬的说辞，路振扬对坊间流传有关皇上龙体的种种浮言颇感担忧。雍正写道，古称尧、舜皆喜饮酒，况且《论语》称孔子惟酒无量。[30] 至于淫色呢？雍正说他自幼清心寡欲、不好色欲，即位之后宫妃甚少。“朕常自谓，天下人不好色未有如朕者。远色二字，朕实可自信。

而诸王大臣近侍等亦共知之。今乃谤为好色，不知所好者何色？所宠者何人？”[31] 曾静的逆书还有其他的流言飞语，说雍正诛杀忠臣，这说的是何人呢？是年羹尧吗？[32] 这种种指控正是雍正的手足所为，而非雍正。只是这几位兄弟还有府中太监将之归咎于雍正。[33]

曾静称满人仇汉，贻害汉人，这亦是无的放矢。逼明帝自缢身亡，灭明的流寇李自成可是汉人，而不是满人。之后追剿流寇，恢复中原秩序，赈济灾民，拯民于水火之中却是十万满洲铁骑。这些宏业是由汉族的达人智士和满人共同缔造的。岳钟琪就是个眼前的例子：他是朝廷栋梁，累受高官厚禄。新帝即位之初，旋即祭祀明陵。凶岁时，也是满人赈济百姓。[34] 雍正写道，曾静在逆书中极尽扭曲之能事，甚至谴责满人使孔庙付之一炬。[35] 若以历史为殷鉴，曾静、张熙的一言一行，其罪虐之深重，犹如原籍浙江的查嗣庭、汪景祺的逆书逆行，或如前明稗官野史的谤诬传统。[36] 但至少在曾静一案，上天厚恩垂怜，让雍正注意到曾静思想的脉络，人应以此为喜。

雍正驳斥曾静逆书的种种悖论之后，开始有更深广的考虑。雍正写道，宇宙亿万臣民无不怀尊君亲上之心，而逆贼曾静却独秉乖戾之气，“自越于天覆地载之外，自绝于纲常伦纪之中”。纵使是禽兽，亦不屑曾静的作为，奈何他却是“天良丧尽”之人。按人情常理，百姓是不会相信这些荒诞怪异之事，但“或者百千亿人之中尚有一二不识理道之人，闻此流言而生几微影响之疑者，是以特将逆书播告于外，并将宫廷之事宣示梗概，使众知之”。[37]

雍正最后的话里头，自省的味道重于敌意相向，他反复重申，希望与天下百姓分享他的想法：“若朕稍有不可自问之处，而为此布告之词，又何颜以对内外臣工、万方黎庶，将以此欺天乎？欺人乎？抑自欺乎？朕见逆贼之书，坦然于中，并不愤怒，且可因其悖逆之语，明白晓谕。俾朕数年来寝食不遑为宗社苍生忧勤惕励之心，得白于天下后世，亦朕不幸中之大幸事也。"[38]

显然，把曾静逆书与雍正的回应公之于世，将有助于扭转天下之人对这宗谋逆案的观感，所以已无须秘密行事了。海兰已奏禀他顺利抵达长沙，并概述他与巡抚王国栋伺机逮捕曾静等一干叛贼的步骤。至今，江苏、浙江两省搜捕嫌疑犯的动作亦将告一段落，严厉讯问即将展开。雍正谕令内阁官员，将他所亲书的驳斥缮写一份副本——内阁官员撰书的这份文件总计有八十三页。12 月 1 日清晨，雍正谕令北京城内满汉文武百官，群集紫禁城乾清门，聆听朗读文章。这份逆书的处置至此应该是差不多了。至于下一步该怎么做，就要看这三省的搜查结果而定了。[39]

注释

1 **宫廷奏折** 深入的研究可参见John King Fairbank and Teng Ssu-yu, "On the Types and Uses of Ch' ing Documents" in *Ch' ing Administration: Three Studies*；Silas H. L. Wu, *Communication and Imperial Control in China: The Evolution of the Palace Memorial System, 1693-1735* (Cambridge: Harvard University Press, 1970); Beatrice S. Bartlett, *Monarchs and Ministers: The Grand Council in Mid-Ch' ing China, 1723-1820*。此外，还有为数庞大的满文奏折档案：Bartlett, *Monarchs and Ministers*, p.130。杨启樵的《雍正帝及其密折制度研究》（香港：三联出版社，1981年）一书，详细分析清朝廷刊印的奏折往往大量窜改和重写奏折的内容。

2 **汇集奏折** 从北京与台北所搜藏之宫廷奏折（即《雍正朝汉文朱批奏折汇编》与《宫中档雍正朝奏折》）的目录上便清楚可见。

3 **雍正的性格** 描述得最好的见房兆楹，《清代名人传略》，页九一五至九二〇；Bartlett在*Monarchs and Ministers*一书中，详细解释了雍正时代通信制度的发展。更详尽的传记研究见黄培，《独裁政治的运作》，以及冯尔康，《雍正传》（北京：人民出版社，1985年）。Silas H.L. Wu, *Passage to Power: K' ang-his and His Heir Apparent, 1661-1722* (Cambridge: Harvard University Press, 1979)书中翔实地描绘雍正与其他诸皇子之间的斗争。《大义觉迷录》书内亦条列其余的指控。

4 **兄弟之死** 参见《清代名人传略》一书"允礽"、"允禩"、"允禟"条，以及佚名，《允禩允禟案》，《文献丛编》（台北：故宫博物院，1964年）。分析诸皇弟污名确切意义的转变，其中包括"阿其那"的原始意义可能是指鱼冻死在冰上，详见沈佑安（音译），《"阿其那"、"塞思黑"考实》，《清史研究》，1991年，页九〇至九十六；Wang Zhonghan（王钟翰），"On Acina and Sishe, " in *Saksaha: A Review of Manchu Studies*, no. 3(Spring 1998): 31-35。在此我同意王钟翰的分析。

5 **皇宫与出巡** Evelyn Rawski, *The Last Emperors: A Social History of Qing Imperial Institutions* (Berkeley: University of California Press, 1998)书中的简述。

6 **对满洲人的种族、种族关系、认同等观念的详尽及饶富洞见的阐释** 可参考克罗丝莉，《透镜：清帝国意识形态中的历史与认同》；吕留良的观点，可见费思唐（1974）一书第五章《种族思想》（Ethnic Thought）的分析。另外，见下述第十章对曾静与《大义觉迷录》的讨论。

7 **雍正与天人感应** 见吴秀良在《历史与传奇："胤禛剑侠"小说》一文所搜集之源文件的生动细节。

8 **浙江省** 初次派任"浙江观风整俗使"是在1726年。派任新官员与雍正对浙江文人的怀疑这两者之间的关联性，见费思唐（1974），页二七五至二七六。唐代有关此一官职的前例，参见下述第十四章。

9 **雍正对岳钟琪奏折的初步反应** 雍正仓促间撰书的批示，见《雍正朝汉文朱批奏折汇编》，卷十三，页五五八；抄本见《清代文字狱档》，页三至四。费思唐（1974），页二一九，简述雍正的反应。Bartlett在*Monarchs and Ministers*书中翻译了雍正在其他事件上对岳钟琪所批示的一些冗长的体己话。

10 **硕色的奏折** 《雍正朝汉文朱批奏折汇编》，卷十三，页五六七至五六八，雍正六年九月二十八日。

11 **变节的汉人与苗人** 《清实录》，卷七四，页九 b 至十一，卷七四，页十四 b 至十五。叙述与日本的接触，见吴秀良，《历史与传奇》；爪哇和吕宋，见《清实录》，卷七四，页二 b 。有关雍正嫌恶天主教传教士，详见Fu Lo-shu, *A Documentary Chronicle of Sino-Western Relations, 1644-1820* (Tucson: University of Arizona Press, 1966), vol.1, p.154-156。

12 **雍正第二次对岳钟琪奏折的反应：仓促间撰书的批示** 《雍正朝汉文朱批奏折汇编》，卷十三，页五七一；抄本见《清代文字狱档》，页四。

13 **年羹尧** 《清代名人传略》，页五八七至五九〇。有关年羹尧与岳钟琪，见佚名，《岳钟琪奏折》，《文献丛编》，页四三五至四三六。年羹尧的妹妹染病、殁故，见《清实录》，卷三十八，页十三 b，卷十八，页十七。

14 **汪景祺的《西征随笔》** 《清代名人传略》，页八一二至八一三。汪景祺的《西征随笔》：饥荒和伤亡人数，页二八 a；苦难，页十五；“胭脂盗”，页十六至十七；对官员的个案研究，页二十六、四十六 b 、四十九 b；张鹏翮，页四十三。

15 **雍正对汪景祺的反应** 《清实录》，卷三十九，页七；卷三十九页十三 b；卷三十九，页二十一 b 至二十二。描述雍正本人怒不可遏，予以挞伐，可参见《掌故丛编》页十八的例证，1964年重印本。徐正中，《曾静反清案与清世宗胤禛统治全国的大政方针》，《清史论丛》，1984年，页一六六至一六八，汪景祺案是致使雍正怨怼浙江文人的起因。

16 **雍正对这六人的处置** 《雍正朝汉文朱批奏折汇编》，卷十三，页五七二。

17 **程序反常** 根据早期满人的密折制度，奏折会送还原赍折之人，不会留下归入档案。Bartlett, *Monarchs and Ministers*, p. 226, p. 369 n.114，指出这样的抄录在1729年与1730年时已是一种常态。抄录岳钟琪1728年的奏折或多或少可预见日后的发展。

18 **岳钟琪对于皇帝批示的反应** 《雍正朝汉文朱批奏折汇编》，卷十三，页六八七至六八八，于雍正六年十月十七日奏禀收到雍正六年十月十六日的上谕；《清代文字狱档》，页七。

19 **岳钟琪的第三封奏折和内列七人的名单** 《雍正朝汉文朱批奏折汇编》，卷十三，页五八七至五八九，日期是雍正六年十月二日；《清代文字狱档》，页四b至六，未提及人名。概述一念和尚叛乱，可见Silas H.L. Wu, *Passage to Power: K'ang-his and His Heir Apparent, 1661-1722*, p.107-108, 111, 213。

20 **京报** 又称邸报、塘报。对此一制度和清朝后期各种廉价抄本的分析，见Roswell Britton, *The Chinese Periodical Press, 1800-1912* (Shanghai: 1933), p.7-15。另见John King Fairbank and Teng Ssu-yu, "On the Transmission of Ch'ing Documents," p.36, n.32，与"On the Types and Uses of Ch'ing Documents," p.61-62；以及Bartlett, *Monarchs and Ministers*, p.44, 56, 158 & p.304, n.10。

21 **廷寄** Silas H. L. Wu, *Communication and Imperial Control in China: The Evolution of the Palace Memorial System, 1693-1735*, p.102-105; Bartlett, *Monarchs and Ministers*, p.103-112。

22 **11月11日的廷寄** 李卫有关廷寄的奏折与田把总，见《雍正朝汉文朱批奏折汇编》，卷十三，页八〇八；这份廷寄的副本，见《雍正朝汉文朱批奏折汇编》，卷十三，页八一三。海兰将军奏折的抄本，见《清代文字狱档》，页九。范时绎本人的廷寄，见《宫中档雍正奏折》，卷十一，页七五六至七五七（另可见《雍正朝汉文朱批奏折汇编》，卷十三，页九二四）。传递这三份廷寄行经的距离与一般所需时间，详见John King Fairbank and Teng Ssu-yu, "On the Transmission of Ch'ing Documents," p.13-15。这三份奏折送达的日期：范时绎的奏折是11月23日，李卫是11月24日，海兰是11月28日。显然，在1728年时，有关本案文件的传递速度较一般规定快。

23 **雍正收到逆书** 岳钟琪于雍正六年十月十七日发送，这份逆书抵达京城的日期约莫是雍正六年十月二十七日。

24 **对于逆书的反应** 《清实录》、《东华录》内虽未记载，但《起居注》却保留了这份档，日期是雍正六年十一月十一日（1728年12月11日），页二三九二至二四一三。有鉴于标示的日期，当代官方称之为"十一月戊午谕"。这份档构成《大义觉迷录》一书的第二部分（卷一，页十四至五十二b），本处的观点即取材自此。冯尔康的《曾静投书案与吕留良文字狱疏论》，《南京学报》，1982年，第五卷，页四十一至四十六；第六卷，页二十八，探讨了雍正如何利用曾静的逆书反击政敌。

25 **雍正的心迹** 《大义觉迷录》，卷一，页十五。

26 **论康熙的崩殂** 前揭书，卷一，页十五b至十七。

27 **诸兄弟** 前揭书，卷一，页二十一至二十八。

28 **嫔妃** 前揭书，卷一，页十七至二〇b。

29 **贪财** 前揭书，卷一，页二十九b至三〇b。

30 **不喜饮酒** 前揭书，卷一，页三十二b至三十三。之前对雍正饮酒过量的指控，见《清实录》，卷四十四，页三十五。

31 **不好色欲** 《大义觉迷录》，卷一，页三十三。

32 **背叛与年羹尧** 前揭书，卷一，页三十三b至三十四。

33 **兄弟的太监** 前揭书，卷一，页三十七至三十八。

34 **满人定鼎** 前揭书，卷一，页四〇至四十五b。

35 **孔庙祝融** 前揭书，卷一，页四十六。

36 **曾静、查嗣庭、汪景祺** 前揭书，卷一，页四十八b至四十九。

37 **人心可鉴** 前揭书，卷一，页五十一。

38 **总结省思** 前揭书，卷一，页五十一b至五十二b。

39 **公布上谕** 正确日期与内容大要，可见《起居注》，页二三九一至二三九二。显然雍正本人并未在场。当天的其余政务，见前揭书，页二四一三；《清实录》，卷七十五，页九b虽然有更多类似的记载，但并未包括这份上谕在内，这或许是雍正的儿子乾隆下令拿掉的。

第三章 行 踪

廷寄的折匣外裹黄绫，由兵部递差于 11 月 23 日午后送达，其时范时绎总督正坐镇江宁的衙署。[1] 范时绎面朝北京磕头行礼之后，通篇读罢这份廷寄及附带文牍，立即着手手边的政务。虽然仍有许多细节隐晦不明，但眼前差事的轮廓却是十分清楚：谋逆张熙投书人，在长安经过审讯之后，供出了十三名嫌疑犯（张熙也算在这十三人之中）。十三名嫌疑犯里头有三人——车姓两兄弟和姓孙的人——住在江苏。浙江既受范时绎所管辖，那么逮捕这三人的差使便落在范时绎的身上了。

范时绎精力旺盛，明快果断，出身汉军镶黄旗的精锐。清朝的军事建制以旗营制度为核心：共有红、黄、蓝、白四色，又以镶边与否而区分为八旗，各旗又依满洲人、蒙古人与汉人的出身加以细分。只有在满人定鼎中原之初就支持满人的汉人家族及其后裔，才能身列汉军旗下。[2] 范时绎的祖父是清初内阁大学士，父亲曾为兵部尚书，家里还有一个叔伯在 1673 年的动乱中衷心拥护新朝而牺牲生命，范家可谓一门忠君爱国之士。范时绎自己不曾参加科举，一直都戎马沙场，历任副将、总兵、都统。范时绎在1725、1726年担任直隶马兰峪总兵时，向雍正密报皇十四弟图谋悖逆。雍正或许是为了这件功劳，便把范时绎调离军职，拔擢他为两江总督，辖有江苏、江西、安徽三省富庶之地，以范时绎从未担任文官而言，这项升迁着实让人一惊。[3]

范时绎的调度直接而实用。23日入夜之后，范时绎召集一组亲信和宅邸内的官兵，将之分为两队，各授机宜。其中一队的任务较为单纯：前往车姓兄弟在江宁的家中，将之缉拏到总督衙署审讯。另一队的命令稍微复杂一点：前往距江宁北方百里的淮安城，探查名叫孙克用之人的下落并予以逮捕。

江宁的缉拏小队仓促出发，结果到了车家，发现只有兄长车鼎丰在家；弟弟车鼎贲离家数日，把女儿送往淮安结亲。巧的是，另一队去的就是淮安。为了避免车家弟弟兔脱，范时绎密委缉拏的衙役带同车鼎贲的家属前往淮安，俾以协助追查车鼎贲的下落。

为了不浪费时间，范时绎先将车鼎丰密提到案。范时绎也炮制了岳钟琪在审理本案之初所用的自保之策，他率另一按察司陪同审理，所以不至于传出与嫌疑犯勾结的流言。车鼎丰供称，他是读书人，而且还是个贡生。车鼎丰本可入京师国子监就读，但他宁可蛰居江宁，与其弟闲住读书。

范时绎总督语带揶揄问道：“所读有何奇特之书？所学有何高远之事？所交有何信密之友？”车鼎丰供称，他只是守拙寡交，清白行事。范时绎嘲讽他的回答过于简略，进一步诘问他是否认识名叫孙克用之人，孙克用即列名淮安人的嫌疑犯。车鼎丰仍是气定神闲，回说他家曾延聘孙姓西席，但名叫孙用克，而不是孙克用，此人系安徽桐城人，而非住在淮安。但孙用克为人好高狂大，宾主不协，所以车家在不久前已把孙用克辞退。车鼎丰听说孙用克之后在淮安任姓官家觅得教职，或许这正是为什么会弄错孙用克的原籍。车鼎丰辞去孙用克之后，只见过他两次面：一是去年八月，孙用克前来补祝车家老母寿辰；另一次是今岁秋天，孙用克返回家乡桐城途中曾逗留江宁。是的，也有湖南安仁县张姓之人，同样是在车鼎丰母亲寿辰之时到来，但车鼎丰已忘记这人的名字了。

范时绎猜想，这任姓官员可能原本是任职福建，前不久才辞官归隐淮安。这人他是认得的，于是便第三度派遣信差到淮安，然这次是前往任家，探询这孙姓之人是否在任家。淮安城不小，而且这人的名字到底叫什么也还不清楚，先前派的人恐怕很难探得嫌疑犯的下落。为求慎重起见，范时绎又命人前往西北六十里的安徽桐城，查明登记在籍的究竟是孙克用还是孙用克。确定真名之后，再予以缉拏。

范时绎一方面派人追查车鼎贲和孙姓西席的踪影，另一方面又决定彻底搜查江宁的车家。他亲率浙江按察司，至车家翻箱倒柜，如他稍后上呈雍正的奏折所言，他一一搜查屋内“器用、图籍、书信”，寻找颠覆谋反的材料。他们的发现虽有限，但却派得上用场。例如，他们找到两捆竹简，上有未署名的诗文十首。其中一首题名为“新岁偶书”，言及“治乱且有天定人为”。这种话或许可解释为蔑视皇帝治理天下的权力。但是最有趣的发现是去年阴历八月车家老母寿辰时前来祝寿宾客的庆贺门簿。这本门簿证实了一点：簿内清楚记载投书人张熙的名和号，并说他生于湖南安仁县。这与张熙供称他去年前往江宁的时机相吻合，这次的拜访是在他前往吕家买书之后。令人诧异的是，簿上登录的贺客当中，还有张熙供出的两个浙江人：一个是严鸿逵，投书人张熙说他"精于兵法火器"；另一姓沈，投书人张熙说他是"严鸿逵的学生"。

范时绎逼问这两人为何会在门簿上，车鼎丰的解释也很合理：严鸿逵是一位受人景仰的儒士，这正是他认识严鸿逵的原因。严车两家素有往来，所以严鸿逵前来车家拜寿并无足为奇。两家既然熟识，车家昆仲才延聘严鸿逵的沈姓弟子为他家教馆的西席。但是，投书人张熙的情形就大不相同。寿辰宾客盈庭，车姓昆仲只与张熙打个照面而已。不过张熙既然是湖南同乡，且是严鸿逵引介的，而且他来江宁是为了买书，所以就让张熙留住三日，送了张熙银子一两充当盘缠，以及几件棉衣。这事的来龙去脉就是如此。

车鼎贲亲送女儿前往淮安成亲，于 12 月 2 日被追拏到案，随即被带回江宁。提审之人耐着性子，把诘讯车鼎丰的问题又拿来问车鼎贲，他的答复和车鼎丰的供词大致相同。不过车鼎贲还是供出了兄长没说的新信息。车鼎贲说他们兄弟俩是在方苞家里见到孙用克的。在 1720 年代，天下读书人无一不知方苞之名，江宁更是无人不识方苞。方苞乃是当代大儒，因牵连康熙朝一桩文字案而几乎丢了性命。戴名世的《南山集》以"极多悖逆说"，以致"法至寸磔，族皆弃市，未及冠笄者发边"，而方苞因为此书作序，被判死刑，缓刑流放满洲数年之后被特赦，归隐江宁。方苞和孙用克是桐城同乡。车鼎贲也证实性情狂大的教席孙用克的确前往淮安任教于任家，但他也说，在淮安是找不到孙用克的：今岁夏末，孙用克因染上恶疾而辞去教职，返归故里桐城养病。[4]

车鼎贲斩钉截铁，否认他曾与投书人张熙往来，他只在母亲寿辰上与他有过一面之缘，当然也就无从与张熙论交，遑论阴谋滋事。兄弟俩矢口否认，即使在12月6日遭到刑讯亦然。车鼎贲说来说去都是别人说过的供词：他何必谋逆反叛这样的仁君。那么他何以列名于张熙在长安所供的嫌疑犯名单？车鼎贲怒不可遏："张熙从前来时原是个漂流无定之人,实非相与也,无仇无怨。他在四处游荡，今将凡系知道之人，不论名号，任意开写出来。"张熙将孙用克的名号籍贯开错即是明证。假使审讯大人不相信他的话，何不把他送往湖南与张熙当面对质？

车鼎贲有关西席孙用克的说辞确凿无误。孙用克的确不是淮安人，但已被桐城的官员拏获，在兵丁戒护之下，于12月8日被送抵江宁。范总督属下按察司验明病情，孙用克确实染患痢疾，至今未愈，但范时绎还是将孙用克找来问话。但无论范时绎如何严厉诘讯，孙用克说的都不出他们所知。他供称他的真名是孙用克，从未听过孙克用的名号。他在车家教书时，从未与张熙谋面，也不知道张熙为何闻得他的名号，甚至把他的名号弄错。他与吕留良的门生严鸿逵相善，因为严鸿逵常到车家，但他不知严鸿逵知晓兵法火器。他也认得严鸿逵的沈姓门生，因为两人有一段时间都在车家任教，但来往并不是很密。审讯者向孙用克出示查获的诗集抄本，并点出谋反的可疑字句时，孙用克供称，他虽不知诗文的原作者是何人，但这笔迹确是姓沈之人的。至于官员在桐城孙家所搜到的地舆图和天文书，孙用克说，这些都是公开刊印的书籍，他在去年购买，实属无足为奇。

虽然孙用克的名字与原始名单不符，但是范时绎在 12 月 11 日的奏折里还是禀明，他决定逮捕孙用克。他也监禁了车家兄弟，如果皇上认为妥切，还可把他们送到湖南对质。此外，又查得车鼎丰、车鼎贲还有一个哥哥，曾任福建学政，辞官后住在江宁城内。不过原初名单上并没有他的名字，不知是否涉及此案，所以至今对他先按兵不动。

雍正并未在这份奏折文中加以批示，只在文末表示同意范时绎的观点 ：“知道了。正犯皆在湖南，现任命钦差前往审理。凡有干系两江人犯咨文一到，可作速慎密料理，莫令兔脱生事。”[5]

浙江总督管巡抚事李卫是在 12 月 24 日黄昏，在杭州官邸收到廷寄和所附的谋逆名单，比范时绎晚了一天知道。雍正虽对范时绎信任有加，但他更为宠信李卫 ；李卫以缉捕李、范重叠管辖之地的盗案而屡获擢升，当时李卫负责整饬范时绎辖下南方一带的盗案。从这可看出范时绎同时督导三省政务力有未逮，而李卫仅治理浙江一省，所以有余力协助同僚。

就做事牢靠而言，李、范两人似乎不分轩轾。李卫也是勤敏之才，秉公持正，气傲凌人，决断迅速果敢。李卫此时年近四十，体格魁梧，满脸痘疮。他和岳钟琪、范时绎都是未经科考，以捐官的方式谋得一官半职，然后在北京的官僚体系获得不次拔擢。雍正即位之初便赏识李卫的才干，把他外放到云南，要他一面经略边境住民，一面密报云南巡抚的一举一动。雍正对浙江民风的浇薄如骨鲠在喉，便把李卫调离云南，擢升为浙江巡抚。李卫行事聪颖敏捷，与甫就任的观风整俗使王国栋合作无间。李卫一度病重，但雍正倚重李卫甚深，于是下旨将李卫的生辰八字送至北京，命人直断生机。算命的结果想必很不错，因为李卫不久即授予浙江总督管巡抚事之职，扶摇直上，升至人臣之极。[6]

李卫在浙江的任务较之江苏的范时绎更为复杂，他不仅要追缉原初谋逆名单上的严鸿逵和沈姓之人，还负有混沌不明而彼此攸关的任务：搜罗吕留良的文风和学术遗绪，评估吕留良和吕家后人散播反满言论深入人心的程度，以及投书人张熙去年与吕家交往有多密切。李卫看过廷寄，心里便有了定见，他盱衡情势，召集亲信幕僚至宅邸共商大计。

李卫对于处理吕家和吕留良的藏书之所以胸有成竹，是因为他在两年前（1726 年 11 月）就已办过类似的案子了。当时李卫就任浙江巡抚才一年，就收到雍正快递的谕旨，令他以谋逆罪名缉拏出身浙江书香世家的查嗣庭，他是声名赫赫的儒士，时任江西乡试正考官。查嗣庭的罪名是他以《大学》中“维民所止”为题。指控查嗣庭的人认为，这是刻意挑选的文句，因为“维止”二字就是把“雍正”去了头上的笔画。换言之，查嗣庭是唆使学生去砍皇帝的头。官吏将查嗣庭出任正考官时的书籍和财产一一分类，试图找出不法的罪证。圣谕密令李卫即刻前往位于浙北海宁的查家祖厝，详细搜查煽动之书籍。

李卫立刻遵旨办事，当他派人前往查家搜捕时已是夜幕低垂，有数人在查家客堂饮酒，附近河面停了几艘船只——他不仅学到如何处理突如其来的情况，也学到如何指挥搜查犯罪的文书：逐一搜索箱笼、橱柜，抽桌、木匣纸卷、包裹、瓶瓮等也都尽数掀开。翻遍床、橱四周，遇有地板、房屋砖板都将之掘起。墙壁、地面凡有可疑之处俱行拆掘。雍正下旨嘉勉，巡抚李卫用这些方法，会同江西干员，在查家搜出"悖乱荒唐、怨谤捏造"的日记两本，还有用细字密写的完整考题和答案，折叠隐藏在衣服腋下，准备泄漏给浙江的学子，让他们考得佳绩。查嗣庭在日记里大肆讪谤儒士在翰林院进修成效不彰，谄媚逢迎，并讥讽钦赐进士会造成浮滥举才。这些长短不一的文章显示，查嗣庭孤芳自赏，蔑视文人，对当今圣上和先帝无端罗织的文字之祸不满。雍正依大逆之罪下令凌迟处死查嗣庭，但查嗣庭在审讯已卒于狱中，所以改判戮尸枭示，家人流放边疆，发配为奴。[7]

查嗣庭案发不久，又在年羹尧家里搜出汪景祺所撰的《西征随笔》，此事更令雍正憎恶浙江的民情浇漓。雍正为了整饬这些目中无人的文人，便说浙江风气"颓蔽"，选派观风整俗使一员，端正浙江民风，禁止浙江士子参加每三年一次的乡会试。雍正言出必行，浙江在1724年有三十五人高中进士，而1727年科考，浙江却是全省尽墨。这虽然对浙江伤害颇深，但却有利于李卫日后在官场上的飞黄腾达。[8]

李卫有了这段历练，认清了一件事：吕留良显然已被雍正归为一念和尚、汪景祺、查嗣庭这些浙江叛逆之流。张熙在长安供称，他在1727年前往浙江购得吕留良写的《备忘录》、《吕子文集》、《钱墓松歌》、《如此江山图歌》。[9] 岳钟琪有一份密折的抄本已发至李卫处，里头概述张熙有关吕留良著述的供词，并鉴请皇上指示李卫前往吕家查抄逆书。岳钟琪的鉴请如今已成了皇上的旨意，吕氏族人若是把这些逆书灭去踪迹，李卫可是担当不起。

李卫在 1728 年 11 月 24 日傍晚接到北京送来的廷寄和附件，即刻找来三名杭州衙署内他熟识、信任的官员。其中两人是将官，另一人是吕家居里所在大运河畔石门县的知县。李卫简述眼前的两项任务，并区别先后顺序：名单上住在西北方四十里处湖州府的谋逆严鸿逵和沈在宽，必须予以缉捕。[10] 名单上说严鸿逵"深晓兵法火器"，这可能会增加增缉拏的困扰，但这项任务应较为单纯。另一位沈姓之人，据称是"严鸿逵的门生"。

同时，李卫的手下必须前往距杭州东北一百二十里的石门吕宅。因为这个案子既要搜查手稿，又要抓人，而手稿容易毁于水火，所以李卫不能冒险调派兵丁亲信，大张旗鼓包围吕宅，这可能会打草惊蛇，另生事端。李卫心生一计，要手下隐去官阶到吕家，伪称为京城内廷纂修史馆购买佚书。他们应表明可支付现银购买善本书，尤其想买吕留良的《备忘录》和《吕子文集》。等到进入宅邸后，便直往书斋，表示有意见识家藏奇典。如此依计行事，确定藏书之处后，再表明身份，逮捕吕家族人，将之押解总督衙署审讯。

李卫的手下没费什么事就在湖州拏获严鸿逵和沈在宽，其中官位最大的把总吴光祖旋即回禀，计划顺利完成。吴把总等人于 11 月 26 日抵达吕家，受到吕留良的两个儿子、几个孙子、姻亲等竭诚接待。吴把总表明此行负有学术使命，吕家人将之迎入宅内，向吴把总等人出示吕留良的《备忘录》两本，吕家所藏之已刻《吕晚村文集》两部。此外还有吕留良未刻文集三本，以及未刻诗集，包括吕家祭礼行述，另有吕晚村日记六卷。吴把总扣押所有的文字材料并查封书斋，吕家成年男子总计七人被捕，解往杭州鞫讯。

吕留良共有九子，但只有两子仍然在世，也就是热诚款待吴把总之人。李卫立即进行审讯，由李卫与浙江的第二号要员布政使署按察司高斌逐一究问。高斌的官位虽次于李卫，但他与雍正的关系甚至比李卫更密切：他曾在内务府当差（能在此当差的都是帝王心腹），他的女儿是雍正爱子的嫔妃。

吕留良那年纪较长的儿子排行第四，名叫吕黄中，他的口供无济于事。据他供称，他六十八岁，“年老无子，一些事情不会做，只在家里的。上年八月里有湖广人张熙到我家来访父亲的遗书，我九弟吕毅中留他时我也见过的，并没有说谋为不轨的话”。

吕毅中则提供很多有用的线索。他说父亲已于四十五年前(1683年10月3日）去世，吕留良的祖父当年曾娶明朝王室旁系的女儿为妻。吕留良于1654年进学，1666年岁考未能通过，被革去秀才之位。吕留良虽多遭横逆，但总是读书不辍，讲授儒家道学，名声传颂于浙江之外。尽管吕留良本人岁考未能通过,但他仍要诸子（吕留良的五子、八子夭殇）努力考取功名。吕留良逝世二十三年后，长子吕葆中脱颖而出，高中康熙丙戌科榜眼，光耀吕家门楣。吕葆中随即入翰林院任编修，但不到两年即病故。吕葆中几个弟弟的功名都不及乃兄。

吕家人都知道吕留良的声名远播，九子吕毅中说道，这正是他们对张熙远道自湖南来，访求吕留良书籍、手稿不以为怪的原因。

多年前，吕留良成立了“天盖楼”书坊，现仍由吕留良的后人经营。吕家的人以天盖楼书坊之名，刊刻印行吕留良的著作，不过吕留良还有诗集、日记尚未刊刻印行。他们有时也会把吕留良的手稿出示访客，像张熙就是一例。由于张熙提及希望能见一见吕留良的门人，所以便把严鸿逵的名字和居里告诉了张熙。提审者知道严鸿逵就是名列十三谋逆之一，且此人已经拘拿了。

李卫盘问《备忘录》、《吕子文集》与收录《钱墓松歌》、《如此江山图歌》诗集这几册书的来历。这些书是怎么来的，又是怎么散播的？吕毅中供称，在过去四十多年来，吕留良的手稿辗转流落各地，有的被地方文人借去，或由姻亲抄录，有人自行在手稿上作序，有的则更动手稿的内容。像是《备忘录》就有两种版本，一系由地方文人、亲戚编纂，另一系由严鸿逵从吕留良的日记拼凑出来，这本书现藏在严鸿逵湖州的家中。《吕子文集》是由外人编纂，自行出资刊印，并尊称吕留良为“吕子”，这是晚村家人所不敢妄为的。

但是这些书籍还有其他的手稿抄本流传于世。李卫所提的两首诗是晚村早年所作，收录在晚村友人于1670年代编纂的诗集内。这本诗集和《备忘录》都是由同一人编纂。吕毅中供称：“我家兄弟子侄都在本朝做官进学，并没有一点异心的，总是张熙来问我家书籍时，不合将父亲的诗稿日记与他看，这是我该死处了。”

吕葆中长子吕懿历刚在1723年的科考中脱颖而成为贡生。他在父亲吕葆中去世翌年，曾被指控涉及自称明室后裔的一念和尚举事，所以他做梦也没想到自己能获得这份功名。吕懿历的一番供词也说明了这个声名远播的书香世家在新朝治下，极力想过着循规蹈矩的体面生活。吕懿历供称，他家在1708年曾遭几番搜索，他也常因先祖曾与明王室结亲以及先父可能涉及谋反而屡被诘讯。吕懿历即使面对北京派来剿乱的钦差大臣反复审问，对于他不曾做过的事也总是坚决否认。最后，吕懿历与被捕的明室后裔当面对质刑讯，但他还是坚称不认识此人。吕懿历随之被开释，此后潜心学问。他并不认识张熙，张熙来访时他亦不在家里："回来听说是九叔子吕毅中见他、留住宿的。两人如何说话，我不知道。"

李卫在杭州总督衙署内藏的档案里发现1708年由满族户部侍郎穆旦记载的供词。在这份文件里，穆旦记载他相信吕懿历所言俱实，下令将他无罪开释。李卫或许察觉到吕懿历最后有些埋怨他的九叔，同时也有意配合审讯，便命随从护送吕懿历返回石门吕家的书斋，把业已查封的各类书籍、手稿再作搜查。吕懿历逐一检视书籍手稿之后，誊抄祖父的诗稿日记等书。[11]

李卫除了鞫讯三名吕氏族人之外，还审了谋逆名单上的严鸿逵、沈在宽。严鸿逵完全愿意配合，他供称自己是名生员，已年高七十四；虽然他有两个侄子都进士及第，在朝为官，但他获得生员之后未能更上一层楼。严鸿逵解释他何以列名谋犯，说词颇为可信："（我）无子无孙，在家教书行医。向日与曾静从不相识，雍正五年（1727年）八月内，有湖广人张熙来访其师吕晚村后人书籍。自吕处到伊家求道，称系曾静门人，伊师在楚讲学，有徒二十余人，称为蒲潭先生。张熙以孔子拟其师。"张熙虽与严鸿逵论辩《论语》以及《易经》、《性理太极》等书，但严鸿逵对他的印象并不深："见其学问平常，未免有讥贬之语。"

严鸿逵供称，阴历八月十一日，张熙说他欲前往江宁拜访友人。严鸿逵或许是乐见张熙离去，同时也是出自诚心，告诉张熙他的沈姓门生正在江宁，任车家两兄弟的西席。因为车家原籍也是湖南，不久前才迁居江宁，严鸿逵认为车家兄弟应会亲切接待张熙。严鸿逵认为，见识一下什么是真有才学的人，对张熙也有好处，而他的门徒正是这类的人。严鸿逵说，张熙并不曾向他说及任何谋反甚或悖逆的话。两人所论皆是张熙程度所能及的典籍与批注诠释的问题。严鸿逵希望审讯者明察，他对朝廷忠心不贰。事实上，在当今皇上御极的头一年，有大学士还曾荐举他赴京城国史馆，与一群学者共同编纂明史，唯因骤然患病，以致无法进京赴职。[12]

李卫做事向来精细。他虽然没什么理由去怀疑严鸿逵的说法，但还是命人彻底检阅严鸿逵 1727 年的日记。里头果真记载张熙于阴历八月初五到严家，十一日离去。他们还查到浙江巡抚衙署的档案，发现巡抚复礼部公文，内中陈述严鸿逵告病，无法赴国史馆编纂明史。就目前来看，严鸿逵对兵法韬略所知全来自经文，并无亲身作战的经验。

问完严鸿逵之后，就将严鸿逵的沈姓门人拏来讯问。此人名叫沈在宽，去年八月他的确在江宁车家任教。因为张熙持了严鸿逵的信函，所以沈在宽也竭力款待，他看出张熙的学问并不扎实，对理学精义理解肤浅，而且他也无法引经据典来佐证。张熙离去时，沈在宽送了他三钱银子，还有几首他认为张熙会感兴趣的诗。

沈在宽愤愤不平，见过几次面并不意味他们曾谈论谋逆之事。他们有什么理由这么做呢？沈在宽在这二十年来，一直是奉食皇粮的学生，而他也渴望功成名就。的确，在沈家搜到几本天文地理之书和几本医书，他喜读地理医道，并不实而行之。沈在宽知道缉拏之人也仔细搜过家里，并取走几本手稿、日记和诗集，还有吕留良已刊刻印行的著述和文集。李卫要沈在宽回想去年张熙来访时他送给张熙的两首诗，将之写下，并把沈在宽的说词记于本案的官方档案内。[13]

李卫在 1728 年 12 月 2 日完成审讯，翌日便整理重点，缮写在一份长折子里，交由把总黄文达驰寄宫中。李卫禀奏雍正，有关查获经文所内蕴的精微大义，以他的学养还不足以置喙。以他所见，似乎危邦害国的文字与历来著名学者文人的许多著作并没有多大差别。其中最大的差别或许在于吕家文人，及其友人、门生，都是以研究道学为名，实则散播有害观念，而不致力提升百姓的道德层次。[14]

李卫送出这份折子过了三天，他又做了一个决定：把吕家的两个儿子、吕留良的长孙、吕留良的门生严鸿逵及其门徒沈在宽，这五名他认为最具威胁的嫌疑犯，在兵丁的戒护下，五花大绑，押解北京，委由刑部再审。李卫还随同上呈所刊印文集、未刻的手稿等著述。

李卫在随后进呈的奏折里上禀雍正，把其他吕氏族人全都押解北京并无济于事，因为他越查越多：他最先只确认七人，但现在已增至二十三人，分居在邻近的七个家庭。这数目还不包括幼时因故离开族房、现今迁徙他处的人。虽然不把他们全都押解到京师，但会将之严加看守，等候进一步的旨意。而吕家书斋的藏书也甚丰，恐难悉数送往京城。于是李卫命知县率领四人再将经、史刻本各书逐一细查，并造册加封。李卫亲自细究书籍名册之后，再进呈北京供雍正御览。[15]

朝廷派出的信使到杭州时，李卫正在船上督导河工和防洪工事。信使带来两只包裹，其中一个是产自哈密、庆贺用的麝香甜瓜，这是皇上恩赐的赠礼。第二个包裹是黄绫折匣，折匣内有曾静逆书的抄本。这是雍正典型的行事风格，当他犒赏心腹臣僚公忠体国时，便会致赠礼物以表谢意。但这两件物品的用意却是显而易见：一个是朝廷致赠的人间美味，另一个匣子里则是谋逆者赤裸裸、原原本本的观点。[16]

注释

1 **范时绎接获消息** 《宫中档雍正朝奏折》，卷十一，页七五六，记载了范时绎于雍正六年十月二十二日（1728年11月23日）接获消息。

2 **八旗制度** 关于汉军形成过程的翔实分析，可参考克罗丝莉，《透镜：清帝国意识形态中的历史与认同》（尤其见页四十四至四十九与页九〇至九十九）。诚如克罗丝莉在这本书中的解释，汉军八旗与满洲、蒙古八旗习惯上所使用的种族分野，迄于18世纪后期才告确立，所以不能说清朝肇建之初满人口中的“尼堪”（Nikan）即有明确的自我认同意识；基于这点理由，克罗丝莉使用“Chinese-martial bannerment”一词，而非“Chinese bannerment”来指称“汉军”。但为了简便之故，我仍沿用“Chinese bannerment”。（译按：Nikan，满语，即清朝定鼎中原之前女真人对居住在辽东地区汉人的称谓。）

3 **范时绎的生平** 《清代名人传略》，页二二九；《清史稿》，页九三五七；《清史列传》，卷十五，页二十二b。范时绎乃是驰名遐迩的贰臣范文程之孙。

4 **范时绎的计划** 范时绎呈雍正的奏折，包括审讯嫌犯的细节，见《宫中档雍正朝奏折》，卷十一，页七五六至七六一（另可见《雍正朝汉文朱批奏折汇编》，卷十三，页九二四至九二九），日期是雍正六年十一月十一日。有关方苞生平的介绍，可参考《清代名人传略》，页二三五至二三七。

5 **雍正对范时绎的回复** 《宫中档雍正朝奏折》，卷十一，页七六一（《雍正朝汉文朱批奏折汇编》，卷十三，页九二九）。

6 **李卫的生平** 《清代名人传略》，页七二〇至七二一；《清史稿》，页一〇三三；《清史列传》，卷十三，页三十a。李卫进呈雍正的奏折是杨启樵《雍正帝及其密折制度研究》一书个案研究的重点，页一二七至一四三。有关李卫的生辰八字，见《雍正朝汉文朱批奏折汇编》，卷九，页三一六至三一七，雍正五年三月二十四日（1727年4月15日）。雍正与岳钟琪讨论另一名官员的生辰八字，见Bartlett, *Monarchs and Ministers*, p.62。

7 **李卫与查嗣庭案** 《清代名人传略》，“查嗣庭”条；《清实录》，卷四十八，页二十五至二十七；卷五〇，页十八b至十九b；卷五十七，页六至七；孟森，《清初三大疑案考实》（台北，1966）。李卫在《雍正朝汉文朱批奏折汇编》，卷八，页三一四至三一五，奏折中陈述他搜索查家的情形。雍正对查嗣庭的刑判，见《清实录》，卷五十七，页七。

8 **设置观风整俗使** 《清实录》，卷四十九，页二；卷四十九，页六。

9 **张熙取得的文集** 《清代文字狱档》，页五。

10 **李卫的计划** 李卫的细节奏折，包括他抄录的供词，见《雍正朝汉文朱批奏折汇编》，卷十三，页八〇八至八一三，雍正六年十一月三日（1728年12月3日）。李卫在浙江调查的概要，见费思唐（1974），页二三七至二四一。李卫指派的调查官员是平步青云的高斌，此时他官拜布政使司；有关高斌的生平，见《清代名人传略》，页四一二至四一三。

11 **缉拏、审讯吕家人** 《雍正朝汉文朱批奏折汇编》，卷十三，页八〇八至八一一。吕留良诗文的编撰人张履祥，见《清代名人传略》，页四十五至四十六；吕留良之子吕葆中，见《清代名人传略》，页五五二。吕留良是在1673年间于江宁成立"天盖楼"书坊，由其子吕葆中协助经营，详见费思唐（1974），页一二三。

12 **严鸿逵的供词** 《雍正朝汉文朱批奏折汇编》，卷十三，页八〇九。

13 **沈在宽的供词** 《雍正朝汉文朱批奏折汇编》，卷十三，页八〇九。

14 **李卫的思索** 《雍正朝汉文朱批奏折汇编》，卷十三，页八一二。

15 **李卫押解疑犯至北京** 《雍正朝汉文朱批奏折汇编》，卷十四，页二十二至二十四，雍正六年十一月二十二日；李卫在雍正六年十一月六日（1728年12月6日）的奏折提及他将解送罪犯。李卫又在雍正六年十二月十一日的奏折里（《雍正朝汉文朱批奏折汇编》，卷十四，页一九五），说把总黄文达于雍正六年十二月九日返回杭州。

16 **舟船行程与礼物** 《雍正朝汉文朱批奏折汇编》，卷十四，页二十二至二十三、二十五。李卫为此事撰书两份奏折，日期均是雍正六年十一月二十二日。

第四章　湖　南

副都统海兰带着雍正的廷寄和嫌犯名单，于11月28日午后进入湖南首府长沙。他穿过巍峨的城门，径入内城，直奔湖南巡抚的衙署会集巡抚王国栋。[1]两人经过必要的手续之后，直接切入眼前的任务。这项任务十分艰巨。他们必须追查七名嫌犯，而湖南地方大，从繁荣鼎盛的长沙南下，所经之处皆荒凉：溪流湍急，山谷崄巇，桎木攀于陡峻，迭翠杂巘，几乎与世隔绝，集镇村庄错落其间，偶见丘陵可耕之地，苗人世代以此为家。根据张熙在长安所供——这是海兰和巡抚王国栋对于这一干谋犯窝藏何处唯一的消息来源——首谋曾静及张熙家人均蛰居湘西的山区。

地缘细节自然是海兰、王国栋计划的关键。湖南省统辖几个府、州，其下又有知县治理的县。县以下又划分为更小的行政单位，名义上督导地方税收机关；在这行政单位之下，又有村的设置，村内由保甲长负责地方治安。从副都统海兰带到长沙的廷寄来看，首谋曾静家住永兴县蒲潭村。副都统海兰、巡抚王国栋从长沙官署列档的湖南各县志得知，循陆路，永兴县距长沙五百七十里。河路虽便捷，但是湖南境内主要河道皆往北流入长江及其支流，因此系逆流而上，而且河道蜿蜒，事实上较陆路为远，总计逾一千里。

永兴县内有二十都，蒲潭村虽未标志在永兴县图上，但记载显示，蒲潭村处于该县东北方、崇山洼谷的十九都内。从永兴县城到十九都逾七十里，但从投书人张熙的故里安仁县到十九都则较为便捷。永兴县的驻军不多，仅有五十名兵丁可供差遣，由一员把总指挥。而这为数不多的驻军可能都是由当地人充任，未经训练，戍守各大通衢的交会处、河流渡口和集镇。这些兵丁不可能用来镇压大规模的叛乱，而且也难保他们不会泄漏官府即将派兵的消息。唯一之计就是调派省方的守军进驻，与永兴知县密切联系，再动手抓曾静。[2]

张家在永兴县内的居址不难标出。张熙接受岳钟琪审讯期间，不但供出他家住在安仁县鹏溏村，且曾静也在鹏溏村教书多年。张熙还供出抵达鹏溏村的快捷方式：鹏溏村就位于安仁县城与永兴县东南相邻，距安仁县城一百二十里、郴镇二十一里。对策画缉拏谋逆的官员而言，如何包围鹏溏村而不至于惊动曾家，还有一个问题：张熙在长安被拏获并遭诘问，这个消息只有几位封疆大吏知道而已，但是岳钟琪的奏折里说得很清楚，张熙的堂弟张勘曾随张熙至长安，先行逃离。张勘如今可能在安仁家中，已把消息走漏给家人。不论如何，在蒲潭村大张旗鼓，动手抓人的消息恐怕瞒不住鹏溏村的村民，反之，先在鹏溏村行动，也可能会惊动蒲潭村。

到了 11 月 28 日晚间亥时，副都统海兰与巡抚王国栋拟了计划，分配责任。海兰、王国栋要抓的七名嫌犯分居在湖南三处——有四人在东南，二人远在湘南，一人住在湘北、毗连长江之洞庭湖畔平原。曾静与张家三人的住处相隔不远，其实只要派出一个小队便可将之悉数擒获，但因为本案非同小可，海兰、王国栋为防万一，还是调派两支搜捕队伍，他们总计分派四支队伍。随海兰自北京来的守备韩祥会同湖南巡抚辖下抚标中军游击郳锦与署理郴州知州张明叙，率队前往永兴县，缉拏曾静本人。另三支队伍分别由官阶相近的湖南文武官员领军，其中职位最高的是长沙府知府孙元，他带领兵丁前往缉拏张熙的家人。

海兰、王国栋在之后四天里，详细订定计划，部署人员，并确认巡抚手边可动用的资源是否安全、是否可行。海兰、王国栋心中的忐忑不安是可想而知的，因为他们只能从张熙的口供理出头绪，而湖南本身的问题也很多，民怨四处，不知有多少百姓伺机而起。再加上传言佛教的一支白莲教盛行于本省，以即刻解脱鼓励信众；还有人笃信道教，既强调无为，又积极聚众活动，他们的动向与情感难以逆料。而且苗人部落散居湖南境内，其间又夹杂了变节的汉人。[3]

到了12月1日，计划已部署完成：缉拏湘北谋逆的兵丁协调洞庭湖畔的守军将领会同行动；负责南方、东南方的三小队则将计划告知长沙南方衡州的驻军将领，此地有大批兵丁戍守。巡抚王国栋撒下弥天大网：他命各队“多带兵役”，在各个地方“谨密搜拿”。王国栋巡抚也密令窝藏谋逆之四个县及比邻各县的知县遣拨兵役，严行防范地方生事，或者防范谋逆党羽突然现身。尤其关键的是原籍山东的永兴知县戴文谟，此人举人及第，素以办事利落和擅于决断疑案而闻名。戴文谟已经知道本案梗概，立即部署，防范曾静兔脱。[4]

最后，于12月2日动手逮捕张熙家人，两天之后再前往抓拿曾静。这或许因为受到当地不明的因素所左右，更可能是因为鹏溏村比较容易调派兵丁进入。到张家抓人并不难，包围张家之后，张氏族人束手就缚，毫无抵抗。张熙的堂弟张勘当时自长安仓皇南下，才在前一天抵达鹏溏家中，族人必定曾问过他这一趟的经历。果真如此的话，族人也还没注意到他。无论如何，张勘不知在他逸逃几天后，张熙已被刑讯并招供。俟张家的人悉数被拏获，张熙的父亲、堂弟、胞兄这三名重要嫌疑犯在重重戒护之下，以船只送往长沙。张家其他人被关在安仁县狱中，地方官员将人犯财产悉数查封，开始详细搜查张熙的手稿和财产。

前往蒲潭村缉拏曾静的兵丁于12月4日出发，行动也是迅速而顺利。但本来不见得会如此顺利，因为在所有谋逆之中，唯有曾静似乎已预知自己将被逮捕，至少他说的话有抗拒之意。官府虽然秘密部署，但曾静可能知道兵丁在该地活动，或风闻张家的人已被拏获。或许有人告诉曾静，张熙的堂弟已从长安逃回安仁的家中；或许曾静自知他的计划已经败露。据前往缉拏的一位将官说，兵丁强行进入曾静家中时，曾静曾呼号："蒲潭先生卒于此"；显然他决心自尽，或者想自杀而被拦下。事后海兰向雍正禀告："幸赖皇上威德，天夺其魄。"前往缉拏的将官亦注意到，曾静在衣衫上写有几句对联，而他们在搜身的时候，也发现曾静的衣内写有"渤潭得道先生"（渤潭是曾静在家乡用的名字）。这通常是由自知死期不远的人写在寿衣内，这样他们在阴间就不会被错认。

但曾静既未能自裁，也无法自残。反之，曾静的母亲和儿子（他的妻子不久前病故）等家人均遭戴文谟拏获而囚禁于狱中，如今无人居住的屋舍也被查封。曾静本人则在重兵戒护之下，被带往湖南首府长沙。缉拏之人只花了三到四天就到曾静家中，但返回长沙却费了十一天的工夫，沿途时时警戒，以防止曾静的党羽前来劫囚。然而，一切仍是平静无波。曾静抵达长沙之时，其他谋犯已关在狱中，正在进行审讯。[5]

曾静人一到长沙，海兰与王国栋就中断对其他人的问话，开始诘问曾静。曾静告诉海兰、王国栋："我年五十岁，是永兴县人，系生员，考了五等，革除。这上书的事，是我数年前的想头，立定志向今年同学生张熙商量做的。张熙当了屋和塘设措盘缠，是今年五月初七日起身，那张勘是我叫他同张熙去。"提审者问道，为何是张勘呢？是不是因为要有学问的人一同陪往？曾静断然否认。"那书中讲的话必要有学问的方法与他商议，张勘是个没学问的，我如何肯替他讲，他不知道的。"那张熙的父亲张新华呢？"就是张熙父亲张新华只晓得他儿子往川陕去上书，那书里的事情他也做不得主。永兴有学问的人少，我在山里住，离县城远，并不相与人。"

这些供词自然会让提审者想要探查，在这穷乡僻壤的乡下地方究竟是谁影响了曾静的观点。曾静究竟得到什么启示？曾静供称，本地有一刘姓夫子，他做过永兴教官，过去曾静曾跟他学道，刘之珩的性理、天文学问令曾静折服。但刘之珩是安乡拔贡，对礼仪原则极为重视，曾因曾静对道学的解释离经叛道而大怒。刘之珩已告老退休，住的地方距曾家相隔甚远，纵使他有心，但也难有机会把观念灌输给曾静。刘之珩门下有一陈姓学生，与夫子住在一起，学问很好。

此外，当地还有一谯姓儒士，曾静本人虽与他素不相识，但读过他的文章，知道他学识渊博；曾静很想与有才识器量的人探讨宋朝理学大师，如程氏兄弟、朱熹等人的思想。曾静供称，这正是何以他在偶然间读了吕留良的文集，对晚村"拒陆尊朱直接濂洛"的心法甚为钦服。曾静说："我心里慕他（吕留良），去年张熙曾到浙江访他的书籍回来，知道湖州严鸿逵、沈在宽都是吕晚村渊源一脉，必定有学问的了。"

曾静和张熙几番谈论这件事，曾静觉得假使举事可成，便可推荐他们所认识的这些儒士。但曾静本人从未与浙江这些儒士会面："并无同谋的事，也没有什么党羽。"曾静曾与他在永兴县的门生讨论、分享他的观点，然而我"平时讲道理他们知道的，上书的事他们并不曾同谋，总是我一人做事一人当，我不肯赖，也不好诬扳别人的。"提审者又问曾静在所著《知新录》提及的儒士。结果书中许多曾静引为知己的人，曾静根本没见过面，有些线索也断了，像徽州人施虹玉已经作古了。但书中提到有些人的反应却耐人寻味：书中提到的一个人，后来编纂了一册吕留良的文集，这本书曾静也有；还有一人因热衷吕留良的著述，而前往吕家（就如同张熙那般），花了八十两银子购买吕留良的书。

副都统海兰问道，这些人之间若是没有阴谋或事先谋划，那"六省一呼可定"这句话究竟是什么意思？曾静回说："这是我同张熙商量，看见时疫流行像个天心不顺，想来天心是一样的，故如此说，并没有成见。"[6]

同曾静一起被捕的六个湖南人，对曾静这个给他们带来牢狱之灾的人兴趣缺缺，这也无足为奇。刘之珩今年六十岁，曾在 1713 至 1723 年之间任永兴教官，曾静、张熙均敬重他学识渊博，通晓韬略、天文之学，但他谦称才学不足，对曾静的赞美也不敢当。他说："因幼习《尚书》，略晓得些星象图书，哪里知道天文。至《八阵握机图》俱是先贤朱熹成语，之珩纂刻起来教武秀才的，何尝知道什么兵法。"曾静混说读了这些书就通晓天文兵法了。刘之珩要求提审者，查明这些刻本底稿，提审者细阅之后并无发现任何妖妄悖乱之语，更遑论这些是逆书。刘之珩的陈姓门生也同样否认知道曾静逆书的内容。[7]

曾静对儒生谯中翼的评价似乎更高，他对曾静和刘之珩同表怀疑。谯中翼供称，他今年七十二岁，系华容县学文生，入学二十八年。但今岁因贫苦患病考试不到而被除名。谯中翼说，他从不入公门，不曾出外行走，也从不管闲事，平日的消遣就只是读书教学。"曾静、张熙曾经在我不在的时候到过我家中，拿走我几本藏书，显然是想誊写副本。"谯中翼不知道他们竟干出这等事来。谯中翼说，至于刘之珩，他虽能读能写，但绝非才高八斗。谯中翼确实曾应刘之珩的请求，为他的时文作了一篇序，但是仅此而已。谯中翼甚至说："若不信，只求拿这些人来与我对质，再着两个人扮作我，叫曾静等认指谁是谯中翼，我这冤就申了。"

谯中翼喊冤归喊冤，但官员仍下令彻底搜查他的书籍和家产。除了有一首题明太祖像的诗之外，并未发现有任何悖逆字迹。回头问谯中翼时，他说这首诗不是他作的；写的人是几百年前住在这个地方的一位文人所题。[8]

本案更为关键的人物是列名十三嫌犯的张熙亲戚：张熙的父亲、胞兄和堂弟。张熙10月在长安受缚之后，为保护家乡老父而把他的真实姓名和确实住所隐瞒了一两天，但岳钟琪假意与张熙盟誓之后，便将父亲的姓名和居址等消息全盘托出。现在，他们悉数成擒，湖南官员可从容审讯。

张熙的父亲张仕璜病体孱弱，但仍勉力表达他对这宗谋逆案的看法。他供称今年六十岁，二十七岁乙亥年时进学。但因未通过资格考试而被除名。不久前才改名作"张新华"。张熙是他的第二个儿子，但他这做父亲的却常为张熙的行止所苦："从永兴曾静读书，近来见他大言不断，我赶他出去，他就住在曾家。今年回来当田房做盘费，说要往川陕上书去。我那被曾静所愚之子做这样不法事，我不能管束就该死了。"审问官员禀奏雍正，他们还想诘问张新华，但他有重病在身，若是用刑的话，必定熬不过，或者自知死路难逃而绝食。张新华这时若是死了，本案难以了断，所以必须暂停审讯，交由湖南按察司严加看管。

张熙的长兄张照爽快应讯："张熙是我兄弟，这两年都在永兴曾静家住。我只晓得种田，他们做的什么事我不晓得。"审问官员只把张照的话记录在案，并未逼他详细说明。但提审官员从张熙的堂弟张勘口中探得许多新信息。张勘供称，有一段时间堂兄张熙称曾静"师父"，对他的医术很佩服。今年阴历五月，曾静的长子和张熙一同来找张勘，给他几两银子，叫他帮张熙照料行李，陪同张熙前往川陕。他们还告诉张勘说"前头有好处"，但张勘并不晓得是什么事。张勘接下这份差事。他与张熙于1728年10月16日抵达陕西，张熙告诉张勘即刻去传说中的文王陵上收集蓍草的茎，用来占卜吉凶。张勘于10月26日带着蓍草的茎返回长安，这时才知张熙欲前往总督衙门投书。张勘生怕被当成谋犯而遭处决，心里慌张，就卷起铺盖逃回家。张勘还说："不知张熙后来怎样了。"张勘由水、陆两路走了一千八百里路，费了三十六天往南逃回安仁，于12月1日平安返家，但翌日就被前来搜查的官兵拏获。张勘最后说："这些事总是曾静、张熙做的，我实不知情，求超豁。"张勘虽经用刑，仍不改其供词。[9]

诘讯谋逆犹在进行，兵丁又将拏获疑犯的家里和家产彻底搜了一遍；令查抄之人惊讶的是，这次在张家搜出重大发现，但张家之人还是用尽各种说词，否认他们知悉逆书的内容或曾静的其他著述。他们在张家搜出密藏的曾静《知新录》、《知几录》，以及有关如何祭天祭祖的短文，同时还找到张熙于10月上书岳钟琪将军那份逆书的原稿。张熙已经关在长安大狱时，张家究竟为何还要把这些东西留在家中？[10]

于是又将张勘提来审问，他承认这些书的确是他自长安带回来，但非蓄意为之：张熙把这些书和手稿藏在铺盖里带到长安，张勘仓皇逃走时，把他自己的铺盖卷了，连同内藏的书籍一起带走。张勘还说："书上说的话我不晓得。"为求水落石出，张勘提议，审问官员可再提审曾静。审问官员又再鞫讯曾静，曾静则一肩挑起所有责任："书上的话俱是我做，就把与张熙的，我岂肯赖？"

审问官员读了曾静写的这两本书之后，向雍正禀奏，他们对满纸乱言狂吠的悖逆之说感到心胆俱裂，不敢将之连同奏折一并进呈。他们已将这些逆书固封，等到追讯确实之后再请旨焚毁。这些逆书的草稿并没有提出原列名谋逆以外的人士。湖南方面的审问官员急于上奏，在 12 月中旬即撰书奏折，派遣抚标把总李吉驰寄北京。雍正一接到奏折，就把消息告知岳钟琪："大奇事，张勘到家次日已被钦差差役拏获。凡张熙开列名单所有之人，一人未曾兔脱，皆就擒矣。谕卿喜之。"[11]

从这话来推敲，雍正对本案目前的进展似乎颇为满意，但他并没有让湖南官员知道。雍正的确有一度怀疑湖南官员查案的能力，他在 12 月 3 日就决意调派断案技巧更好的人，来取代湖南巡抚王国栋。雍正属意的人选是杭奕禄，他是出身满洲镶红旗的年轻满族官员，甫被拔擢为刑部左侍郎，擅长精细的诘问。雍正在 12 月 3 日给了杭奕禄几条类似他给岳钟琪的建议：杭奕禄一到长沙，应提醒曾逆，本朝皇帝与圣祖仁皇帝带来的太平盛世，以瓦解曾静的心防，并要曾静解释为何他要对朝廷采取这等极端的手段。但杭奕禄与湖南官员也应追踪曾静以及目前查获的其他人犯，散播之悖逆话语出自何处。他们在这点上应该有耐心，有条不紊，找出所有可能的祸首。同时，雍正也要杭奕禄带一道口谕给湖南巡抚王国栋：王国栋就任湖南巡抚仅一年，何以湖南百姓冥顽不灵至此？王国栋应勉力改过，留心地方事务，不时晓谕愚蒙、稽查匪类。[12]

杭奕禄于 12 月 26 日抵达长沙，把皇上的指示给了钦差大臣海兰和巡抚王国栋；这三人立即依雍正的提议行事。曾静又被提审，但这次是在巡抚官署内另辟密室审理。审案官员提醒曾静，他的生死就操在他们三人手中，当今皇上恩泽及人，力劝曾静解释在他谋逆、著述背后的真正动机。杭奕禄深入探究，曾静的供词也中肯痛切。曾静解释，他撰述《知几录》原是作为张熙此行前去陕西路上的指示："当日遣张熙前去，实系独得之秘，毅然而行；既非他人所能参赞，亦不屑与闻于人，且自以为成固有利，止亦无害。故《知几录》内谆嘱张熙一路访问，如所闻与在家所传不合，即回来另作主意，不可轻举。原非预有邀约谋定后行，实无同党，有书可证。"

接下来的审问是关于如今已被拏获的谋逆或可能的党羽，曾静在两本书中提到这些人。提审官员不得不承认曾静的供词或许属实，这些人无一承认曾与闻曾静本人著述或逆书的内容。

曾静的动机到底为何，他到底要达成什么目的？曾静的供词即使在某方面满足了审理官员的要求，但另一方面来说，根本无济于事。诚如这位审讯官员向雍正的禀告："（曾静）痛哭流涕，叩头不已。臣等见其醉醒梦觉，然后将逆书所载逐条追究。该犯茫无所指，非云齐东之语，即云臆度之私。诘问再四，毫无风影。"这位审理官员决定，唯一的办法就是不用口头诘讯，"当给纸笔，令该犯详细写供"。[13]

曾静已是吓得心惊胆战，要他写笔供更是十分费劲，但他还是整理思绪：

> 弥天重犯是康熙十八年生，生在湖南近广东界。祖父以来，历世积善。常言三代行善人家，在弥天重犯的祖父，可称得一句十代积善人家。

弥天重犯幼承父训读书，粗知仰体朝廷作养人才之意，不肯虚度岁月，自了其生。平常有志于圣贤、大学之道，期勉躬行实践，以副朝廷之望。无奈身处幽僻山谷，名人文士足迹不到，而慈父弃世又早，且家贫力单，势不能出外远游，就正有道。弥天重犯所住之地离城市远，无交易买卖；即间有买卖，亦是用稻谷，不惟不使钱，竟少用银子。穷民无所出息，亦无处交易得银子。所使用者只有谷耳。惟富户积得稻谷多，方以谷去卖得银子用。至若钱，则无论康熙钱、雍正钱皆未用。

陈梅鼎是安仁县百姓，于康熙五十二年老死。弥天重犯的岳父名国衡，是陈梅鼎之弟，亦是个百姓，于康熙四十六年病死。其子贫不能自立，于康熙五十七年搬往四川去了。陈梅鼎之子今不知其在否。陈元章是茶陵州人，不知是士是民，不在已四十多年矣。陈梅鼎是弥天重犯的岳伯，弥天重犯娶他的侄女、陈国衡之女，十八岁到他家中。

一日某到，他迎接某，吾岳翁出见乃大声指某曰："此诗礼大家，方正君子。"又曰："吾老三生平做事，惟择婿一桩眼力高过天下。"又曰："贤婿有济世之德，宰相之量。"又生平极鄙薄当今，屡叹先朝衣冠文物。

因应试州城，得见吕留良所选本朝程墨及大小题房书诸评，见其论题根本传注文法规矩先进大家，遂据僻性服膺，妄以为此人是本朝第一等人物，举凡一切言议，皆当以他为宗。其实当时并未曾晓得他的为人行事如何。直到中年得知吕留良为文人所宗，而其议论亦间有几处与本心相合者，遂不觉好之，妄引为修身之助。

自幼以来讲解经书，讲到孟子滕文公问为国章说那井田法制，心中觉得快活，私地暗想以为今日该行。由是屡去问人，却无一人说今日行得。心下听着人说行不得，甚不快活。后看见吕留良此章书文评语，竟以为行得，且说治天下必要井田封建。井田封建复了，然后方可望得治平，遂不觉赏心合意。从此遂深信吕留良的说话，且执著这个死法子。

圣祖皇帝殡天诏到，虽深山穷谷亦莫不奔走悲号，如丧考妣。即以弥天重犯冥顽无知至此，亦曾废食辍饮、恸哭号涕，被素深山、居丧尽制。然在当时皆起于心之不及觉，发于情之不容已，非有所为而为。

西游的话，是雍正三年事，当时并没有别意。因弥天重犯所住之地最狭僻，在山谷中，左右方圆十余里尽是耕户山农，并没有个读书识字的人相接。弥天重犯的父亲在日曾尝有个迁居之志，而不能得遂。复因近来人多田贵家事单寒，转移不得。后得学徒张熙、廖易在门往来，居宿安顿不得，而张熙、廖易家事亦贫寒，因见这些去四川的传来，以为四川田贱。乃与张熙、廖易商量，思欲去四川寻采个安静的所在，以为安耕搬家之计。且与张熙、廖易同住，并可遂其读书之志，于是有去四川之行。

于七月二十五日起身搭船到长沙上岸，因到长沙城中走一回。盖弥天重犯从未出门，只因考试到过林郴州，余并未曾走动。不意到长沙，竟看见有一告示上说“五星联珠，日月合璧”的话。彼时大喜，以为有好世界来。毕竟会复井田封建，复井田封建毕竟要人，到那会用人时，我辈的藏就不可得知。且既有井田，则到处可以安身，又何必搬家带属走四川做甚？于是去四川之志遂灰了，就要转身来。

那时并没有一点别样志向，唯有心中打量要来京城上书献策。再三不决者，苦为匪类一篇说话，在胸中狐疑。乃转身到长沙岳麓山一看，由是往湘潭一路回来，并没有会见别样人物，说一句异话，到九月初三日归家。

唯回来有两年，见得这两年的收成不好，接连水荒，米贵谷贵，百姓艰难，逃荒避水的多。乃翻疑此“五星联珠，日月合璧”的兆，恐另有别应。

总之，弥天重犯狂举的心肝肺腑、一丝一毫、点点滴滴尽载于《知新录》、《知几录》。此两本书虽然有两个名号，确不是立意著作的书、装点的话。《知新录》乃是仿张横渠先生心有开明即便札记之说，随每日所知所见，不论精粗是非写放于此，以便自家翻阅，考其所学之得失。议论固未曾斟酌，文法亦未曾修饰，原是随便写出的口语。《知几录》不过写出叮嘱张熙的话，明说与他恐左右人听闻，且虑他未必记得，因写放纸上。到写了多了，遂取个名号，此是暗地递与他的话。今二书俱已搜获进呈御览矣。

适值雍正四、五两年，湖广、广东等处百姓搬家到四川。往还有从弥天重犯门首过者，传说西边有个岳公，甚爱百姓，得民心，西边人最肯服他。那传说的百姓也不知道岳公是甚名字，是甚官职。[14]

曾静的供词还没写完，杭奕禄这三名审讯官员就连同曾静供词赶紧上奏，还附上到目前为止所搜查到新证物，包括新供词的抄本，曾静的《知新录》、《知几录》二书，逆书的原稿，曾静之前为孩童学习经文而写的《小学开蒙》一册，张熙先前造访浙江时吕留良第九子给他的吕留良文集的纲目凡例和未发之蕴，有曾静题字的扇子一柄，自曾静推崇的文人、赞扬的门生处没收而来的书籍，曾静被拏获时隐藏在衣衫内的数联对句（当时曾静意图自尽）。这些证物都置入特别固封的匣子内，委交抚标千总吴杰送抵京城，并于 1729 年 1 月顺利送到雍正手中。雍正读罢这份奏折和供词抄本之后写道："览逆犯之供单更属可笑之人也。"[15]

雍正之前有过旨意，甚至还派了杭奕禄前往协助办案，但他认为湖南的审案官员显然没能查出曾静从哪儿听来那些凭空杜撰、无故指控的悖逆情节。雍正收到岳钟琪于 1728 年 12 月 14 日发自长安的长折，既然逼供不懈可厘清问题的症结，那么湖南的臣僚应可以做得更好。

张熙以自己的愚行而忧惧仓皇，身染重疾，但岳钟琪还是不断施压，要张熙供出他是在何时听闻涉及皇上的种种奇骇之说。张熙最后供称："前自湖南往浙江时，乃由水路，有搭船之人所言如此。"岳钟琪问道：这些旅客是什么样的人？他们住在何处，是何姓名？张熙回说，他们只是适巧乘同一艘船，不过是普通的行路客商。张熙并未询问他们的姓名或居里何处。岳钟琪问道，这些人是什么面貌？张熙说，“匆匆问答，但记其言，至其人实不能记忆。”岳钟琪又问张熙，从四川到陕西是否亦有听闻这类说词？张熙回答，他是在今年循旱路来，不但未闻有这类说词，百姓还颂扬皇上，让他感到万般疑惑。张熙问他们今上如何天德圣治，但他们也说不出个所以然。

岳钟琪心想，张熙对雍正与其圣明烛照一无所悉，而张熙的执迷不悟即使是尧、舜等古代圣王亦莫不震怒，岳钟琪告诉张熙，尔等或不能通晓，即如尔等如此大逆不道。设若与张熙听闻的说辞相反，岳钟琪有关雍正的圣德所言皆属事实，“果如此是我等悖谬”。

岳钟琪在 12 月 14 日的奏折提到他与逆犯的长谈，思索流言是怎么传开的：有人说了某些话，其余的人曲解了这些话并加以传播，有人初次听到这些前所未闻的话便信以为真。岳钟琪认为，迩来传说皇上饮酒无量即是典型例子，岳钟琪本人曾听过这流言：最初据官员在京报上奏称，皇上厌恶饮酒，觉此有碍身体健康，但谣言却盛传皇上饮酒毫无节制。岳钟琪评说，虽是股肱大臣，若非亲侍燕饮也不能深悉传言的悖谬，“此皆系从前不轨之徒捏造流布。今曾静等既敢谋大逆，则污天蔑日之言所何不至。臣细讯张熙，既毫无指实，即所供舟中传说者若果有其人，亦未必非前此造言之余党”。[16]

才过了九天，岳钟琪又得到新的证据，说这传言迅速传布，后果将不堪设想。现在长安城内盛传岳钟琪已与张熙秘密结盟。若非如此，那为何张熙在审讯期间还能受到盛情款待，而且还从狱中放出，而与岳钟琪座下的官员饮宴？长安城内的将官人人忐忑不安，唯恐受到流言牵连。岳钟琪觉得也有必要将这些道听途说情节禀奏皇上。[17]

岳钟琪对于流言的推敲，以及收到发自湖南的奏折，促使雍正于1729年元月底拟了新的廷寄，透过怡亲王转发送抵湖南的审理官员。雍正说："前岳钟琪奏呈曾静、张熙逆书，朕览之不觉失笑，不知从何处得此奇幻荒诞之语。但曾静等既为此书，必有奸逆之人造作流言，希图煽惑者。朕不得不一一剖晰，宣示于众。"雍正又说，杭奕禄先前取得曾静口供今日方到，所以来不及细阅。但他对于曾静遣徒投书的意图了然于胸。若真如曾静在逆书中所述，他的措辞用语与行径仅是沧海一粟，微不足道，则邦国会因曾静这类怀叛逆之心的人而动荡不安。所以，审理官员务必逼使曾静供出每一则流言的来源，究查哪些是他自己所造的谣，哪些系他听自别人处："即曾静不能确指其人姓名，亦必略知其来由踪迹。"[18]

于是三度提审曾静，他再次痛哭流涕，深悔前非。但曾静一明白雍正上谕的要旨，就平复情绪，收摄心神："小的书馆在安仁县路傍鹏溏地方，偶听来往路人传言，实未询确姓名住址，不敢信口妄报。惟雍正元年四月二十七日有一人至小的书馆，据云向名王澍，号燕山，系丙戌进士，曾与十四爷同窗读过书来。小的恐系职官，不敢深问。伊称有子现在川陕统兵，疑即系岳钟琪父亲。故《知几录》内亦载有此段，令张熙访问等语。此外，实不能指出造言之人。"提审官员诘问曾静：王澍居址何处，年岁多大，身材形貌如何？曾静回说，他不知王澍居址府县，只知他是江苏或浙江人；王澍"彼时有四十多岁，如今有五十余岁了；五短身材，胖胖的，微须"。

这些细节虽然清楚，但曾静却说不出这人的名字。

曾静虽然不复记忆，但湖南的审理官员心里一定清楚，这则新的信息扭转了整个案子的性质：现今看来，显然若干关于皇帝的恶毒流言系出自进士，吕留良的长子与此人也是同榜进士及第；不惟如此，他还是皇上最痛恨的劲敌——十四皇弟的老师，十四爷与雍正系出同母，现在已被圈禁在北京宫中。皇上才要审理官员深入谋逆心中，这个新消息似乎颇能切合皇上的准则。[19]

但是基于某些理由，湖南官员并未急于把这个发现向皇上奏报。部分原因是，他们还在想办法从曾静挖出更多信息，无论是关于王澍本人或者随他旅行之人。另一个理由是，早在1729年初，雍正下旨，将各地逆犯聚于长沙，所以湖南官员可以透过各省逆犯的口供，反复确证曾静的供词：岳钟琪于元月 19 日将张熙递解到湖南，而他本人也在一个月后抵达长沙；车姓兄弟和孙姓夫子由范时绎总督派人自江宁押解，而于 2 月 26 日抵达湖南首府。然后由这些亟欲想向皇上表明忠心的官员，一一将之提来鞫讯。[20]

到了 1729 年 4 月 7 日，前往北京的行程一切准备就绪，大队人马取道长沙城门。这个行列颇为奇突，层层警卫戒护着一群戴上枷锁脚镣的重犯，他们的命运都与曾静相纠缠。全队由两名军官、一名文官负责安全警戒与食宿安排等事宜，并委交副都统海兰与甫走马上任的刑部左侍郎杭奕禄都率带领。除曾静本人之外，他的七十七岁老母和两个儿子也都被拏获，同曾静一道前往北京。这一行人之中还有张熙，他的病还没好，身体孱弱，他自西安解到长沙不久，现在又要解送到北京。还有张熙的父亲、胞兄和堂弟，以及曾静逆书中论及的湖南籍文人。此外，还有来自江宁的车姓兄弟，他们在不久之前被解送至长沙，应其所请与张熙、曾静当面对质。车家的前孙姓教席，仍苦于痢疾而十分虚弱。湖南审理官员上了一份长折，简述其计划严密详细，逆犯插翅难逃，并禀奏曾静撰书供词与新发现的首谋进士王澍，雍正看完后朱批："览，不数日汝等即至京也。"[21]

注释

1 **海兰抵达的正确日期** 参见《雍正朝汉文朱批奏折汇编》，卷二十三，页六五九至六六〇（亦见于《清代文字狱档》，页九），未标示日期的奏折可能是雍正六年六月二十八日，由海兰和巡抚王国栋联名急递。海兰有关疑犯居址的初步消息，可能得自岳钟琪先前奏折的附录；关于曾静的住所，见《雍正朝汉文朱批奏折汇编》，卷十三，页五七二；张家居址与鹏溏村的位置，见《雍正朝汉文朱批奏折汇编》，卷十三，页五八九。

2 **湖南地形** 路程，《永兴县志》（1883），卷四，页二。永兴县城距安仁县和郴州界七十至八十里，距长沙走陆路是五百六十里，水路一千一百一十里。有关永兴县的山势地形，见前揭书卷二，页八至十五；本县的二十“都”，详见前揭书，卷四，页七至二十七；吴三桂，前揭书，卷二十五，页三。有关永兴县可用兵力，见前揭书，卷十四，页五，康熙十九年始设“把总”一员；前揭书，二十三卷，页一b，显示永兴县共设兵丁五十名，分驻四路，每路二至六“铺”不等。前揭书，卷三十五，页二十二，显示1725年至1730年间的把总是胡其贵。

3 **湖南方面的计划** 见海兰与王国栋未标日期的奏折，《雍正朝汉文朱批奏折汇编》，卷三十二，页六五九至六六〇；和《雍正朝汉文朱批奏折汇编》，卷三十一，页三五四（《清代文字狱档》，页九至十b）。对湖南省内暗潮汹涌的忧虑，见《雍正朝汉文朱批奏折汇编》，卷三十一，页三五四。有关境内的苗人，见《永兴县志》，卷二十四，页一。

4 **戴知县** 《永兴县志》，卷三十五，页八，他的全名是戴文谟，山东济宁举人，雍正六年任知县。《永兴县志》亦披露，戴文谟因曾静肆逆缉获有功而被拔擢。有关戴文谟中举日期的不同记载与生平简要，包括他顺遂的仕途，见《济宁直隶州志》，卷七，页五〇，以及卷八，第三部，页十四。

5 **湖南缉捕** 海兰与王国栋未载日期的奏折，《雍正朝汉文朱批奏折汇编》，卷三十二，页六六〇至六六三（《清代文字狱档》，页十一至十三b）；以及《雍正朝汉文朱批奏折汇编》，卷十四，页一三二至一三三（《清代文字狱档》，页十五b至十六b），湖广总督迈柱的奏折，雍正六年十二月六日（1729年1月5日）。出身满洲镶蓝旗的迈柱，于1736年任职内阁大学士。他的传记可见《清史稿》，列传七十六，页一〇二五三。

6 **初次审讯曾静** 《雍正朝汉文朱批奏折汇编》，卷三十二，页六六一至六六二（《清代文字狱档》，页十二），见海兰与王国栋未载日期的奏折。费思唐（1974），页二二六至二二九，详细描述曾静此次与其余的审讯过程。

7　**审讯刘之珩的过程**　《雍正朝汉文朱批奏折汇编》，卷三十二，页一七三（《清代文字狱档》，页十四），见杭奕录、海兰与王国栋未载日期的奏折；费思唐（1974），页二二九。刘之珩，康熙五十二年任永兴县教论，见《永兴县志》，卷三十五，页十二b，以及卷三十八，页四b。刘之珩至少有两本著作，一是《格物集》、一是《握机图》。

8　**谯姓儒士**　《雍正朝汉文朱批奏折汇编》，卷三十二，页六六〇（《清代文字狱档》，页十一），海兰与王国栋未载明日期的奏折；费思唐（1974），页二二五。

9　**张家人的供词**　《雍正朝汉文朱批奏折汇编》，卷三十二，页六六〇至六六一（《清代文字狱档》，页十一b至十二），海兰与王国栋未载明日期的奏折；费思唐（1974），页二二五。

10　**搜查张家**　《雍正朝汉文朱批奏折汇编》，卷三十二，页六六二（亦见于《清代文字狱档》，页十二b）。

11　**雍正告知岳钟琪**　《雍正朝汉文朱批奏折汇编》，卷十四，页一四五（亦见于《清代文字狱档》，页十七），日期是雍正六年十二月七日。同一份奏折另可见《宫中档雍正朝奏折》，卷十二，页一。

12　**指派杭奕禄**　雍正对王国栋处事不力的批评，以及王国栋的反应，见《雍正朝汉文朱批奏折汇编》，卷三十一，页三五三（亦见于《清代文字狱档》，页十b至十一）。海兰的生平，见《清史稿》，页一〇二八七。

13　**二度审讯曾静**　《雍正朝汉文朱批奏折汇编》，卷三十二，页一七二至一七三（亦见于《清代文字狱档》，页十四），杭奕禄、海兰、王国栋未载明日期的奏折，杭奕禄等三人在折子里表示决定让曾静写下供词。

14　**曾静的第一份供词**　原件业已佚失。曾静供词内的观点取材自《大义觉迷录》书中相关的片段；雍正在《大义觉迷录》书中经常转引曾静"在湖南供称"的这第一份供词。（曾静后来在京城所作的另一份供词亦部分重复了在湖南的供称）。曾静的出生日期和成长过程，《大义觉迷录》，卷一，页七十五b；卷三，页十六b；卷二，页四十四b。陈梅鼎，见前揭书，卷二，页三十三a。州城应试与引介吕留良作品，前揭书，卷一，页六十七b；卷一，页七十三b；卷三，页十四b；卷二，页二十八b。康熙宾天，前揭书，卷一，五十五b。西迁与长沙兆象，前揭书，卷二，页二至三。路过家门的人，前揭书，卷三，页十四b。

15　**1729年1月进呈雍正的材料**　《雍正朝汉文朱批奏折汇编》，卷三十二，页一七四（《清代文字狱档》，页十五b）。

16　**岳钟琪与张熙**　《雍正朝汉文朱批奏折汇编》，卷十三，页九三八至九四〇（《清代文字狱檔》，页七b至九），日期是雍正六年十一月十四日（1728年12月14日）。此处提及对雍正饮酒无量的批评，见《雍正朝汉文朱批奏折汇编》，卷十三，页九四〇，转引自路振扬提督在京报的说辞。路振扬提督（岳钟琪曾与路在四川、陕西共事）的生平，见《清史稿》，页一〇四二〇。

17　**岳钟琪逆反的流言**　这些流言是由憎恨岳钟琪的道士李不器散布的。岳钟琪本人与西安将军常色礼的奏折，见《雍正朝汉文朱批奏折汇编》，卷十四，页六十一与六十三，两件奏折的日期同是雍正六年十一月二十七日。雍正对这个事件的评断以及对岳钟琪的袒护，载于《起居注》，页二四六六，日期是雍正六年十二月十日。

18　**1729年1月廷寄**　转引自《雍正朝汉文朱批奏折汇编》，卷三十二，页一七八（亦见于《清代文字狱档》，页十八b），杭奕禄、海兰、王国栋未载明日期的奏折。

19　**三度审讯曾静与首次供出王澍**　《雍正朝汉文朱批奏折汇编》，卷三十二，页一七八至一七九（《清代文字狱档》，页十九），杭奕禄、海兰、王国栋未载明日期的奏折；费思唐（1974），页二三一。曾静回忆王澍造访的日期是雍正元年四月二十七日（1723年5月31日）。进士榜单显示，王澍本尊系于1712年进士及第，列为第二等、第三十二名，后供职于翰林院。

20　**押解逆犯至长沙**　《清代文字狱档》，页十九，显示抵达长沙的日期分别是雍正七年一月二十二日与二十九日。岳钟琪奏报张熙离开西安的日期是雍正六年十二月二十日：《宫中档雍正朝奏折》，卷十二，页一八六至一八七，奏折的日期是雍正七年一月十三日。

21　**启程前往北京**　移交犯人的细节与雍正的评论，见《雍正朝汉文朱批奏折汇编》，卷三十二，页一七九（《清代文字狱档》，页十九b至二〇），杭奕禄、海兰、王国栋未载明日期的奏折。犯人离开长沙的日期是雍正七年三月十日。

第五章　凤　鸣

湖南审理官员加紧诘讯，而浙江、北京方面的官员也正在一一过滤吕留良及其门生的所有著述，并将发现奏呈皇上。雍正原本或许以为吕留良不过是对经典加以注疏，但他读到这些新材料时，这种想法就烟消云散了。从吕留良书信、日记的字里行间所勾勒出的是一个缅怀先祖的汉人，对于同胞遭屠戮、文化遭斲伤感到痛心疾首，对入主神州的满人和投附满人的汉族贰臣加以诋讥。

吕留良的生命确是牢牢扎根在旧时代。吕留良生于 1629 年，1644 年清兵入北京，明朝灭亡，这时候吕留良年纪还很轻。吕留良在 1683 年逝世，今上雍正与谋逆曾静还只有四岁。虽然吕留良在清朝统治之下仍继续读书，也应试考取邑庠生，所撰写的四书注疏，还有为应试学子编辑的文选也备受好评，但从吕留良私底下的语气来看，他还是忠于明朝、追思旧国。[1] 吕留良的文字虽然写于半个世纪之前，但他揶揄满人定鼎中原的语气之尖刻，令人深信他对雍正所处世界的诡谲知之甚深。雍正愈往下读，就愈感愤恨难消。[2]

吕留良有多处论及他与友人对满人在 1645 年下令汉族男子依

满俗薙发垂辫的反应。满洲人还坚持汉人易服，换上新主的传统服饰。在日记中，吕留良说到有个姓沈的友人藐视满人谕令。这沈弃车在满人定鼎十年之后，仍闭门不见宾客，身着明代朝服，也随明俗梳理长发，头上还戴着发网和装饰用的头巾。沈弃车还不准儿子沈天彝出仕或接受满人的任何赏赐，但沈天彝很想在新朝之下谋得一官半职，并代他守寡的妹妹接受贞节牌坊的褒扬。所以有天晚上，沈天彝趁父亲酣醉熟睡之际，剃去这个老人的头发。沈弃车醒来之后发现头发不见了，便号啕大哭。沈弃车此后只能撰写往日时光和他所珍视的价值，度过余生。但他儿子怕这些东西会被发现，一把火给全烧了。[3]

吕留良在日记和书信里，对阿谀谄媚满人并率兵归顺的汉人仍是蔑视嘲讽。有个汉人儒士夸称自己早在1644年就归顺了，之后几年满人在江南所下的诏书都是他写的。这人说归顺满人是“六合一而泰阶平，礼乐兴而干戈息”。但吕留良说这种对联徒惹有识之士讪笑。吕留良也以同样的笔调写道，颇有治绩的满族官员就赴新职，城内汉人夹道欢送。对吕留良而言，这可看出百姓为了填饱肚子而把道德放在一边。有个友人把一首盛赞满人甫敉“平”反叛政权的“颂”诗拿给吕留良看，结果吕留良拒不览读，说必先改题目，把“平”字去掉，改“颂”为“叹”。[4]

吕留良用一个触目惊心的意象来表述他自己的立场。吕留良在致友人的信中提及：“有人行于途，卖饧者唱曰：‘破帽换糖。’其人急除匿。已而唱曰：‘破网子换糖。’复匿之。又唱曰：‘乱头发换糖。’乃惶遽无措曰：‘何太相逼。’”[5] 吕留良最后说：“留良之薙顶，亦正怕相逼耳。”落发出家或许是宗教信念所使然；但当时的汉人都晓得，在那种环境下，落发更可能是不想薙发垂辫、以示臣服的手段。吕留良在日记里直言：“死以山林隐逸，荐则剃发为僧。”在“稚子诧衣冠”（曾静后来引了吕留良这句诗）的世界里，只有这么做才有意义。[6]

明朝覆亡时，吕留良还是稚龄幼童；但是等到南明桂王及其幼子于1662年在缅甸边境被缚、斩杀时，吕留良已长大成人。吕留良在日记里常对明末王室途穷路末有所评述，甚至还详述永历皇帝遇难的悲壮情景：永历皇帝被执时，胜捷的满人与汉人兵丁无不动容。“东宫勒马前行，以鞭梢东指，则东边满汉兵皆跪；西指，则西跪。弑之日，天地晦霾，日月失光。百里之内，凡关壮缪庙皆被雷击。”且不论吕留良语带批评，光是用“永历皇帝”而不是“伪永历”，已是该当死罪了，吕留良对此必定心知肚明。[7]

吕留良在日记里以同样的方式论及吴三桂于1673年迄至1681年间兴兵作乱一事。吕留良记载了人们对吴三桂叛变之初的反应，认为吴三桂以耳顺之年举兵，实不足虑。吴三桂特别选在甲寅元日寅时即王位，取四寅的吉兆，吕留良也对此表达看法。[8]吕留良在日记里多处提及出兵敉平吴三桂叛乱的先帝，但是他仅称之为“康熙”，而不是尊谥或庙号。吕留良语带讥讽先不去说，他竟说康熙生性甚为吝啬，身为皇帝之尊，竟然窃占臣下的饷银，侵占王公致赠其宫廷画师的织锦绸缎。[9]

雍正展读的时候，也注意到吕留良的著述里充斥各种占卜之辞和异象，并借此臧否国事民生的蜩螗。吕留良的日记有“京中起怪风三日”一事，被怪风吹到的人，脸都给吹红了。吕留良又云，“有大星如碗，后有细星随之如慧”。又云，“初五日午后，日光磨荡，有黑日如斗状”。又云，“日有三枚，日旁有一差小者，色白，不甚动。白日旁又一小者，色赤而动甚”。吕留良的笔下还有滂沱大雨、豁然大电、震雷随发，令他对未来的国运心生不安。[10]

吕留良的日记里有一段不寻常的长篇抒发：河南郏县有凤凰飞至，百鸟前来朝会。数日，有二长丈许的赤鸟以身体遮蔽凤凰。这两只庞然赤鸟的羽毛五色杂陈，鸣声宛如箫韶。城内百姓对这突如其来的景象惶恐不安，便驱牛向前，好把这两只赤鸟吓走，但牛只颤抖不前。路上满布死鸟躯体，又有死金鲤狼藉地上。吕留良那时的汉人皆知，朱红代表前明，而凤凰飞至则是世有递嬗的先兆。于是吕留良在日记后作“凤砚铭”，云：“德未尝衰尔，或不来善。以道鸣必圣人生。”[11]

吕留良的文字引经据典、寓讥含评，却又欲言又止，李卫第一眼并没有看出其中能翻云覆雨的地方。岳钟琪从张熙带到西安的吕留良诗文中也看不出有何大谬不然之处。提醒岳钟琪可从不同的方式来看待吕留良的《钱墓松歌》或《如此江山图歌》等诗的人，就是张熙本人。既然雍正可在公余阅览这些诗作，就像之前对于曾静及其信徒那样，这些诗文也给雍正传达了一些讯息。乍读之下，《钱墓松歌》似乎仅是吕留良以儒士墓旁奇绝老松为题抒咏。老松的年代久远，吕留良不禁臆想，这些老松或许早在元代就已屹立在此。元代是蒙古人于1279年灭南宋之后所建，此后，汉人受所谓的“蛮夷”的奴役几达一世纪之久，直到1368年才被明太祖逐出中原。吕留良以短短两句诗，道出他对汉人受元朝统治的政治观点："阴霾毒瘴不敢入，穷崖自闭苍琅根。"任何怀抱排满思想的读者自当会把暗寓蒙古人的意涵与满人齐观并论，并将之附会在他们所处的年代。[12]

吕留良《如此江山图歌》的篇幅长得多，历史寓意也更为深邃精微，不过读者也可以了解思绪翻腾的曾静和张熙何以会认为吕留良的文字如此有力。诗中的江山图系出自宋朝画匠之手，他亲眼目睹其所眷爱的王朝亡于元；因此这幅画作蕴含了两层意义，既寄情于水光山色，又哀恸往日时光。吕留良讲述宋朝遗民如何在蒙古异族统治下苟且偷生，并在画作留白处题诗，呼应画匠的情感。后来，元被明所逐，元朝的遗民又在这张画作上抒发对那消逝世界的悲情。这么一来，吕留良在诗中所评述的这幅画作其实兼具了好几重亡国灭朝的悲恸。但这种悲恸却是无所挂搭的，因为没人知道这幅画作完成于何时，画作之上的诗也不知题于何时。而错落在山水之间的人物朦胧不清，既非穿戴山野间隐逸之士惯见的粗衣草帽，也不是向权力妥协而入仕新朝之高官朝服。就如吕留良在这首诗中所道，这些人物若是宋人，则必以沦丧于蒙古人的江山为耻。他们若是明人，必然登临举杯庆贺，"狂喜"山川复归汉人之手。这些明人"如瞽忽瞳跛可履"。但他们若是亡国的元人，当会哀恸蒙古主子弃之如敝屣，那么这种"蝍蛆甘带鼠嗜屎"的人必已丧失明辨是非大义的能力。[13]

当年南宋向女真人俯首称臣时，岳飞以"收拾旧山河"来激励士气，而以这类诗作，还有吕家后人让张熙看的日记，便可了解这些湖南谋逆如何以民族大义彼此呼应。1729 年春天，雍正得以从新的脉络来翻阅甫进呈御览的曾静著述《知新录》、《知几录》。曾静是不是受到吕留良的影响，才说“中华之外四面皆是夷狄，与中土稍近者尚有分毫人气，转远转与禽兽无异”？曾静是不是受到吕留良的蛊惑才告诉门人“以人类中君臣之义移向人与夷狄大分上”？真若如此，那么曾静的结论也是对的了：“君臣之义一日不可无，天下岂有无君之国哉！孟子曰：‘无父无君是禽兽也。’禽兽亦有君臣，蜂蚁犹如依从。如今八十余年没有君，不得不遍历域中寻出个聪明睿智人出来作主。”[14]

曾静在书中写得很清楚，明朝倾覆之后应由像吕留良这类学问渊博的儒士，而不是外夷、“光棍”或者昔日逐鹿中原之“世路上的英雄”继承大统。[15]曾静写道：“皇帝合该是吾学中儒者做。”所以，解决中国难题之道就在于恢复传统的统治形式，由谦诚的圣人治理天下，抵抗外夷。圣人明白，侵凌中国的夷狄“只有杀而已矣、砍而已矣，更有何说可以宽解得。”对曾静而言，任何人都知道这简单的道理：“夷狄窃天位、污华夏，如强盗劫去家财，复将我主人赶出在外，占据我家。今家人在外者探得消息，可以追逐得他。”现在吕留良虽已不在人世，难道曾静本人就不能“复行”政府旧制，恢复远古“三代”的太平盛世？[16]

曾静及其门生之所以有如此悖谬的观念，不光是吕留良的言论使然。张熙在前往浙江的路上，曾与吕留良的门生严鸿逵相处了几日。严鸿逵以保存吕留良的著作为己任，收了吕留良未刊的札记，并出示给张熙。严鸿逵自己的日记在入冬之前已被总督李卫在浙江查获，让审讯官员手里有了另一批充斥凶兆异象与明目张胆抨击满人统治的文字。严鸿逵在应讯时说他今年七十四岁，所以他应当生于1654年，亦即明朝覆亡十年后。然而，严鸿逵显然踵继其师吕留良的思想，以明朝遗民自居。[17]严鸿逵在日记里也记载了浙北家乡附近对于满洲人薙发易服令的态度。严鸿逵在日记里赞赏友人在满人统治下终身穿着明朝传统的直领长袍，头戴“孝头巾”为明思宗戴孝，表示哀恸。严鸿逵还有一位友人，在1644年明亡之后，终其一生都穿白衣冠孝服，不从满俗去发留辫，而无视于此举的凶险。严鸿逵本人则戴有古风的“六合一统帽”，以仿效“四方平定巾”，象征缅怀过去的太平年代；地方人士群起效尤严鸿逵的行径，他在日记中提到此事，言语之间颇感满足。严鸿逵遍读明朝遗民顾炎武的论著，顾炎武提到四方平定巾，说这乃是由明太祖本人亲制，名士穿戴这款头巾已有三百年的历史，严鸿逵读此也颇为振奋。[18]

严鸿逵和吕留良、曾静一样，都醉心于地方上的先兆异象，所以他的日记里也有许多康熙、雍正两朝种种令他感兴趣的兆象。严鸿逵还详述了关外在冬季发生的地震。受地震影响的区域绵延九十里：飞石腾地而起，地底窜出火焰，居民悉数迁避。几日之后，避暑行宫与木兰秋狝所在的热河洪水泛滥，有两万余满洲人溺毙。[19]严鸿逵写道，这些兆象显示匡复明室在望，一如严鸿逵所载，北京官家仆妇做了个梦，她在梦里见到贵者三人端坐在厅堂之上。众人忽报明朱三太子到。这三位贵人步下阶梯来迎接太子，他们见到太子满脸血痕。朱三太子向他们要三道黑水，最后这三人应允，并约以某日将发大水。[20]

官僚体系之内也有征兆的记录。严鸿逵载及，钦天监官员预言诸星将联成一线，这是可能国家分裂成西南与东北，发生内战的先兆。兵丁将起于市井之中，且联成一线的诸星呈白色，而白色主丧事，象征王朝将亡。[21] 严鸿逵亦说，他听闻一位江南满族要员与辖下的汉人儒士同样反对清朝。严鸿逵为了强调时代动荡，天地失序，所以随时记载了他闻悉的自然异象：雄鸡生卵，犬产蛇，鳖胎生、而不产卵，蛙吃人。[22] 日记里还夹杂了严鸿逵与友人的谈话，论及远古圣人治天下的言行，遥想拒绝出仕的隐逸之士的高风亮节。严鸿逵在日记里也记述了远方的访客：其中有一位远自湖南而来，此人名叫张熙，带着尊师"蒲潭先生"曾静的口讯。[23]

天佑雍正，凶兆为瑞相所驱。雍正在这个月也收到云贵总督鄂尔泰的奏事，令他龙心大悦。鄂尔泰奏报，去年（雍正的五十圣寿）阴历十月最后一天，五色瑞云绕日，达数时辰之久，而日轮则高悬在云南的圣庙之上。这幅悖常的景象，翌日又再重现，乡间各地无数百姓均亲眼目睹。鄂尔泰写道：这诚属"从来未有之嘉瑞"。鄂尔泰乃是雍正最宠信的大臣，曾静逆书的抄本最先就是送到鄂尔泰的手中。雍正当朝说了这个异象，群臣奏请皇上下旨，把这个吉兆景象载入史册。

1729 年 2 月 6 日，雍正应允群臣奏请："宣付史馆，朕之允行者，非欲夸示于众也。盖以天人感召之理，捷于影响。"雍正下了这道谕旨之后数日，将鄂尔泰晋封为满族贵族的最高阶，由一等阿达哈哈番超授为三等阿思哈尼哈番，赐予特恩以示优奖者遍及鄂尔泰治下县令以上的所有官员。3 月中旬，雍正广引古例，下旨修葺宏伟庙宇虔奉"云师"、"雷师"之神，这项计划由礼部、工部联合督导。1729 年这一整年，总计有逾十六份发自云南、贵州、山西、四川有关祥云瑞兆的奏折进呈雍正。在前朝还未曾出现过如此众多天人感应的吉象。[24]

这类兆象不只是一个接一个出现而已。皇帝可运用为他所控制的强大机制，来传播有益于他自己的信息，但不利于皇帝的信息总是有可能透过无从防范的谣言加以散布。会把这些见不得人的事情记在日记里的，或对朝廷钦天监所说的异兆深信不疑的，也不一定就是朝廷的死敌。福建总督高其倬在1729年4月30日上给雍正的密折里，就说类似的流言飞语从北京传到浙江他的辖区里。这件事是发生在3月，漕运督与浙江观风整俗使两位大员的家臣在京城南方偶遇。孙从与巴兰泰两人都是到北京把主子的密折进呈皇上，现在要返回浙江，于是两人就结伴南归。在山东，又有个姓马的人与他们同行。这马廷锡也是官宦的家仆，主人是福建省境内的父母官。三人循陆路走了一段路程之后，即改转乘舟楫，顺大运河南下。他们到了扬州时，马廷锡说了一个故事，让孙、巴两人听得惶惶不安。他在北京等候启程返乡时，听闻朝廷的钦天监官员观到一异象：北斗七星最北的紫微星——一般咸信天帝住在这里——将落于福建。这乃是一个凶兆。马姓之人告诉旅伴，皇上为了安抚上天，已降旨杀掉福建省三至九岁的男童，而朝廷派出的人甚至已火速驰至福建，执行这道命令。马廷锡之所以告诉他们这则故事，是因为他知道其中一人是福建人，家里可能还有人住在福建。马廷锡讲完此事不久，便与孙从、巴兰泰二人告辞，继续南行。这两人一到杭州家里，就把此事禀报主人，然后主人再奏报总督李卫。

李卫此刻正在筹备北行觐见皇上的事宜，忙于托付繁琐的业务，但他仍抽空协调福建、山东的大员，来调查这则匪夷所思的谣言。马廷锡遭拏获诘讯，他也坦承散播这件事，但坚决否认自己就是谣言来源。这事是他从山东路上遇到的张姓之人那里听闻的。追查这姓张的并不难，因为他自称是巡察山东御史的家仆。不久之后便循线查获。然而确证、捉拏这张文修后，他也否认自己捏造了这事，而说他是从名叫俞成的人那里听到这则故事，此人的家乡在南疆的桂林城内。俞成被追查、捕获，但他供称是从家住广西的人听闻这则故事。这件案子如今还在查。[25]

曾静在离开长沙前夕，已经供出有关诋毁皇帝、攻讦朝廷的说法所源何处。在审讯官员奏报北京的供词里，曾静证实他所听闻之谣言是来自 1706 年进士及第的王澍，他曾在 1723 年 5 月借住在曾静的校舍。这个王澍说他曾是雍正的亲弟弟、十四皇子的先生、侍读；王澍还提及他的儿子曾任驻防西南的将领。

当然，像这类故事未必是虚构的街谈巷议。先帝康熙在位时，即企盼皇子们皆能操流利的汉语，熟读中国典籍，又能不忘满洲人的根本；所以皇子多半均曾从汉人侍读学习。当今皇帝雍正还是藩邸皇子时，即由 1700 年榜的进士年羹尧侍从读书。皇三子允祉由 1670 年进士及第的陈梦雷侍读经年，陈梦雷并佐助皇三子穷搜博采各家书籍；皇三子与陈梦雷还编修了一部卷帙浩繁的《图书汇编》(雍正即位后更名为《古今图书集成》)。现任广西巡抚先前曾以家臣身份跟随皇十二子允祹数年。皇八子允禩(于 1726 年被雍正降旨诛除)甚至还把万贯家产交给 1709 年榜进士的夫子管理。同样被当今皇上斩杀的皇九子允禟，系由全国闻名的八股文硕儒何焯侍读；何焯于1703年因皇帝加恩而进士及第。皇十四子虽没有这种出类拔萃的侍读硕儒，但却与各类汉人、伙伴论交。其中有人还宣称皇十四子才是先帝属意传位的人，当今皇帝雍正理应让位，结果被拏获处决。别人难道不会有类似的想法？或许系出身皇家的儒士，而今适逢凶岁？[26]

北京审讯官员不久便发现一大问题，在1706年进士中举者之中并没有王澍这个人，但有位专精财政、擅长八股文和书法的模范官僚名叫王澍。他从未出任皇子的侍读学士，亦无子嗣领兵镇守西南。这位王澍年六十二岁，不久前才因丁忧而告老返回江苏祖厝守孝。他的确有直言不讳之誉，但他不像是会跑到湖南，散播有关皇帝污天蔑地谣言的人。假若供词中的王澍并不是这个王澍，那供词中的王澍究竟是何许人？除非曾静捏造整桩事，但这样的可能性似乎又微乎其微，所以可以大胆推定必有人假托王澍之名，并利用他进士及第的声誉，而使他的反满情节更为可信。[27]

如果雍正从这里头有所领悟的话，那就是每一则流言必然源于某人之口，而无论此人是否误信游手好闲之士的奇谈异志，或处心积虑，恶意中伤。同时，谣言也可能伺机流散。岳钟琪有寥寥几句话来论定：谋逆所言所撰的“奇骇之说”，以及他们密谋造反的信息已“流布在外”。[28]这会对雍正的统治能力造成什么影响？雍正在即将发还云贵总督鄂尔泰的密折结尾处提笔沉吟，他问这位宠臣该如何处置曾静逆书中的棘手难题：“览其言语不为无因，似此大清国皇帝做不得矣，还要教朕怎么样。”或者，换另一种说法，该如何让凤凰之歌沉寂。[29]

注释

1 **吕留良的生平与思想** 英文著作的主要数据源，见费思唐1974年的博士论文《吕留良与曾静案》。尤其见第五章，论吕留良的“种族思想”。自此之后，又有几篇中、日论文分析吕留良的思想，本章特别参考邵东方（Shao Dongfang）的《清世宗〈大义觉迷录〉重要观念之探讨》，《汉学研究》，1999年，第十七卷，第二期，页九〇至九十六。吕葆中为父亲吕留良所作的行略，收录在吕留良的《吕晚村文集》，卷二，页一至十五。Wm. Theodore de Bary and Richard Lufrano, *Sources of Chinese Tradition* (New York: Columbia University Press, 2000), vol.2, p.18-25，概略勾勒吕留良的思想。

2 **吕留良排满思想** 见费思唐（1974）广泛阅读吕留良原典之细腻、精辟的分析。尽管吕留良大部分的文学、哲学著作至今仍留存（雍正下令保留，见第十二章），但他的日记唯因雍正的引述而得以窥知部分片段。这部分内容见《起居注》，日期是雍正七年六月二十一日，页二八八九至二八九八，后分散在《大义觉迷录》的行文间，卷四，页一至十七 b 。（《清实录》的引述则更为简略。）但由于这些片段的言论十分露骨，很难相信雍正会如实转引原文。

3 **吕留良的友人沈弃车** 《大义觉迷录》，卷四，页四。

4 **吕留良论汉人的逢迎奉承** 前揭书，卷四，页四至五；这首诗即《平平凉颂》，平凉位于甘肃省。

5 **吕留良说及卖饧者** 前揭书，卷四，页三 b ；费思唐（1974），页一三四至一三五，曾分析过这段文章。

6 **归隐山林** 《大义觉迷录》，卷四，页二 a ，以及前揭书，卷二，页三十三 a ，曾静的引述。

7 **明永历帝被执** 前揭书，卷四，页六 a ；概略观点可参见《清实录》，卷八十一，页二十八 b ，以及吕留良在个人日记中对这段过程的佐证。有关这位南明藩王朱由榔令人动容的传记与他的基督教家庭，见《清代名人传略》，页一九三至一九五。

8 **吕留良论吴三桂** 《清代名人传略》，卷四，页五。

9 **吕留良论康熙** 前揭书，卷四，十一 b 至十二。这位宫廷画师是顾云理。

10 **吕留良的占卜** 前揭书，卷四，页十。

11 **凤凰** 前揭书，卷四，页十 b 至十一 a 。吕留良提到凤凰是现身于河南郏县。

12 **《钱墓松歌》** 吕留良，《东庄诗存》，《真腊凝寒集》，页三 b 至四 b 。对这首诗的分析，可参见费思唐（1974），页一九七与三六八的注五。

13 **《如此江山图歌》** 吕留良，《东庄诗存》，《伥伥集》，页十 b 至十二。对于这首难解且内容交织深邃评论的诗的解读，我受益于费思唐（1974），页一九七至二〇〇，三六八注五，以及页一九九的引文。

14 **曾静论夷狄** 转引自《大义觉迷录》，卷二，页十三b；卷二，页二十一b；卷二，页二十七。

15 **曾静与明朝倾覆** 雍正语多轻蔑，指出曾静所用的“光棍”一词是湖南俗谚：见《大义觉迷录》，卷二，页五b至七；与卷二，页八b。清人对永兴县方言的讨论，见《永兴县志》，卷十八，页六至七。（译按：雍正谓“光棍”即湖南俗谚老奸巨猾之意。）

16 **满人如强盗杀人越货** 《大义觉迷录》，卷二，页十一b至十二；卷二，页二十一b；卷二，页二十七。

17 **严鸿逵** 这道上谕见《起居注》，页二八六六至二八七〇，雍正七年六月十四日，后收入《大义觉迷录》，卷四，页二十四至二十九。

18 **严鸿逵的服饰** 《大义觉迷录》，卷四，页二十六。这种特制的帽子名为“六合一统”，严鸿逵自承，他对这种帽子历史的认识是得自顾炎武《日知录》。

19 **严鸿逵论热河洪水** 《大义觉迷录》，卷四，页二十四b至二十五。

20 **血痕** 前揭书，卷四，页二十五。

21 **诸星联成一线** 前揭书，卷四，页二十五b。

22 **严鸿逵论自然界异端** 前揭书，卷四，页二十六。

23 **严鸿逵与张熙的来访** 雍正特别批判了这本日记，前揭书，卷四，页三〇。雍正稍后亦发布上谕抨击严鸿逵的门生沈在宽：见《起居注》，页二八七四至二八七六，雍正七年六月十五日。这道上谕并未收在《大义觉迷录》内，但《清实录》，卷八十二，页十三b至十六（《清代文字狱档》，页二十五）则有节录本。

24 **鄂尔泰有关瑞兆的奏报** 《雍正朝汉文朱批奏折汇编》，卷十四，页一四九至一五一，鄂尔泰奏折的日期是雍正六年十二月八日（1729年1月7日）。《清实录》，卷七十七，页四b至五，六至七b，十二；以及卷七十八，页十三b全面记载了这些事件。

25 **福建男童案** 《宫中档雍正朝奏折》，卷十二，页七九〇至七九二，福建巡抚高其倬的奏折，日期是雍正七年四月三日（1729年4月30日）。其他官员关于此案的奏折，见《宫中档雍正朝奏折》，十三卷，页一二〇至一二一；与《雍正朝汉文朱批奏折汇编》，卷十五，页八二五至八二六。雍正在《大义觉迷录》，卷三，页四十五b曾论及这个案子。

26 **诸皇子的侍读夫子** 雍正与年羹尧，《清代名人传略》，p.587—589；三皇子与陈梦雷，《清代名人传略》，页九十三至九十四；十二皇子与金铁，《清代文字狱档》，页二十八；皇八子与秦道然，《清代名人传略》，页一六七，以及佚名，《允禩允禟案》，《文献丛编》卷一，页四b至五；皇九子与何焯，《清代名人传略》，页二八四；皇十四子与蔡怀玺，《清代名人传略》，页九三一。探讨满族、其余友伴在清皇子生活中所扮演的角色，可参考Evelyn Rawski, *The Last Emperors: A Social History of Qing Imperial Institutions*，特别是页一七三至一七四。

27 **真正的王澍** 有关他的生平，见《清史稿》，页一三八八七，以及《清史列传》，卷七十一，页三十三b至三十四b。

28 **岳钟琪的评述** 《雍正朝汉文朱批奏折汇编》，卷十三，页九四〇，雍正六年十一月十四日的奏折（亦见于《清代文字狱档》，页九）。

29 **雍正对鄂尔泰的朱批** 《雍正朝汉文朱批奏折汇编》，卷十三，页九一五。

第六章 驳斥

吕留良及其门生的言论骇人听闻、令人心绪不宁，雍正在1729年前几个月把全部心力都放在这上头，但是到了4月中旬，突然又被拉回曾静案的细节上。因为雍正此时不仅已获悉麇集湖南的谋逆已启程前来北京，同时曾静亦坦承他曾见过皇十四子的心腹、化名王澍的儒生。[1]雍正在去年12月下了一份长达八十三页的谕旨，这份谕旨不仅透露了曾静逆书的内容梗概，而且也扼要而确凿地提到雍正绍承大统的惊险过程。此时，雍正的注意力转到这份谕旨上。

这份长篇大论的谕旨只有在京官员才能看到，而且过了之后便有如船过水无痕。所以雍正虽说要让这份辩驳的谕旨广为流传，但担心仍有疑虑的人会受到曾静诬天蔑地的言论煽惑，这份谕旨却始终没有循正式途径在全国各地传布。起居注官缮写了一份抄本，收在防范森严的朝廷档案中。此外，京报上也刊了一份谤讟的言论，焦点集中在投书人递给岳将军的逆书，在某种程度上这是可以见诸公众的。但是，本来刊印不多的京报不过是为无处不在的谣言徒增谈资而已。[2]

那么，该如何因应？雍正的第一招是先下一道谕旨给远在云贵的总督鄂尔泰。年羹尧失势之后，鄂尔泰即是雍正最宠信的辅弼大臣：他出身满洲贵族，先祖是入关时的满族名将，汉语流利，举人及第。鄂尔泰论事析理极有见地，他也总是知道如何取悦雍正，在2月奏报圣寿之时的祥瑞兆象就是一例。鄂尔泰的亲信赍折家奴保玉碰巧人在北京，雍正在4月20日把内置驳斥曾静谕旨的黄袱折匣交由保玉带回给他的主子。除了这份谕旨之外，还有御赐厚礼：银鼠袍挂两件、果干一盒、乳饼一盒。保玉也因为来回驰驿而御赐赏银十两。这份谕旨连同雍正的指示于5月12日送抵鄂尔泰手中："此因逆犯曾静之谕朕欲遍示天下，录来与卿看。俟各犯至京审明，尚另有旨谕。"[3]

就在把这份谕旨递送给鄂尔泰的翌日（4月21日），雍正就降旨要内阁传布这道长谕：让阁臣命令底下僚属，把12月下的那道谕旨抄录个百余份，使其数量足以分发给各省巡抚（总计有十七人）每人九份——自己留一份，巡抚之下的布政使司（掌管财政）、按察使司（掌管刑名）、学政（掌管教育）每人各一份，三份则给省内戍守各地的将军、提都、镇台。各省巡抚手上还留有两份抄本，数量稀少，所以往往会委由下属再行抄录，或者交由地方上的工匠刊刻印行。（以当时的做法，工匠会把这抄本的正面放在木版之上，然后沿着字迹把字刻在木版上；之后在已刻了字的木版上墨，就可以用来印行了。）这些新印的抄本就可分送给各省的文、武胥吏，以达成雍正"广行宣布，务使穷乡僻壤家喻户晓"的目的。供职京城的大员、署理数省的总督，以及暂时驻扎在各省的官员也都必须人手一册。

像这样把逆书案的细节向百官万民广行宣布虽非常见，但雍正与臣僚当然晓得，在 1380、1390 年代间（即明太祖朱元璋在位晚期）已有前例，当时朱元璋希望天下臣民能认清其政敌的反叛之心。湖南谋逆与吕留良的门生意图把明初的皇帝塑造成道德的典范，那么援引明人旧例来宣达对清朝史实的解释，以将这些谤诬化为无形，实在是再适切不过了。

到了 4 月底，大量誊抄的工作已经展开。一抄好九本，便直接交给人在北京的巡抚家臣，或是由兵部掌理档案的官员特派信差，分别驰递各省，亲手把一组抄本交给巡抚。这套机制的运作顺畅，从收到抄本的日期便可得知整件事所花的时间：供职华北、署理灌溉抗洪的总督于 6 月 2 日收到抄本；位于偏远西南的广西巡抚则于 7 月 4 日接获抄本。[4]

雍正接到最详尽的奏折是由鄂尔泰所发，这也是可想而知的。鄂尔泰先对身受皇帝信任，感戴在心，然后又对雍正的缜密心思敬佩不已，并对曾静灭绝天理的著述、行止感到痛心疾首，鄂尔泰还提了几点他个人的想法。鄂尔泰奏道，满洲臣僚之中无知无耻无殊异类者固然不乏其人，但敦伦明理、自省自立、不愧不怍并以中国夙昔能臣为模范者亦不可胜数。但在处理此案则会面临棘手难题：“逆贼曾静捏造浮词，恣意狂悖，暗布匪党，耸动大臣。其所以能如此、得如此者，臣以为其事有渐、其来有因。如诬谤圣躬诸事若非由内而外、由满而汉，谁能以影响全无之言据为可信，此阿其那、塞思黑等之本意，为逆贼曾静之本说也。”

鄂尔泰继续说道，任何江湖恶类、山野狂愚皆能诋毁天朝，但他们无法杜撰出如此背谬绝伦的伪说：“此怀疑贰蓄怨望诸汉人等之隐意，为逆贼曾静之借口也。”尽管满人入主中原、教养备至八十余年，鄂尔泰一眼看出，天下始终无法真正上下一心：“汉人之心思终不能一，视满洲之人物犹未如争光。”鄂尔泰坦承这令他心有余憾。雍正对此心有戚戚，在这段话旁边打圈加以强调，并写说：“叹息流涕耳。”

鄂尔泰以略带宿命论的笔触来总结：人非独存，而是与禽兽生活于天地之间。诚如谕旨所言，即使在禽兽之间亦有邪恶、嗜杀之物，一如在人类之间也有邪恶、嗜杀之人。像曾静这类的人，就如同禽兽之中最下等之物，但无论如何他还是存活于人世间，“上谕坦然恻然、自问自慊，不为一曾静而为百千亿万人，遍示臣民，布告中外”。雍正的朱批简短而真情流露：“为朕放心，丝毫不必愤懑。遇此怪物，自有一番出奇料理，卿可听之。”[5]

雍正驳斥皇弟与曾静的激昂言论昭示天下之时，已囚禁在京城的曾静则继续接受诘讯，大多是由随同逆犯自湖南返回京师的杭奕禄来审理。曾静与迄今已供出的谋逆均被囚禁在京城，夜以继日地接受盘问。每个嫌犯均可与他人对质，或当面与置身案外的证人相对。记忆被唤醒、被撩拨。审讯官员有信心，没有人可以永远隐匿实情。

在 6 月 15 日到 6 月 20 日这段期间，曾静终于供出了杭奕禄等待已久的口供。曾静供称，除了王澍告诉他的事情之外，他还在不同时间从两批人那里听到议论朝廷、亵渎皇帝的传言。有关皇帝纵欲的说法，尤其是他将废太子允礽的妃嫔据为己有一说，系源出1727年夏天被押解往衡州路上而途经曾静学塾附近的囚犯。另一方面，有关岳钟琪谏议当今皇上，以及京城里种种历数宫闱权力斗争的传言，则听自同乡安仁县生员何立忠和永兴县大夫陈象侯之口。这两人在告诉曾静时，说这些话听自擅长占卜、算命的茶陵州人陈帝锡。

雍正知道这条新线索之后，就让兵部差员急递给湖南巡抚王国栋一份廷寄。王国栋在7月初收到，便承命立刻采取两个步骤：他翻阅湖南衙署内的档案，追查所有在1727年夏天被流放广西而途经衡州的囚犯姓名，并逮捕曾静提及的三个人，予以审讯。王国栋命陈象侯和何立忠详述他们告诉曾静的故事；王国栋也要他们说明是在什么情境下、在什么地方听闻堪舆师陈帝锡的故事。王国栋把他们的供词一字不漏地记下。王国栋亦晓谕这三名嫌犯已身触法网，并威胁若不吐实，将以大刑伺候。但王国栋也向他们三人保证，假如只是散播他人讲述的谣言，且能正确指证当初是谁造谣，将可免去刑责。但若对谣言来源有所隐讳，就会被施以刑讯。即使动了刑还坚不实供，王国栋就只好把这三人押解至京，与曾静当面对质。[6]

广西乃烟瘴之域，朝廷要犯常流放至此，所以广西巡抚也收到类似的信息，追查在1727年夏天途经衡州的犯人。雍正特别提醒负责调查的大员，切勿责罚仅止于听闻这污天蔑地逆言的人，责罚无辜，只会让人人默不作声。

雍正不待这部分的疑点完全厘清，就分别抨击吕留良及其门人严鸿逵，以及严的门生沈在宽。这些驳斥一一完成后，便以上谕的形式向朝廷宣达，只是这几道谕旨不像处理曾静的谕旨那样长篇大论，也没有大费周章广为刊行。雍正的想法是揭露吕留良、严鸿逵和沈在宽等人的悖论，而不是将之隐匿：如何揭发所有的说法，并粉碎令其中令人不悦的部分，而不是假装若无其事，让臆造讹言不胫而走。

雍正于 1729 年 7 月 9 日当朝颁布的上谕中，首先针对吕留良门生严鸿逵的论点予以严正驳斥。雍正言简意赅，意不在详述严鸿逵著述中复杂思辨，也不是重复严鸿逵日记中令他心烦意乱的片段。雍正认为，这些段落实在不胜枚举，而且大部分都不正确，毫无价值可言——在 1716 年到 1728 年这一段的荒诞无稽尤其明显，雍正自己对严鸿逵所提的几件事仍是记忆鲜明。严鸿逵的日记只有 1709 年爆发洪涝一事说的是实情。因此，他只就这件事来指出严鸿逵的谬误之处，则严鸿逵在别的地方的虚妄之言，便能不攻自破。

如严鸿逵所记，1709 年 7 月期间热河一带确实发了大水。但这并不是因为浑身血痕的伪朱三太子要守护神灵倾泻黑水之故，而是连日大雨，地方溪涧自然会大涨。当时康熙驻扎该地，也自然会把扎营在地势高处。所以当河水泛滥时，临时扈从康熙巡幸的兵丁、官员都处变不惊，而对河流倏忽暴涨习以为常的当地百姓也安然无恙。只有一些从京城来的、随行以照料康熙需要的工匠，因为从没见过水涨得这么高而惊惶失措，所以有人做了简单的木筏，拼命想划到安全之地。有些木筏触石而沉入水底，以致有数人溺毙。雍正继续说道，巧的是，1709 年同月，他自北京启程前往热河拜望父皇，随从侍卫、家仆百余人。雍正记得很清楚，在另一个同受洪涝的地方却无人陷于危乱，也无人溺水而亡。何来有如此妄诞之事，谓满人淹死两万余人？况且在像热河这样的地区无分种族，各省人士毕集。大水究竟如何能淹死满人而独厚其他人种？

雍正又说，更荒谬的是严鸿逵自比为明朝的遗民或隐士，是献身于信仰之人。吕留良至少还生在明代，先祖曾与明王室结亲。然而严鸿逵出生于1650年代，彼时清朝已定鼎中原。不惟严鸿逵的父亲、甚至祖父，都已在清朝统治之下安居乐业经年。“何托心于遥遥不相关涉之非其主？”雍正如此问道。严鸿逵生性猖狂，可从他违逆恩泽拒绝入馆编修明史，以及他对远来访客张熙谄媚奉承的行径得到证明。诚如雍正在其7月9日的上谕中提及，严鸿逵“视朝廷如儿戏等，征召于弁髦。而于逆贼曾静等叛乱悖恶之徒，尺书驰问，一介相通，则数千里之外，呼吸相应，亲如同气”。严鸿逵乃是滋事之徒，“好乱乐祸于升平宁谧之时”。再者，严鸿逵也只不过是“拾吕留良之唾余”。所以，雍正谕令朝廷官员议奏该治严鸿逵何罪。[7]一天之后，雍正又发布更为简短的上谕，嘲讽严鸿逵的门生沈在宽追思明朝种种的荒诞借口；吕留良授业并赋诗，以弦外之音讽刺清朝的败德时，沈在宽甚至还尚未出世。雍正谕令刑部加紧审讯沈在宽并处予应得之罪。[8]

雍正把针对吕留良而发的最严厉抨击，于7月16日以上谕的形式对外宣达。[9]为了这最后一击，雍正自北京西郊的圆明园返回紫禁城宫内。这次雍正的论点就较为详细且全面，立论的取径亦为之一变。在12月初对曾静的挞伐以及迩来针对严鸿逵、沈在宽所发的上谕中，雍正似乎认定吕留良与曾静的行径同属谋逆之罪，然而在7月的上谕里，雍正开始改变策略，把这两个主犯分别看待。“吕留良生于浙省人文之乡，”雍正如此告诉臣工，“读书学问初，非曾静山野穷僻冥顽无知者比，且曾静只讥及于朕躬，而吕留良则上诬圣祖皇考之盛德。曾静之谤讪由于误听流言，而吕留良则出自胸臆造作妖妄。是吕留良之罪大恶极诚有较曾静为倍甚者也。”[10]雍正指出，从吕留良的著述，到查嗣庭、汪景祺之流的悖逆谤讟，乃至近来绘声绘影，说是将有海宁平湖阖城屠戮，酿成千余人闻讯奔逃的传言，足证浙江通省风俗浇漓、人怀不轨。[11]吕留良就是那种“好乱乐祸”之人。

雍正揶揄吕留良自比是追思已覆亡明室的高风亮节之士。显然吕留良的先祖曾与明王室的旁系成亲一事令他萦怀难忘。雍正说道，吕留良其实“生于明朝末季”，当北京陷于流寇之时，“年方孩童。本朝定鼎之后，伊亲被教泽始获读书成立，于顺治年间，应试得为诸生”。那时，吕留良并未对被俘的明将表示同情，而是继续接受朝廷津贴苦读，期望来日功成名就。到了1667年，吕留良于三年一次的科考名落孙山，遂舍弃秀才功名，才突然追思明代，深怨清朝；这时吕留良口出逆言，声称不惜薙发为僧、隐逸山林。十年后，但推崇吕留良学问渊博的人荐举参加朝廷特开的博学鸿词科，吕留良峻拒应试。雍正说，千古未曾有过像吕留良这样悖逆之人，“怪诞无耻可嗤可鄙者”。吕留良肆无忌惮，著邪书、立逆说，其实只不过是“卖文鬻书营求声利，遂敢于圣祖仁皇帝任意指斥，凭虚撰造，公然骂诅”。吕留良所撰书文一如日记，无论是刊刻流传或珍藏密留，就雍正所翻阅而知者，尽是悖逆狂噬之词。[12]

雍正在这道上谕里，并不想转述吕留良著述中令他不胜惶骇的篇章，反而集中抨击吕留良藐视育之以德、供其食宿以及使他有能力教养子嗣的清王朝。雍正指出，吕留良提到清朝与其统治者时，从来不曾以敬称，而是用轻率、贬抑的字眼称满人皇帝或“北”、或“燕”、或“彼中”。反之，吕留良在提及南明诸王、甚至逆藩吴三桂时则使用敬语。

雍正在上谕中用了相当的篇幅，来驳斥吕留良记述清军征战西南时曾跪倒在永历皇帝马前之说。雍正说道，事实是，亡命逃窜的伪永历窃立于流寇群中。辖下的兵丁自相残杀，贻祸周遭的平民百姓，而后兵败逃往缅甸。日后缅甸王执伪永历交予大军压境的清军。雍正说，整件事大抵若此：没有人跪倒马前，以示效忠。吕留良在日记、著述内所提的自然异象，就像这则无稽之谈一样荒诞谬极。自然灾变隔一阵便会降临，历朝历代皆然，但从吕留良的著作中来看，他就是不了解这一点。诸如此类的危殆并非唯独存在于吕留良所处时代的现象。盱衡朝代良窳的真正判准在于其是否有能力拯民于水火之中，先帝康熙即个中仁君。现今，尽管吕留良散布的邪说仍充塞于浙江境内，但像总督李卫这类封疆大吏，正致力于恢复该省往昔的繁华。诸如此类宵旰勉行的封疆大吏必会让像吕留良这种自诩为传承儒家维新思想的伟大传统，动辄在其著述、编撰书册中言必称孔孟的人无地自容。雍正写道：“朕即位以来，实不知吕留良有何著述之事，而其恶贯满盈、人神共愤、天地不容，致有曾静上书总督岳钟琪之举。”[13]

曾静的行为固然可恶——毕竟是散播逆言且意图造反举事的是

他，但他的罪会比吕留良的还大？吕留良的后人不思焚毁吕留良的著述和木版，反而密留保藏并广行天下，他们的罪愆更胜于曾静？雍正的结论是："凡天下庸夫孺子，少有一线之良，亦无不切齿而竖发，不欲与之戴覆天地，此亦朕为臣子者情理之所必然。"据此，雍正谕令京城大员与各省督抚提督两司秉公各抒己见，裁定已故吕留良和其在世的子、孙旁系亲人应服之罪。若有定夺，具折奏报。[14]

虽然雍正特别谕令满朝臣工具折奏呈吕留良与其门人一干人应得之罪，但夏季已过，朝中大臣并无人再提出什么意见。然而，曾静提及的若干途经安仁县、衡州的罪犯及其确切落脚之处的消息，经过过滤查证之后也已在夏天回奏北京。诹访线索之后，广西巡抚拼凑出若干罪犯及其途经之地、食宿处所以及押解罪犯的兵差等言行的信息。

到了 1729 年 8 月底，广西巡抚奏报，曾静特别提及 1727 年阴历五、六月，有八名罪犯随同押解的兵差路过衡州。其中两人病故。还活着的六人当中有两人是宫中茶叶库大使和他六岁的儿子，这两人自抵达广西之后甚为安静守法。其余四人系出身北京宫中诸王府邸里的阉官，他们的行为各有不同：其中一人未闻有何言语上的失当；一人据报亦有悖逆之言，但未获证实，目前正在密查之中；另外两人名叫马守柱与霍成，显然就是滋事之徒，口出之言近乎悖逆，或怨怼揭发他罪行的人。广西巡抚的属下又查获并未列入这份名单的两名太监，他们分别在 1726 年 12 月、1727 年 11 月被流放广西，这两人说话没遮拦、尖酸刻薄。特别是几杯黄汤下肚之后，这两人即盛赞他们原来的皇子主子，坚称他们系被无辜罗织罪名。怡亲王又发了一道上谕之后，这五名可能散播逆语的嫌犯在层层戒护之下被押解至北京。[15]

雍正在广西巡抚奏折后朱批：“料理可嘉之至。犯口供单留中，地方中既被此辈流言已蛊惑数年矣。但乡愚无知者信疑之间不可言无，常竭力留心开示。凡有发往人犯处皆不可疏忽，务将阿其那等不忠不孝不法不臣处一一详细委曲宣谕，务人人知悉，方是不可草率疏忽从事。况汝先在允禵属下，虽任外吏，朕弟兄辈从来情形汝不可言全不知也。勉为之。”

随着雍正亲自细查、拼凑细节，整件事情的轮廓渐渐成形：雍正在随后发出的上谕解释：“从京发遣广西人犯，多系阿其那、塞思黑、允䄉、允禵门下之太监。”[16]广西巡抚已在奏折里指证若干造作逆语的凶犯，他们皆是出自痛恨当今皇上的几位皇子门下。这些太监意图为他们已故或受辱的主子报仇。套用雍正的话：他们“经过各处，沿途称冤，逢人讪谤”。解送的兵役以及安排住宿的店家对此知之甚详。凡入村店、城市，他们就高呼百姓：“你们都来听新皇帝的新闻。我们已受冤屈，要向你们告诉，好等你们向人传说。”有些太监甚至还说：“只好问我们的罪，岂能封我们的口？”

追查发配广西的罪犯正是如火如荼之时，巡抚王国栋则想法办好雍正在上谕中的第二则指示，逮捕曾静于最后供词内所提及的三个人。王国栋做事向来有条理，他率领下属官兵、县令详细诹访涉案的每一个县份。陈象侯大夫最先在永兴的家中被拏获。陈象侯坦承，他曾与曾静晤面。不过那大约是在五六年前：曾静的妻子染患恶疾，召陈象侯为她诊治。曾、陈二人自然彼此认识，闲话家常并讨论病情；陈象侯告诉曾静堪舆师陈帝锡口传的故事。虽然陈象侯转述陈帝锡所说的故事，但陈象侯其实没见过陈帝锡本人。陈象侯在安仁县附近行医时曾替一名武生看病，他说岳钟琪将军不计个人生死而抗旨。这大约是在陈象侯医治曾静妻子的一年前。

曾静提的第二个人是生员何立忠，曾静把他的名字记错了，但仍将他顺利缉拏到案。（译按：根据王国栋的奏折，何立忠的本名叫何忠立。）何立忠禀告王国栋，过去几年来他与曾静虽偶有往来，但他们两人谈不上是朋友。一年前，曾静前往吊唁何的女婿时曾与何立忠碰过面。曾静说起何立忠的女婿为人度量褊浅，甚为失礼。何立忠于是顺口回曾静说，现今只有皇上的度量大。朝中若有官员不知避讳上了谏本，皇上还是一笑置之，没有因此予以治罪。这名生员说，这些话“也是因话答话，并不是犯生造的。是族间何献图对犯生说是一个堪舆陈帝西讲的”。（译按：根据王国栋的奏折，曾静在口供里不仅记错了何忠立的名字，他也记错了陈帝锡的名字，陈帝锡的本名应是陈帝西。）

堪舆陈帝锡虽然住在安仁县东、邻近江西边界山区偏僻荒凉的茶陵，但也不难找。审讯官员出示大夫陈象侯、生员何立忠与何的族人何献图三人的名字，但陈帝锡供称他并不认识这三人，只说去年秋天，何献图确实曾叫他到家中去看风水。陈帝锡为何献图看风水时，何的妹夫张继尧闲谈了一段流传四川的谣言。据说岳钟琪将军上了谏本，力劝皇上修德行仁。何的妹夫张继尧还说，四川百姓议论一首写在坍塌庙墙上的诗。这间庙奉祀的是诸葛亮。张继尧记得碑上的诗句，当场就吟了出来。堪舆陈帝锡亦清楚记得诗文：

孔汝仅留二八邦，花木流落在四方。
秦楚士卒千万丈，郊外东方荒又荒。
秦晋兵来燕赵地，秋后鸦雀尽无粮。
四民遍地遭淹没，天下从此动刀枪。
若问人民太平日，除非山山口口藏。

王国栋虽然设法逼问，但还是无法解开迷雾，得窥全貌。他的奏折语气颇为挫馁，每个人的供词都兜不在一起，也没有人愿意承认自己是最早听闻诗句或关于岳钟琪故事的人。看来只能让犯人对质，为才能探得实情。[17]

雍正回复王国栋的口吻愠怒而轻蔑："你地方百姓如此风习而不能觉知、而不肯奏闻，他处特命钦差来究审而又不能将此等一类匪物究出。今从京指名交与你数人审究，原为恐奸民闻风远扬，方着你就近作速设法诱问。今但将此已经问出口供，而令彼此推卸，耽延时日，总不能体察其出之谁口，亦可谓才德兼全忠诚任事之巡抚矣？"雍正最后说，王国栋自然应把这一干新的人犯解京进一步审问，再究问出其余嫌犯，然后再把供出的这些嫌犯等押解进京。[18]

王国栋与甫由皇上钦点派任的李徽会同审问，这表示雍正认为王国栋无能。李徽是新近设立的湖南观风整俗使；而此一官职的设置意味着雍正认为湖南浇薄的民情与三年前的浙江不分轩轾，而王国栋当年正是浙江第一任观风整俗使。如今，在1729年夏末，王国栋和李徽想法子取得突破案情的有利证据，以赢回雍正的圣眷。

他们之所以有此自信，是因为有一个湖南人向观风整俗使递状，指证长沙驿站之长乃是曾静的密友，一直与曾静有书信往返。这两位官员心中窃喜，未经细查就把这则消息上奏，不久又不得不向雍正坦承这整件事情原是诬捏而来。这人与曾静素昧平生，只因为诉状之人原是他的下属，妄图皇上加恩而捏造不实指控。

雍正予以痛加训斥，之后他们重新提审堪舆陈帝锡。起初，案情似乎颇有斩获：陈帝锡告诉审理官员，有关湖南东南一带的人士向他口述种种悖逆流言原是他凭空杜撰的；陈帝锡只因怀恨在心就任意诬指他们，因为这些人不是对他的病情无动于衷，就是暴力威胁他。事实上，陈帝锡是在前年夏天听闻岳钟琪将军劝谏皇上一事。当时堪舆陈帝锡奉母命前往衡州购买绸缎。是日艳阳高照，他走到一座小凉亭乘凉、歇歇脚，并买了茶喝。当他坐着歇息时，只见四位高头大马的官爷，身上都穿马褂子，而随同的第五人显然是个挑担的。陈帝锡听见他们的对话：他们说着岳将军直言不讳劝谏皇上。陈帝锡不敢探听细节或询问他们的姓名，因为他们口里说的是官话，可能是京城来的旗人。不过他倒是问那位挑担的要上哪儿去，他回答说："往城里去。"

至于初次审讯时背的那首关于诸葛亮的诗，陈帝锡其实并不是听自湖南的邻人，而是在前年 10 月一趟衡州之行时听来的。陈帝锡进城是为了买口锅，却看到同年桥畔挤满了人。人人都在看一个白发长须、背着葫芦的道人，这人看起来有九十多岁，但围观的人相信他已有百岁。道人在桥上立了一个招牌，上面写着"云水道人，善观气色"。另有一个招牌写说八文钱看一相。陈帝锡混入人群排队看相，等候时他瞧见写有孔明碑文诗句的纸张贴在桥上。陈帝锡于是把这首诗文背了下来。这位道人自称来自四川。身为同行的陈帝锡也不得不承认，这位老道人看相时确实是有些对证。[19]

这些事情听来的确匪夷所思，但这次雍正对湖南官员的奏折却没说什么，既无斥责也无赞许，而且也未谕令他们追查这个背着葫芦的百岁老人。雍正暂且按兵不动。这个堪舆师不久即能押解到京，届时就能和人数日增的嫌犯一起仔细鞫讯。

还有一个人，雍正没忘掉。这人在1723年时曾冒用王澍的名字，假称中过进士。天下如此之大，要如何查获此人？雍正心生一计：他谕令职司考课晋用百官的吏部翻阅档案，察看是否有失踪、可能取得进士功名以及曾任皇子侍读夫子的人。档案内符合这些条件的人不可能太多。

人数的确不多，至少有个苏州人王倬是其中之一。这王倬原系驻守湖北西南方、紧邻湖南的千总，当时他因康熙晚年整顿官僚机构而丢官。按常理，王倬应诉请北京另补职缺，但他并未这么做。王倬就此不知去向。怡亲王与几位大学士指示湖南巡抚会同湖北官员密行查访，终于查获王倬下落，旋即予以逮捕解送北京。王倬被押解到京城后即由杭奕禄审讯；杭奕禄之前曾南下湖南负责调查审讯曾静的一干共犯，现在他人在北京，全权负责本案。杭奕禄亲自押解王倬与业已锒铛入狱的曾静当面对质，以确证王倬是否就为曾静在1723年见过的那个人。但他并不是。曾静这辈子没见过这人。[20]

于是，另有一个说法：这假王澍或许与真的王澍熟稔，甚至还曾是他的下属。但问题是真的王澍已辞官归隐无锡，而他并不记得曾经延聘湖南的幕僚或塾师，或者与曾静口供吻合的人。在那个夏天，审讯官员委派京城内的画师尽可能画了一幅符合曾静所描述之假王澍的画像。这幅画像流传于可能见过假王澍的人之间，但无一能确凿指认。

这是一种漫无标的的追索，且仍有种种疑点有待厘清。但到了夏末，雍正已不再像案发之初那般对千头万绪的案情感到忧心忡忡。雍正在五月时告诉鄂尔泰："遇此怪物，自有一番出奇料理，卿可听之。"随着夏季近尾声，雍正开始让这有如公案的话语有所头绪：他默默地、一步一步地转向曾静。[21]

注释

1　**湖南与王澍**　详见第四章。

2　**12月11日的奏折**　见第二章。全文收录在《起居注》，页二三九二至二四一三，雍正六年十一月十一日。广西巡抚金鉷在雍正七年六月四日上的奏折里提到京报摘述了这道上谕，得知有湖南逆贼曾静造为逆书一案。

3　**谕知鄂尔泰**　《宫中档雍正朝奏折》，卷十二，页八七六至八七七，鄂尔泰的奏折日期是雍正七年四月十五日（1729年5月12日）。鄂尔泰称这个版本是"抄录"，并叙述部分的内容，因而断定它就是雍正六年十一月十一日发布的那道上谕。鄂尔泰又提及他所看到的抄录本共有五十二页。这或许是誊写着在每一页所写的字数较起居注官尤多。雍正六年十一月十一日这个版本的全文是由起居注官戴瀚、开泰抄写，后成为《大义觉迷录》，卷一，页十四至五十二b的主体。几年后，戴瀚仍称这道上谕为"十一月戊午谕"。见佚名，《范世杰呈词案》，《文献丛编》卷七。

4　**4月21日大量抄录**　抄录以及分发的细节，记载于广西巡抚金鉷及河东总督田文镜两人分别在《宫中档雍正朝奏折》，卷十三，页三二四；《雍正朝汉文朱批奏折汇编》，卷十五，页三四四的奏折。金、田均提到雍正七年三月二十四日上谕命每省应发若干等的量，广行宣布，且不约而同饬令布政司在其管辖地大量刊刻，广为发放。有关前明类似的文件发放，可参考 Anita Marie Andrew, "Zhu Yuanzhang and the 'Great Warning'：Autocracy and Rural Reform in Early Ming" (Ph.D. thesis, University of Minnesota, 1991)，特别是第二、四章。

5　**鄂尔泰的回应**　《宫中档雍正朝奏折》，卷十二，页八七六至八七七，日期是雍正七年四月十五日。

6　**曾静的6月新供词**　摘录在廷寄中由怡亲王发出，广西巡抚金鉷于雍正七年六月十八日收到廷寄，见《雍正朝汉文朱批奏折汇编》，卷十五，页八二五至八二六（《清代文字狱档》，页二十五b至二十六）；湖南巡抚王国栋于雍正七年六月十日（1729年7月5日）收到较长的版本，见《雍正朝汉文朱批奏折汇编》，卷三十一，页三八七至三八九（《清代文字狱档》，页二十八）。以北京到长沙急递需十五天计，这份廷寄撰于6月20日左右。

7　**抨击严鸿逵**　这道上谕载于《起居注》，页二八六六至二八七〇，日期是雍正七年六月十四日（1729年7月9日）；这道上谕亦收录在《大义觉迷录》，卷四，页二十四至三〇b，但未载明日期。《清实录》卷八十二，页十一至十三（《清代文字狱档》，页二十三b至二十四b）记载的上谕内容较简略，标示的日期是雍正七年六月十三日。热河洪水一事，见《清代文字狱档》，页二十四；前揭书，页二十三b，嘲讽严鸿逵对明朝的愚忠；前揭书，页二十四b，羞辱严鸿逵是谄媚的人。费思唐（1974），页二四五，概略述及抨击严鸿逵的内容。

8 **挞伐严鸿逵的门生沈在宽** 全文见《起居注》，页二八六六至二八七〇，雍正七年六月十五日。《清实录》，卷八十二，页十三b至十六（以及《清代文字狱档》，页二十五），亦记载同一日期。另外，可参见费思唐（1974），页二四六。

9 **批判吕留良** 标示的日期各不相同。刊载全文的《起居注》（页二八八九至二八九八）标示的日期是雍正七年六月二十一日（1979年7月16日）；《清实录》（卷八十一，页二十六至三十三）中删节本的日期是雍正七年五月二十一日；《清代文字狱档》，页二〇至二十三b，采用的是《清实录》的日期，《大义觉迷录》，卷四，页一至十七虽收录了全文，但并未载明日期。我在此处采纳的是《起居注》的日期。细腻概述雍正对吕留良的批判，可参考费思唐（1974），页二四二至二四五，以及页四六五至四六七，附录RR；费思唐在《清代文字狱迫害和“制造异己”的模式》（该文收录在《清史国际学术讨论会论文集》，辽宁，1986年，页五三一至五五三）文中，分析了雍正基于个人和政治的理由扭曲了学术脉络，而使吕留良成为代罪羔羊的整个时代背景。

10 **论吕留良与曾静** 《清代文字狱档》，页二十二。

11 **论查嗣庭与汪景祺** 前揭书，页二十二b。

12 **吕留良的早岁生活与忠诚** 前揭书，页二十一。费思唐（1974），页四十五至四十六，分析吕在深思之后，决定不参加科举考试。有关吕留良雅好出版、编撰、艺品买卖事业之引人入胜的描述，可参考费思唐，前揭书，页三十一至三十五，三十八至三十九，九十四至九十六，一〇五至一〇六。

13 **雍正论吕留良的著作** 《清代文字狱档》，页二十三。

14 **征询案刑** 前揭书，页二十三b。

15 **广西巡抚奏报流放太监** 见金铁奏折，《雍正朝汉文朱批奏折汇编》，卷十五，页八二五至八二六；《雍正朝汉文朱批奏折汇编》，卷十六，页二四〇至二四一；《雍正朝汉文朱批奏折汇编》，卷十六，页四六四至四六五（《清代文字狱档》，页二十六至二十八）。雍正对金铁的嘉许，见《雍正朝汉文朱批奏折汇编》，卷十六，页四六五后的批语。有关这些太监的奏折，另可见费思唐（1974），页二三三至二三四。心思缜密的新任湖南巡抚赵弘恩又再重提这方面的调查，见《宫中档雍正朝奏折》，卷十四，页八六九至八七〇，日期是雍正七年十一月七日。

16 **雍正的随后上谕** 转引自《大义觉迷录》，卷三，页四十三；和卷三，页三十六，其内容或许取自连同赵弘恩雍正七年十一月七日奏折一起寄来的材料。

17 **王国栋巡抚的搜捕和审讯** 《雍正朝汉文朱批奏折汇编》，卷三十一，页三八七至三八九（《清代文字狱档》，页二十八至三〇），有关雍正七年六月十日收到询问之未载明日期的奏报。关于陈象侯大夫，见《雍正朝汉文朱批奏折汇编》，卷三十一，页三八七；生员何立忠，前揭书，页三八七至三八八；堪舆师陈帝锡和诗，前揭书，页三八八。对于夏天的这些调查的精辟解释，见费思唐（1974），页二三四至二三七。这段期间雍正对王国栋曾有施恩：王国栋奏报他连同有关财政的奏折一并收到荔枝赐礼，日期雍正七年闰七月十八日（1729年9月10日）。详见《雍正朝汉文朱批奏折汇编》，卷三一，页三九一（《清代文字狱档》，页三〇b）。

18 **雍正的震怒** 雍正第一次以敕令王国栋有关堪舆师奏折的方式表达，见《雍正朝汉文朱批奏折汇编》，卷三十一，页三八九（《清代文字狱档》，页三〇）；第二次长篇大论的斥责，语气更为愤怒，则是以廷寄的方式于雍正七年九月六日（1729年10月27日）寄抵王国栋手中：详见《雍正朝汉文朱批奏折汇编》，卷三十一，页三九四至三九五（《清代文字狱档》，页三十五至三十六）。

19 **新任观风整俗使即李徽** 他于雍正七年五月二十日（1729年6月16日）抵达长沙，见《宫中档雍正朝奏折》，卷二十五，页八七〇。有关李徽、王国栋随后未载明日期的奏折，见《雍正朝汉文朱批奏折汇编》，卷三十一，页三八九至三九〇；卷三十一，页三九一至三九二；卷三十一，页三九四至三九六（《清代文字狱档》，页三〇b至三一，三十五至三十七）。陈帝锡提及四位官爷，见《雍正朝汉文朱批奏折汇编》，卷三十一，页三九五；道人与诗文，见《雍正朝汉文朱批奏折汇编》，卷三十一，页三九六。另可见费思唐（1974），页二三五至二三七。

20 **王倬** 未载明日期、未署名的摘要，见《宫中档雍正朝奏折》，卷二十五，页六七一，发自刑部，陈述杭奕禄即将缉拏王倬与曾静当面对质；又《宫中档雍正朝奏折》，卷二十五，页八六四，王国栋在未载明日期的奏折上奏，王倬已被拏获，并于8月27日押解进京。

21 **王澍本尊** 尹继善总督的再三确认：详他于雍正八年二月三日的奏折，见《雍正朝汉文朱批奏折》，卷十七，页八五一至八五二（《清代文字狱档》，页三九至四〇）。王澍画像，见《宫中档雍正朝奏折》，卷十六，页五二六至五二七，以及《雍正朝汉文朱批奏折汇编》，卷十九，页九〇九至九一〇。另参见第十一章。

第七章　炯　戒

1729 年 6 月，雍正在准备挞伐吕留良，并下旨追查曾静所供出的流放太监、堪舆师、陈象侯外，他又接到云贵总督鄂尔泰对雍正 12 月所发布之长谕的观感。没有迹象显示雍正对于发出如此坦率的上谕并下旨广行宣布感到后悔，但从后续的动作却可看出，他正在思索如何消解曾静的指控，并驱散仍围绕着雍正的流言阴霾。鄂尔泰的奏折迂回复杂，他认为雍正的上谕批驳了谬论，但也引发了问题，雍正想把曾静塑造成吕留良阴谋的无知愚夫，这似乎并未奏效。或许贬抑曾静，循线追查曾静何以误入歧途并非上策，最好还是让曾静自己驳斥自己：让曾静站在朝廷这一边，把他从一个大逆罪犯变成一个改过自新的人，来为雍正说话。让曾静弥补罪愆之道不在刑罚，而在教化。而教化的第一步就是“事实”。[1]

雍正在 6 月 27 日正式展开新的计划。雍正透过内阁转交上谕给审讯官员杭奕禄、海兰，谕令审讯官员让曾静知晓朝廷如何运作。曾静在笔供、口供中坦承，他之所以心生逆反之念，是因为他相信岳钟琪对雍正有所怨恨怀疑。证据是传言岳钟琪两度不应京城之召。

所以，让曾静改邪归正的第一步是让他知道雍正与岳钟琪君臣之间肝胆相照。为此，大学士交给杭奕禄数十份奏折，每份奏折均有雍正亲书的朱批，以表明雍正在这几年来与岳钟琪君臣融洽。杭奕禄把这些奏折带到羁押曾静的大牢里，让这逆犯从容阅览。等曾静看完奏折、撰书读后心得，这些材料可再拿给投书人张熙。雍正还说，这些奏折只是他与岳钟琪君臣交心的千万分之一，所以曾静从这些奏折也只能看到岳钟琪所受恩泽的万分之一而已。

雍正为表宽宏和怜悯，下旨释放曾静老母和幼子；祖孙两人是在春天连同长沙押解到京的一干谋逆、嫌疑犯被关押在京城天牢之中。北京夏季溽热，两人若是仍旧羁押狱中，则必死无疑；其他关押的谋逆也有身体孱弱者，须特别调治。[2]

曾静读完岳钟琪的奏折和雍正的朱批，奉杭奕禄的指示写下他的观感。曾静先是对自己的莽撞追悔不已，对雍正皇恩浩荡深感惶恐，然后尽其所能详述他为何会误解、又如何误解岳钟琪与雍正之间的君臣关系。曾静详细说明他从邻人那儿听来有关岳钟琪的故事，又进一步说他从路过的人口中听到一些故事。这些人主要是从湖南、广东迁往四川，他们似乎都曾听说“有个岳公，甚爱百姓，得民心，西边人最肯服他”。但转述这些故事的人并不知道岳公的名讳官衔。

曾静上禀雍正，他还从别处听来有关陕西总督的一些故事，这让他情绪为之澎湃。这是邻人何立忠在1727年冬末告诉曾静的。曾静最近供出了生员何立忠和堪舆师、大夫的名字，这何立忠俨然是散播谣言的中心，曾静对他所讲的到现在都还记得一清二楚，因为曾静把何立忠在“永兴县十九都石岘村低声独白告诉弥天重犯的话”写了一页又一页。何立忠当时讲得很隐讳，充斥着荒谬情节，暗藏恐惧、阴谋，又因为何立忠不记得主角的名字而益发复杂。就如何立忠自己所概述，皇上三番两次召那总督进京，计划他进京之后削夺那总督兵权、甚至取他性命。那总督怀疑皇上的意图而屡召几次不敢进京。直到皇上特命心腹大学士、保举他出仕的人朱轼，确保那总督安全无虞，他才欣然进京。俟抵达京城，那总督即勇敢陛见奏说 ：“用人莫疑，疑人莫用。”皇上有感于此人的勇气卓绝，稍释前嫌，遣他返回任所。那总督又拒绝，除非有人肯保他。但满朝文武无人肯作保人，最后皇上亲自立誓保他。方四日，皇上便收到奏本说那总督与朱轼内外阴结党援，皇上乃差遣心腹朝官吴荆山前去追赶那总督，拏他回京城。那总督不肯回京，吴荆山恐有负职责而自刎于路上。那总督到了长安后，即随上奏本，说皇上有如此不是之处。

曾静听了豁然开朗，这印证了他听自陈象侯大夫的说词。陈象侯也住在永兴县不远处的十八都，他转述了堪舆师陈帝锡口传岳钟琪上奏朝廷的故事。这些故事皆直指同一人，曾静立刻觉得五脏六腑为之翻腾。由于湖南这两年来五谷歉收，又受到吕留良著述中华夷之分谬论的污染，才使他自己的“山鄙无知”有滋生之沃土。曾静最后说 ：“除前此所供外，实实别未有人传说。”[3]

这看在雍正的眼里，让曾静览读原初奏折的用意已卓有成效。于是他决定让曾静对官僚体系的运作有更多的了解，以及他所谤讟的皇上是如何决断朝廷面临的问题。雍正下了另一道简短的上谕，令杭奕禄检视京中皇上朱批发与各省督抚、大吏奏折、谕旨“数百件”，让曾静阅读、摘录雍正对政务所做的朱批裁示。这种做法不仅能让曾静彻底了解雍正与岳钟琪推动政务的内情，亦可让曾静知道自己这个案子是如何辗转传递四境。[4]

曾静读罢，又上禀雍正。雍正处理细枝末节之事的明察秋毫，即使奏折出现错字也不放过，尤其令他动容。纵使是上奏皇朝盛世之祥瑞征兆的奏折，倘若写得啰啰唆唆，也会被雍正退回。例如，江南学院李凤翥奏贺发现象征吉瑞的罕见灵芝，或者衍圣公孔传铎奏贺亲眼目睹万波祥云。甚至像福建总督高其倬这样的封疆大吏，密奏弹劾贪污的案子，也会被雍正指证疏漏之处。曾静特别留心奏折中有关出身闽省的家奴马廷锡近来妄言雍正下旨屠戮福建男童一案的密折。曾静表示，这类故事简直就像他读到有关江西巡抚巴兰泰刻薄寡恩的奏折一般。曾静有感皇恩浩荡，让他有幸看到所有相关奏折，而得以明了这类流言是如何滋生散播。曾静向雍正坦承不讳，过去的他会对这类事情信以为真，并且也会将之记载在自己的书中。曾静说，他几个月前离开长沙之后，事情的确已不相同。到了此刻，证据都在面前，他才能认清自己诚属“蝼蚁度天，何处测其高深”。

曾静并未逐一摘录奏折的要旨，也没有逐一对雍正的朱批表示意见，他心悦诚服，总括这浩瀚的文牍对其思想犹如暮鼓晨钟。曾静说:“今伏读圣谕,而知我皇上浑然一理,泛应曲当。其施之于政刑,见之于德礼者，无一处不知之极其精，无一事不处之极其当。”

曾静写道，雍正不仅德配历代哲君之典型，且圣明直追先君圣祖仁皇帝。雍正以德合乎天地至诚令曾静印象深刻，而他的宵旰忧勤、以苍生为念的任事态度亦不遑多让。曾静说，“自朝至暮，一日万几，件件御览，字字御批。一应上任官员，无论内外大小，每日必逐一引见，谆谆告诫以爱民绥抚之。至意事，至物来，随到随应，不留一毫不周不密不精不当之憾。直到二三更，方得览批各省督抚奏折，竟不用一人代笔，其焦劳如此。”曾静总结，他现在终于豁然开窍，自知狭陋，认清诋毁雍正人品之粗鄙流言的蒙昧无知，看穿像吕留良这种人的谋逆本质。[5]

曾静提及祥刑之事恰与雍正过些时候预将遂行的目标一拍即合：雍正欲让曾静了解官府如何断案，以及雍正又是如何经常在初步定谳的死刑案上开恩示德。仿佛曾静未到而雍正已预知他将来京，在另一道由杭奕禄转交的特发上谕里，雍正告诉曾静，他已汇整了今岁春、夏期间开始重审的棘手案件。根据历代惯例，举凡死刑案，无论是由各省督、抚或刑部大员议决，执法之前必先上禀皇上。雍正读过初春曾静在湖南的供词之后，决定设法让曾静了解他是如何审理这类死刑案。因为在湖南的那份自白里，曾静特别说他相信雍正“极好杀人，京城凛凛”。驳斥这类指控，最有效之道就是提出证据。所以，雍正透过杭奕禄转交给曾静成打的刑案抄本，借此展现雍正衿恤民命之案不胜枚举。曾静细读这些刑案抄本，并回禀他对这些判案的观感，尤其是否真如外界传言，说雍正极好杀人。曾静亦告诉雍正，他所听闻雍正嗜杀成性的流言究竟源于何人、出自何处。

选择的案子分属六省：云南、江西、安徽，东南沿海的浙江、广东，以及华北的山西。被告者居各年龄层、操不同职业，所犯罪行各有不同。其中年纪最长的是云南八十二岁的寡妇何氏，她涉嫌与三个儿子殴人致死，意图趁黑夜裹草烧尸。云南司吏以主谋造意之罪判处何氏斩首之刑，她的三个儿子因罪责较轻而处以绞刑。雍正翻案时，质疑年老体衰的妇人如何有能耐殴人致死或捡拾大把的稻草。况且何氏夫死，在家中理当唯长子是从，长子为何不谏止老母作奸犯科。这显然是一桩集体杀人案件，何氏的罪刑没有道理比儿子重，雍正因而谕令重审本案。但是，雍正也留意到，让儿子一人承担所有这类刑案也是于理无据。有一个类似的案件也是同时更审，案发时儿子外出，父母命人召他返家，强逼他同谋助殴，闹出人命。在此案中，儿子本不在家，复被父母威逼共谋，所以应曲谅施恩。

在给曾静看的其他殴打或杀人案件中，雍正解释存在有若干减刑的理由促使他修正原初的罪刑。发生在广东分夺谢姓族人所属本作为祭天祀祖之用的祭田的纠纷，致使谢家人严重殴伤服叔。像这类越份以下犯上的行为本应判处死刑，但谁持棍棒、争执前谁先咒骂谁的问题仍有疑义。在江西，奸夫谋杀亲夫一案，奸妇原则上有罪，理应判处绞刑。但雍正在裁夺时仍满心狐疑：显然犯妇事前并不知谋杀计划；又通奸在前、谋杀在后；何况犯妇已与其夫离居多年；且这对夫妻仍共同养育八岁的儿子。证据在在显示，谋杀其夫一事犯妇并无动机。又安徽一案，弟以酒壶掷兄致死被判处斩首之刑。同样，本案存在几点减刑的理由，其中关键因素是本案并非蓄意行凶。这对兄弟素无嫌隙，却因催逼小钱而违意生怨。在丧失理智的情形下，兄以酒壶掷弟不中，弟拾起酒壶反击兄以致命丧黄泉。这种情节应被视为意外杀人，理应减刑。

在其他不同类型的案件，犯案者固然有错，但仍必须厘清他们如何或何故犯错。例如，浙江曹姓之人因向妻子索茶不与，其妻不受叱责，反以石头击夫，所以其夫才以柴片欧妻以致殒命。有司判决曹姓之人依律当绞，但雍正基于其妻自失“三纲大义”而赦免其夫死罪。反之，雍正从宽处以枷刑。枷具是由两片厚木板作成，中间留有细长的孔后套在犯人的脖子上，其设计的目的是让犯人虽能呼吸，却无法自己进食。枷刑足以威吓曹姓之人日后不再暴力相向，并作为前车之鉴以端正邻人夫妻相处之道。

曾静奉旨阅览的最后三个案件罪证都十分确凿，但当事人均不知业已触蹈法网。其中山西查声闻一案，此人无疑是一帮盗匪之首，但他实非本意行劫。查声闻乃误听了李瞎子之言，意在强夺、焚毁地契，俾以赔偿昔日的不公。雍正从宽赦免了查声闻的死罪。像这类情节还有三囚越狱案：监禁逃纵例当加倍治罪，甚至得处以死刑，但雍正虑及他们未必知晓逃纵行为的后果，所以谕令这三名罪犯仍照旧拟议处。雍正甚至还敕令刑部颁饬天下衙门，将新的律例张示禁门使犯囚入监即知。

张仙因私铸钱文依律判处斩立决的案子性质大异其趣，但还是可以一体适用这种断案的精神。据悉，张仙以造卖铜器营生，但皇上因矿脉蕴藏量枯竭而谕令禁止黄铜器皿造卖，致使张仙的生活陷入困顿。张仙为因应变局，用所存的稀有铜器私铸钱文，罪证虽确凿，但其情可悯。于是雍正把张仙一案原拟的斩立决改判斩监候。[6]

曾静读完这些案例，并对每一个案子略加评论，然后向杭奕禄概述自己的观感。曾静说，他对雍正的看法已为之一变。曾静说他于今明白，雍正纯粹是以“道”抚育天下苍生。道并无定体，而法则拘泥执滞；道随时随地变易无常，法则僵直不知变通。曾静一再重申，说他再也不敢批评雍正不知体恤民命。至于从何人何处听来雍正极好杀人一事，曾静感叹自己孤陋寡闻。他只不过是不学无术的寻常之徒，蒙昧无知地听信邻人的街谭巷议罢了。[7]

雍正了解这些奏折和抄本足以让曾静认清他的治国方略，但这些文牍不必然会涉及日常生活的民生经济细节，而曾静的逆书中有多处言及于此。要让曾静了解这点，就必须把焦点放在特定的议题上。最好的例子就是让曾静读的张仙一案，里头凸显了铸钱的问题。本案缘起1729年夏天，雍正亟思禁止黄铜器皿造卖，并与群臣在庙堂之上共商大议。国君为了造福天下苍生而决断大事，即使令少部分人心生不满也在所不惜，这就是个例子。严禁造卖黄铜器皿的立意，主要在于防止百姓销毁制钱取铜改造器皿，以赚取其间的差额利润。长期来看，这项禁令可理顺全国的经济。对雍正而言，这项决策类似于近来严禁宰杀耕牛，而使回人群起抗议。有些回人大加抗议，认为这项禁令意在打击回族部落的生计，但其目的并非如此，而是要增加耕牛的数量，促进农业的繁荣。（由于牛肉价格昂贵，导致农民宰杀牛只，且彼时仍有人藐视朝廷禁令，使得农产品的产量因缺乏深耕而锐减。）近来颁布的禁赌令亦有异曲同工之趣。这项禁令不仅针对赌场，也要阻止百姓沉沦于一无是处、不事生产的活动，同时端正社会道德的淳良风尚。[8]

于是在这年夏天，雍正把他对这个问题的长篇驳斥送给曾静。雍正立论的根据在于曾静逆书《知新录》所提及有关当前使用制钱的情形。雍正留意到，曾静于《知新录》书内论及自癸卯到今已有六年，铸造的钱不精致，图样字迹模糊难辨，民间无人肯用。百姓甚至还编歌谣唱曰：“雍正钱，穷半年。”若身上有一个雍正钱文，即投之沟壑。雍正向曾静解释，制钱表面字画精美与否，乃是铜与铸钱时掺杂其他金属如铅之间所成的比例使然。（长久以来，铜与铅的比例即几经变化，从16世纪中期铜九的最高比例，迄自1620年代的铜三最低比例。）先帝康熙铸制钱时，敕令以铜六铅四搭配，所以钱文字画精美。但问题是铜多于铅时，百姓销熔制钱取铜，添加锡或锌打造成黄铜器皿则可获得更多的利润。随着铜钱日渐稀有，铜与银的兑换率也随之攀升，迄至1706或1707年时，每一两银仅可兑七八百文铜钱。雍正敕令钱局铸钱时铜铅各半，就是要使百姓销毁制钱时无利可图，而非关谣传朝廷贪婪成性或想在满洲以铜修葺宫殿所致。

雍正指称，实施之后，钱价渐平，每一两银可兑换制钱一千。这个兑换率远比钱上图文精细与否更为重要。当然，铜铅各半的制钱流通至农村偏远地区的速度迟缓，但却是行之有效的货币，百姓会愿意以钱来购买粮食柴薪，并依可接受的汇兑比例换取银两。究竟是谁告诉曾静如此狂妄之说？曾静本人果真亲见把雍正钱文投之沟壑的人？若真有此事，那发生在何处，何时发生？把雍正钱文投入沟壑的人又是谁？为何江苏、安徽两地的民情与湖南如此迥别；在苏、皖，雍正钱文普遍用于交易买卖，甚至还可兑换更多等值的康熙旧钱。[9]

可惜，曾静禀奏他无法交代散播狂悖传言之人的姓名；他当时只是“听得人言如此”，不思穷究事理便载入书内。曾静说，因为他所住之地离城远，几无钱银流通；即使间有买卖，亦是用稻谷易货，所以不疑有他。曾静最后看到了雍正通宝，觉得雍正钱文比之康熙旧钱拙劣，遂印证了所听闻的各种传言：新皇帝因铸钱不成而杀了铸匠，严禁造作黄铜器皿是因为皇上密藏全国的铜建铜殿。曾静说，假若村野的衙门能清楚解释皇上的铜钱政策，就不会妄生疑义。同理，若能建构先哲心目中所向往之古朴淳良、运作顺畅的社会。朝廷的政策便可轻易地在“每月一会”上广为宣达。否则，“以讹传讹，传妄踵妄”。曾静的结论是，他到今天因得见皇上的解释，才能对所发生之事大寐初醒，知道这事的来龙去脉。[10]

雍正由杭奕禄奉旨诘问曾静，这年夏天都在经济民生上头打转。有时雍正也会语带讥讽：中国其余各地或有旱涝不济之时，但何独湖南一省四时寒暑易序，五谷耕作少成，恒雨恒阳？说不定这是湖南有像曾静这类的狂悖逆乱之人伏藏隐匿其间，秉幽险乖戾之气，才导致上天以江水泛涨示儆。曾静又如何能在书中把朝廷粜米赈灾的良法美意扭曲为与小民争利？难道曾静不明白皇上下旨各省米粮互通有无或转运大量银两，并非出自一己之私或贪婪欲念，而是为了平稳物价和酌盈济虚？每当雍正执意曾静枚举“虐我则仇”的例证，并指明被虐之民居于何处、抱怨何事时，曾静的回复却是有力的。然而，这类百姓确实是有的：长沙以北、环洞庭湖的农民，因迩来湖南大水而生计全失。他们流离失所，等待赈济。虽有朝廷微薄的救济，但大多数人还是被迫离乡背井，无能迁居而固守者就只能自力更生。[11]

皇上与逆犯之间言词你来我往的细节唯有杭奕禄和大学士等少

数官员知悉。雍正亟望广征众议，但群臣对于雍正谕令他们各抒己见评断曾静与吕留良应有的刑责却又不敢置喙一语，到了7月底，雍正只好另谋他法。雍正利用的是广西儒士陆生楠。陆生楠曾任吴县知县，后遣至军台效力，因庸碌无能且倨傲诞妄被雍正革职。雍正对满朝臣工耳提面命，他曾将陆生楠发往边疆军前效力，使这有罪之人能领略纪律和逆境的真谛，端正他对这世界的视野："一则令其观满洲尊君亲上之心，如此其谨凛。一则令其观我朝兵营之制，如此其整严。一则令其观蒙古部落熙皞淳朴之风，如此诚实。庶冀伊等化去私邪，勉于自新之路。"对历史认识更广当然也有益于陆生楠：他才能明白塞外一统始于朱明之前的元蒙，犹如关内一统始于两千年前的秦朝。现今轮到清朝，既要赓续昔日伟业，更要开创千古未有之盛世。雍正言语之间颇为得意："自古中外一家，幅员极广，未有如我朝者也。"[12]

雍正说陆生楠不思以史为鉴，反而在军中借托古人之事著述盛赞秦始皇一统天下前所实施的封建分权之制，并暗批我朝政策的种种不是。雍正说，陆生楠必有与李绂、谢济世等人结为党援，隳坏当地与北京的箴规；甚至还与雍正深恶痛绝、现已谢世的皇八弟沆瀣一气。陆生楠乃与吕留良、曾静之流不分轩轾。但雍正又说，陆生楠出身书香门第，享有荣华富贵，并受不次拔擢，其罪大恶极更胜于僻处深山旷野、不知天高地厚、冥顽不灵的曾静。于是雍正认为，应将陆生楠极典正刑。这次群臣倒是立刻处置，在两天之内就速速审理本案，将陆生楠处以极刑。雍正在行刑之前又予以缓刑，希冀陆生楠果能自知罪过、痛改前非；但陆生楠却依然故我，不知悔悟，最后在军前被斩首示众。[13]

这也算是雍正领导的风格，在某种程度上这是他沿袭自父皇康熙。从许多方面来看，雍正称得上是专制君主，他的权力虽然不受任何正式制度的牵制，但他在决策时还是希望能得到臣工的认可和道德上的拥戴。处置吕留良曾静的案子便是一例，他希望所采取的步骤能得到百官的赞同：雍正显然倾向原宥曾静的谋逆，但对于撒手人寰已有四十五载的吕留良绝不宽贷。群臣将陆生楠典刑正法，毫不拖泥带水；但对吕留良一案何以又如此裹足不前？难道群臣对曾静与那些享有特权且狂妄自大的儒士之间的天渊之别视而未见？纵使雍正百般暗示，此时已是夏秋之交，到了10月28日，岳钟琪将军接获逆书即将届满周年，为何大臣还是无动于衷？

最后，雍正在11月2日下旨，措辞严峻，探讨种族、罪愆、朝廷责任的问题，借以对朝臣再施加压力。雍正说，自古溯今帝王之所以能统有天下，莫不由衷常怀保民之心，恩加四海，而协亿兆人之欢心。这正是“惟有德者可为天下君”万世不易之常理，非乡曲疆域之浅见所能妄加月旦者。雍正心有戚戚，引述逾两千年之历史古籍：“皇天无亲，惟德是辅。”但却不见这本古籍说“第择其为何地之人而辅之”的道理。雍正试问，为何当满洲人入主中原一统塞内塞外，汉人却仍以“中外”之殊，而存“华”“夷”或“华”“狄”之分？这只不过是因为后者衣冠殊异或者杀伐之道迥别使然，但此与治天下之道无涉。现今像汉人一样受到景仰的古圣如舜、周文王，其实是夷狄之人，而让神州蒙尘的也有汉人。他们丧权失国不是因为何处出身，而是因为忽略了仁治之道。孔子刻画他所处之分崩离析的年代时说道：“夷狄之有君，不如诸夏之亡也。”疆界甚至语言都是时移势易：现今的湖南、湖北与山西诸省一度还是“夷”域；北人诋毁南人为“岛夷”、南人诋毁北人为“索虏”，诸如此类种族间的彼此羞辱，乃是特殊历史环境下的产物，却永难磨灭。

雍正在11月2日的上谕内还论了别的议题。雍正举无道之人欲问鼎中原的历史事迹为例，陈述他们如何走到穷途末路——即使他们一时得逞，最终却不免灰飞烟灭。雍正以为，人之所以异于禽兽，乃是人懂得人伦大义。但雍正却百思不解，仍有不少汉人猖狂骄横、理屈词穷，诋讥入主中原的外来者，即使外来之人定鼎之后政教兴修、万民乐业、寰宇安详、天地清宁。然而，正是我大清于明末疆圉靡宁之时，“出薄海内外之人于汤火之中”。在兵连祸结、生灵涂炭的年代，明将经常假征剿之名肆行屠杀，杀戮良民“请功”。雍正估计，当时兵马倥偬之时，百姓死者过半；例如在四川，竟致靡有孑遗，而偶有幸存者，不是肢体不全，就是耳鼻残缺。这种耸人听闻的事件过后六十年，目睹当时情景的耆老回想起来仍不免垂泪涕泣。即使如此，仍有谤讟大清的妄言甚嚣尘上，奸民、僭越之徒假称朱姓、谎托明室苗裔兴风作乱，而不若古之隐士伏处草野隐姓埋名。似此蔓延不息，雍正说：“必至于无噍类而后已。”

雍正继续论道，其中又以谋逆吕留良尤为凶顽悖恶，讥评宋元嬗替，天地裂变，亘古未有之星象异兆于今又复现。逆徒严鸿逵则转相附和，余波终至及于曾静。在曾静内心，“幻怪相煽，恣为毁谤”，竟致使他写出“八十余年以来，天昏地暗，日月无光”这等荒诞不稽的事情来。

雍正最后说，像吕留良、严鸿逵、曾静等“逆天背理惑世诬民之贼，而晓以天经地义纲常伦纪之大道，使愚昧无知、平日为邪说陷溺之人豁然醒悟，不致遭天谴而罹国法，此乃为世道之人心计，岂可以谓之佞乎？天下后世，自有公论。着将吕留良、严鸿逵、曾静等悖逆之言，及朕谕旨，一一刊刻通行，颁布天下各府州县，远乡僻壤，俾读书士子，及乡曲小民共知之。并令各贮一册于学宫之中，使将来后学新进之士，人人观览知悉”。雍正这次并未敕令如何刊刻通行，也未咨询满朝臣工对此事的进言。[14]

到了 11 月 19 日，群臣依然没有反应，雍正又再次催逼。雍正的上谕颇为简略，几个月前，他下旨杭奕禄、海兰严加审讯曾静。在这段期间，雍正每提诘讯，曾静则逐一回答。雍正认为，“曾静逐款回供，俱是悔过感恩之语”。但像曾静这类奸险之徒语多诈伪或畏惧诛戮，才勉强作此认罪之词。职是之故，雍正谕令朝臣将从前诘问各款逐一再详加讯问，确证曾静本人的口供，以验明曾静果真“自知罪大恶极，愧耻悔恨出于本心”。待群臣详加审理之后，再具折向皇上奏报新的证据。[15]

群臣接获此谕，别无选择，唯有衔命遵办。他们花了七天的时间重新审理口供，而于 11 月 26 日奏报雍正。

群臣的奏折简洁明快。曾静提出三点理由作为其行为的遁词：居址深山穷谷，愚昧无知；阿其那、塞思黑之羽党以及发遣广西之人等奸谋流谤的惑听；以及吕留良的邪说悖论对他蒙昧之心的污染。由于迩来长期、广泛的展读，曾静宣称他现今已明白、悔悟从前的过错，并领略大清王朝的睿智与宽仁，德化之盛及于板荡的中土。

曾静本人坦承罪愆不讳，且得皇上出格之殊恩。

依群臣之见，曾静罪证确凿：诋毁本朝，污蔑君上，编造逆书从湖南至陕西劝封疆大臣反叛。意图构乱于升平之世。曾静为何以一介山野细民，戴高履厚五十余载，忽然图谋叛逆之事？自古以来，乱臣贼子之中从无此类之事。倾听曾静的供词，群臣无不感到切齿恨愤。

群臣奏道，依律，这类谋反大逆之罪，应凌迟处死，正犯男性族人，十六岁及以上者皆斩，十六岁以下之男子并女眷发配为奴或流放边疆。正犯财产悉数没入官府。群臣认为，曾静理应照此律即刻凌迟处死："伏乞皇上，允臣等所请，将曾静立正典型，以彰国法，以快人心。"[16]

以往涉及本案的文牍，多由个人、专门衙署或少数心腹股肱之名具折奏报雍正。但这份奏折却非比寻常，众口同声，由一百四十八位大臣联名并附官衔上奏。这份名册洋洋洒洒，通纸显贵，琳琅满目，其中有主掌京畿要务的内阁大学士，处理朝廷日常政务的六部尚书、侍郎，考校文武百官行为曲直的御史，顺畅全国文牍流通的通政使，北京翰林院的侍讲、侍读学士和编修，这些人娴于典籍，历经全国、各省科考胜出而蒙拔擢出仕，以及掌管民生经济的专职官员，他们负责综整各地源源不绝上奏朝廷有关税赋、财政的奏折。曾静的悔恨之语并不能让这些朝臣动容。法律就是法律，绝不容稍加宽贷。无论雍正心中所思可能与法律断处相左，但在这件案子上群臣显得口径一致。

注释

1 **雍正的新计划** 在给内阁的上谕中宣布，日期是雍正七年六月二日（1729年6月27日），证实杭奕禄、海兰是主审官，以及岳钟琪的逆书是最初的关键。这道上谕及其日期，见《大义觉迷录》，卷三，页十三至十四。这道上谕指称“从前”偶检几件所批的岳钟琪奏折发与曾静看，这大概是新策略的试验。

2 **曾静老母、幼子的获释** 前揭书，卷三，页十七 a 。

3 **曾静对于岳钟琪奏折的观感** 前揭书，卷三，页十四 b 至十七 b 。在几个案例上，曾静对于审讯京官的答复全被记录在册，这个抄本存放在宫中。见《雍正朝汉文朱批奏折汇编》，卷三〇，页九五七至九六二。

4 **各省的奏折** 雍正指示，朱批发与各省都抚大吏谕旨“数百件”给曾静看。见雍正的简短上谕，未载日期，《大义觉迷录》，卷三，页二十四 a 。

5 **曾静看过各省奏折的观感** 《大义觉迷录》，卷三，页二十四至二十七。同一件抄本，见《雍正朝汉文朱批奏折汇编》，卷三〇，页九六三至九六七。有关雍正宵旰勤劳的任事态度，见Silas Wu, *Communication and Imperial Control in China: Evolution of the Palace Memorial System, 1693-1735*。

6 **刑案** 杭奕禄提及，这些都是雍正七年四月十一日（1729年5月8日）以后都抚刑部拟定的刑案，见《大义觉迷录》，卷三，页五。从不同日期的廷寄显示，雍正和他的大臣确实重新审理这些棘手的刑案。

7 **曾静对这些刑案的观感** 《大义觉迷录》，卷三，页六 b 至八。曾静逐一阅读杭奕禄所作的简略摘要，并提出他的感想。曾静于文后提出他对流言与奇谈异志的观感，前揭书，卷三，页十。

8 **禁宰牛只和禁赌** 《清实录》，卷八十二，页二十二 b ，雍正七年六月二十三日（1729年7月18日）。

9 **铸造钱文** 雍正的分析，见《大义觉迷录》，卷二，页四十一 b 至四十四。关于清朝钱文金属比例的变更与早期的钱文，以及变更的理由，详见Richard von Glahn, *Fountain of Fortune: Money and Monetary Policy in China, 1000-1700* (Berkeley: University of California Press, 1996)，特别是页一四七、二〇八至二〇九。

10 **曾静的回应** 《大义觉迷录》，卷二，页四十四 b 至四十五 b 。曾静举“乡约”为例，见前揭书，卷二，页四十六 a 。同一档的副本，见《雍正朝汉文朱批奏折汇编》，卷三〇，页九五一至九五七。

11 **民生经济的对话** 论湖南的艰困，《大义觉迷录》，卷三，页一至三。论转运粮食与银两，前揭书，卷三，页三 b 至四 b 。论虐民，前揭书，卷一，页六〇。然而，《永兴县志》并未披露曾静家乡这时曾遭逢凶岁；反之，县志记载雍正二年是特别丰收的一年。见《永兴县志》，卷五十三，页三。

12 **陆生楠案** 这道上谕见《清实录》，卷八十三，页一b至十五，雍正七年七月三日（1729年7月28日）。满洲与蒙古的典范，前揭书，卷八十三，页二b；将陆生楠案比附曾静案，见前揭书，卷八十三，页五；陆生楠案与曾静案的差异，前揭书，卷八十三，页十四b。

13 **陆生楠的死刑** 论断，《清实录》，卷八十三，十九b至二〇；执行，前揭书，卷八十九，页三〇b至三一（1730年2月9日）。

14 **11月2日上谕** 《起居注》，页三一二八至三一三四，日期是雍正七年九月十二日，以及《大义觉迷录》，卷一，页一至十三（未载明日期）。节录版本见《清代文字狱档》，页三十一至三十五，以及《清实录》，卷八十六，页八a至十八。卷首引自《书经》的话，见James Legge, "The Shoo King" in *The Chinese Classics*, 7 vols.(Taipei: 1963), p.490，以及《清实录》，卷八十六，页八至九；吕留良、严鸿逵对曾静思想的负面影响，前揭书，卷八十六，页九b；无关乎地域出身的差异，见前揭书，卷八十六，页九b至十一b；新形态的遁隐，前揭书，卷八十六，页十二；文官冲突的恐怖与不良效应，前揭书，卷八十六，页十三；假托明室，前揭书，卷八十六，页十三b至十四；孔子论夷狄之有君，前揭书，卷八十六，页十四b；这道上谕的刊刻印行、颁布天下，前揭书，卷八十六，页十八。《东华录》卷十五，页四十一b，日期是雍正七年九月二日的上谕，与《大义觉迷录》内收录的上谕同，但它的刊刻印行是在几个月后。

15 **11月19日上谕** 转引作为大臣的序言，日期是雍正七年九月二十九日（1729年11月19日），见《雍正朝汉文朱批奏折汇编》，卷十六，页八五二。另可参见《起居注》，页三一六六至三一六七。

16 **11月26日上谕** 《雍正朝汉文朱批奏折汇编》，卷十六，页八五二至八五五（该奏折附有官员名册，前揭书，页八五五至八六〇），日期是雍正七年十月六日。《起居注》，页三一八〇，删节这道上谕作为雍正七年十月七日上谕的前言，以及全文作为雍正七年十月八日上谕的序文（前揭书，页三一八六）。全文收录在《大义觉迷录》，卷三，页二八至三一b，但并未载明日期。

第八章　赦　免

在这几个月的工夫里，雍正想方设法在臣下之间造成一种气氛，促使他们看出曾静根本上是一时糊涂——他的糊涂甚至还有几许天真的味道，而吕留良的污蔑乃是包藏祸心，诬谤悖议，两者相较之下，差别极大。但仍有许多大臣力主对曾静处以极刑，说明雍正的苦心并未竟其功。要求处死曾静，是否也表示朝臣不同意雍正对吕留良的看法？这些朝臣难道想颠倒雍正的看法，吕留良乃无罪可言，曾静才是居心叵测？虽然雍正再三催促，但刑部仍然不愿将吕留良定谳。

雍正起先在11月27日下了一道谕旨，可谓不厌其烦，谆谆教诲。文武百官奉旨齐聚乾清门，雍正言明国有国法，此案断无轻饶之理，曾静难逃一死。但是他决定网开一面，不诛曾静、张熙，其原因有二：岳钟琪为了让送信的张熙吐实，曾立誓决不出卖曾、张师徒；为了顾全岳钟琪，以及他在此案所表现的不贰忠心，应维护岳钟琪所立之誓言。其二，经过几个月的追查发现，许多最恶毒的谣言是几个与雍正作对的皇弟的太监与门人所散播，衡量罪行轻重，曾张二人应以从犯视之，而非主犯。[1]

曾张二人究竟应该如何处置，康熙当年（1670年代）处置随吴三桂造反者乃是关键所在。康熙平定三藩之乱之后，随即下旨，凡是从犯，若有悔意且一心改过者，一概赦免。这个道理在此案也说得通。雍正为强调整个诉讼程序照章办理，命李绂须得在场听宣。李绂曾任直隶总督，现在刑部掌管曾、张这等钦命要犯。在场的官员都知晓，三年前皇九弟允禟唐囚禁于保定狱，将之铐上枷锁、不给饮食的就是这个李绂。宣读圣旨既毕，雍正只淡淡说道，之后还有旨意要宣。[2]

从各省传来的消息亦可看出，对此案的不安不仅止于在京官员而已。湖北按察使王肃章便是一例，此人对吕留良的诋毁极感痛恶，消息还传到雍正耳里。雍正写道，王肃章因"含愤激切，一时昏昧，致失检点"。但是雍正以王肃章之用意不恶，"着从宽免其究问"：王肃章若为无心自免国宪，如果是有意的话，那么自然会遭上天责罚。[3]

还有一份奏折是广州布政使王士俊所呈，说广州府理瑶同知朱振基"性僻行怪"，供奉吕留良的牌位，后来朱振基得知雍正对吕留良大加挞伐之后，才将吕留良的牌位私下收回，藏在家中。[4]若非当地四位机警忠诚的府衙学生听闻他的大逆不道行为，并向广州州衙揭发，朱振基会一直供奉吕留良牌位。

还有一份奏折是浙江布政使程元章所呈。浙北临运河的富庶城镇嘉兴，有个曾任嘉兴府训导的张昌言，他私自做了一个吕留良的长生牌位，不但如此，他还将此牌位供在鸳湖书院中。另一名致休官员将此等大逆不道报与官府，官府立刻抓了张昌言，把匾额给烧掉。张昌言知所悔改，有司惩以鞭笞。程元章也上奏雍正，此案“严提各犯候审”。[5]

这几件事或许彼此并无关连，但摆在眼前的是，至少有三个省份，领俸食禄之人，其中还包括掌理司法、教育的官员深受吕留良影响，甚至还公开表达对他的追思遥想。眼前有在京一百四十八名官员奏请处死曾静，雍正在琢磨要如何好好响应的时候，心中也必定想到这些事情。

雍正在次日（11 月 28 日）便已将他对此案的看法整理妥当。有一事乃是至为明显：圣旨的口气现在像是为一个待罪之人做正式的恳求，而不只是驳斥官员的看法。“自古凶顽之徒，心怀悖逆，语涉诋诬者，史册所载不可枚举。然如今日曾静此事之怪诞离奇，诪张为幻，实从古所未见。”曾静一案固然是人心所共忿，为国法所难宽。然而，审理此案的用意就在于看看，是不是皇帝自身或臣下有什么不可问心之处，可坐实曾静讪谤之语。“若所言字字皆虚，与朕躬毫无干涉，此不过如荒山穷谷之中，偶闻犬吠鸮鸣而已。”

雍正继续说，他当初听闻此事，就坦然于怀，丝毫没有愤怒之意，这是左右大臣都亲眼看见的。后来侍郎杭奕禄、副都统海兰到湖南把曾静拘提到案，“明白晓谕，逐事开导，动以天良，怯其迷惑”，于是曾静亲笔写下口供数万言，雍正才渐渐晓得曾静确是真心悔过，也得知造谤阴谋者用心之深。分别华夷满汉之见，任谁都可看出这个想法是来自吕留良。而曾静对皇上的侮蔑显然也得自阿其那、塞思黑、允禵、允禵这几个皇弟及其门人太监所传布的恶毒谣言。雍正思索此案已一年有余，有一事已经都弄得一清二楚：此案的邪书造谤，其主要罪证都不是始于曾静。是故以雍正的看法是，“曾静之误听尚有可原之情，而无必不可宽之罪也”。

雍正为了说明曾静的想法另有其源，在谕旨里用了好多页来讲述这一年来所搜集到的证据。关于此案的消息定期会送到宫里，其中以新任湖南巡抚赵弘恩所提供的最为宝贵。赵弘恩出身汉军镶红旗，处事利落明快。前任巡抚王国栋行事迟滞，时常教雍正大动肝火，而赵弘恩一上任，果然比王更有作为。雍正根据新的事证，解释如何从曾静的供词循线查到南行的四名王府旗员，虽然这四人还未确定身份，但他们应是前往广东无误。还有几名宦官被捕受审问，并押解到京城，也从他们口中获得新的消息。这些宦官和其他流放之人在何处散播恶毒谣言，一路上与何人交谈，还有有些女眷后来又转述所听闻之事，这些都已经查出。[6]

雍正在 11 月底的谕旨中，也把这些宦官说到康熙皇十四子为何未能继承大位的谣言告诉了臣下。康熙皇帝殡天之前原本属意皇十四子继位，并在传位遗诏中明言；但就在康熙大行之际，皇四子胤禛的一名亲信趁着宫中混乱窜改了遗诏，把“传十四子”改为“传于四子”，胤禛方得克承大统。雍正还把其他的传言告诉臣下：说他逼先帝退位，以致先帝气急攻心而崩。（译按：《大义觉迷录》收录之上谕，内述圣祖康熙皇帝“在畅春园病重，允禛进了一碗参汤，不知如何，圣祖皇帝就崩了”。）又说皇太后欲见被圈禁的皇十四子允禵，雍正不许，以致皇太后一头撞死铁柱上；还有雍正将塞思黑下狱，结果逼得他的母妃悬梁自尽。

雍正一点一点把这些谣言说出：先帝原本打算传位十四子，任命他为大将军王，率大军入藏，既让他有带兵的经验，又可以有一支效忠于他的铁卫。而雍正也一步一步拆穿这些流言：英明如圣祖者，怎么会明知自己不久于世，还把默定继承大位的人派到边疆去打仗？“皇考春秋已高，岂有将欲传大位之人令其在边远数千里之外之理？虽天下至愚之人之人，亦知必无是事矣。”而且路遥道难，又怎能赶回继位？允禵手下兵士的家眷都在北京，若举兵夺权，“所统者不过兵丁数千人耳，又悉皆满洲世受国恩之辈，而父母妻子俱在京师，岂肯听允禵之指使，而从为背逆之举乎？”

雍正不厌其烦，把曾静在僻远湖南所听到的种种传闻的根由都给追了出来。说雍正令浙江开捐纳之例，以六百万银两把西湖修为游幸之地；又说雍正在卢沟桥上盖官房，向往来客商收取饭钱，而且荒淫无道，纵酒无忌。雍正把这些说法都归咎于那几个蓄心阴险的弟弟，还有与他们交往的心怀怨怼的人，表示追踪这些谣言的来源并一一驳斥，阿其那、塞思黑这几个弟弟的罪证也就愈加确凿。雍正相信后人当会看出他不得已的苦衷，这让他有种宽慰之感，即使是“此朕不幸中之大幸，非人力所能为者，即此则曾静不为无功，即此可以宽其诛矣”。

雍正的意思是，犯下滔天罪行的另有其人，曾静的作为只是显出环环相扣的罪证之一罢了。光凭这点就可以考虑免除曾静的罪。但是雍正欲赦免曾静，“非矫情好名而为此举”，而是印证了《虞书》所言：“宥过无大，刑故无小。”所犯之罪以及由犯行所获之刑，乃各以其方式取决于犯人改变一己命运的能力与真心悔过到什么程度而定。此乃何以“过大而能改，胜于过小而不改者”。

更何况，“曾静狂悖之言止于谤及朕躬，并无反叛之实事，亦无同谋之众党”。那又为何不相信曾静亲笔书写数万言乃是真心悔改，而饶他一死？若是有人以为曾静曲意阿谀，谄媚颂扬，令雍正龙心大悦，所以才赦免了他的话，那么这种人正无异于曾静之前的“犬吠鹗鸣”。

雍正的意思是继续审讯捏造、散布各种恶毒谣言的人。雍正还想刊行曾静和张熙的供词，甚至大逆不道的言辞，让天下人都了解此案的来龙去脉，尤其是让楚地大小官员知道自己平日不能宣布国恩，化诲百姓，尽去邪心，以致出了这么个曾静。而那些对于曾张二人未获极刑而愤愤不平的人，或是想利用这情势来遂行不法之目的者，都会受到严厉处分。曾静既以获得特赦，与他为邻的人就不应意欲加害于他。而雍正的子子孙孙“将来亦不得以其诋毁朕躬而追究诛戮之”，因为曾静和张熙可是雍正“特旨赦宥之人”。[7]

但是，吕留良一案则完全不同。先帝康熙对吕留良的罪行一无所悉，自然也就不可能赦了吕留良的罪。由是之故，定吕留良什么罪乃是掌握在雍正手里，“朕今日可以明正其罪”。

这份诏书没有要臣下继续议论之意，更何况雍正在三日之内又发了两份诏书，缕述几个皇弟的罪行，好像这个关键凌驾于其他之上；在国家政事与宫廷斗争的问题下，赦免曾静反而是次要的问题了。雍正在这两份诏书中历数阿其那、塞思黑、允禵所犯之罪，而雍正皇恩浩浩，对他们已是百般善待，此外也提及正关在大牢的允禩。雍正告诉臣下，允禩我知道自己所犯之罪，连在拘禁之地都还行“镇魇之术”。但是这些都没个作用，他最信赖的太监因为皇上“若据实供出，丝毫不隐，必宽宥汝罪”，所以已经背弃了旧主。这名太监供出，雍正初践大统，亟谋稳定局面之际，那阿其那、塞思黑、允禵结党密谋不轨，最后把他的主子允禩也给扯了进去。谕旨里还说，旧事历历如在目前，雍正他写这些话的时候还“挥泪书此，再示臣民，天下亦可以知朕之心矣”。[8]

朝廷对此事既然有了如此施压，为今之计，百官的不平之鸣或许只有在最得雍正宠信的人的翼护下，才能孤掷一试了。一百四十八名京官11月以刑部之名，奏请将曾静凌迟处死。12月5日，京官则是以和硕怡亲王允祥之名再奏此事。此案在审讯的过程中，怡亲王在许多关键点上奏请雍正明察。假如怡亲王愿意对雍正圣意独裁表示怀疑，就有可能重开此案。果若如此，纵然雍正有言在先，也不至于处置随怡亲王上奏的官员。

奏折面上写着“诸王大臣等再疏请诛曾静题本”，大胆点出怡亲王与朝臣所要说的题旨：

> 滔天之罪恶难宽，率土之同仇甚切
>
> 祈
>
> 乾断明正典刑以昭国宪，以快人心。

犯何罪，该当何刑，朝廷都有律例，按律行事，如此才能保律例之尊严，安天下之人心。皇帝“不忍以雷霆歼灭，欲使之革面回心，自尧舜禹汤以至于今，未闻此宽大之典也”。如今年岁丰登，民气和乐，曾静却偏要读吕留良的反书悖论；嘉祥骈集，风俗阜成，可曾静偏偏要去听阿其那、塞思黑门下奸徒诬捏的流言，还要其徒张熙从湖南远至陕西，赴总督岳钟琪衙门投递逆书。皇上虽然在谕旨里头说，“曾静狂悖之言止于谤及朕躬，并无反叛之实事，亦无同谋之众党”，但是曾静有意举事谋反，却是不争的事实。同理，虽然“过大而能改，胜于过小而不改”，但曾静所犯之罪在十恶，原来是三宥所不及，而张熙与曾静共谋不轨，罪亦难宽。怡亲王最后奏请：“皇上俯允臣等所请敕下法司，将曾静张熙按律处决，碎尸悬首，查其亲属逆党，尽与歼除，以明朝廷之宪章慰臣民之公愤，臣等无任恳笃激切之至，为此仅题请旨奉。”[9]

雍正当天就有了旨意，行文简短，用语不加修饰，直截了当。雍正把意思说得很明白，既然他没办法得到臣下的支持，那么他就乾纲独断，凭一己的良知来行事，其余的，就让后人来评断吧。

“宽宥曾静等一案，乃诸王大臣官员等所不可赞一词者，天下后世或以为是，或以为非，皆朕身任之，于臣工无与也，但朕亦再四详慎，所降谕旨俱以明晰，诸王大臣官员等不必再奏，倘各省督抚提镇有因朕宽宥曾静等复行奏请者，着通政司将本发还。”[10]

雍正话说得很明白，要放了曾静和张熙。

雍正的话虽然说得斩钉截铁，却也不是“皆朕身任之，与臣工无与也”。因为有个没没无闻无人识得的人写了一篇长文，支持雍正的看法，结果登载在京报上头，这件事极为不寻常。写这篇文章的是福建泉州的一个年轻文人，名叫诸葛际盛。他最先是写了一篇讨吕留良之义檄，之后显然是官府里赞同雍正对曾静与吕留良立场的人拿到这份揭帖，决定把它登在京报上，刊行各省。[11]

诸葛际盛从雍正的谕旨里读到吕留良的日记的片段，自言他能从这些日记中看到吕留良是如何蓄意辱及先帝。而吕留良的子孙显然也是故意藏匿此等大逆不道之说。任何明理的人都看得出，吕氏一族意欲不利于大清。诸葛际盛为了自圆其说，说吕留良的先祖出了吕产、吕禄、吕布等，吕姓不肖之人，近世也不乏其人，不但有违臣纲，还有几人问斩。反观诸葛际盛，乃是诸葛武侯之后，雍正最近才将诸葛武侯入祀孔庙。诸葛际盛最后写道，既然吕留良死去已久，唯有戮尸示众，才与他的罪行相符。

雍正以长篇大论，把自己的看法又说了一遍，并允许刊行一名年轻文人的支持，等于是借此迫使臣下接受他的看法。雍正或许是出于同样的想法，在 1730 年 1 月 24 日又宣了一道谕旨，公开嘉许四名广东的年轻学子，因为他们把朱振基私供吕留良牌位一事报官。雍正表示，此四人之作为证明他们“深明大义，不为邪说所惑，据实出首，以彰名教，具见士习淳良，甚为可嘉”。雍正为了奖励这四人的家乡，下旨增加录取员额。“着将今年该州应试完场之举子，交与该学政秉公遴选学问优通者四人，赏作举人，送部一体会试，以示恩奖。”[12]

不到七日，出现异象，雍正立刻将之告诉朝中众臣。曾静在逆书中提到，山东曲阜的孔庙在 1724 年几乎毁于祝融，督修孔庙工程通政使留保在 1 月 26 日奏报，正当孔庙大成殿上梁之前二日午刻，庆云出现在曲阜县，形状有如芝英彩凤，五色缤纷，且历久益加灿烂。圣庙督工济东道张体仁与山东巡抚岳濬（此人正是岳钟琪之子）提报之日，在正南方有祥云，“金色辉煌，绵亘东西，丹黄紫碧，绵丝绮组,环捧日轮,经正南东南西南三面,历午未申三时”,万目共睹,莫不称庆。上书房的马尔赛、张廷玉、蒋廷锡也都认为此“皆由圣主至诚至敬知心,是以显符前圣,协应天人,实为史册未有之嘉祥,亘古罕逢之上瑞”。有此瑞象,雍正心里很安慰,但是“卿等归美朕躬之词,朕不克当”。想来这是因为孔子对重修孔庙一事,雍正“亲为指授遴选良工庀材,兴造虔恪之心,数年以来无时稍间”,表示嘉许之意。雍正为了“体奉先师乐育之盛心,特行造就人才之旷典”,特地把即将于这年夏天举行的会试名额,由1727年的两百二十六名增加至四百名。各省乡试的录取正额,每十名加中一名。而岳濬“少年老成,克遵伊父岳钟琪之家训……才守兼优且虚怀授善”,也实授山东巡抚之职。[13]

曾静当初在《知新录》中说于今正值斯文厄运,以致孔庙焚毁,如今发生这事,雍正忍不住把留保所上的奏折和庆云图给刚获赦免的曾静看,问他这到底是“斯文厄运之灾异,还是文明光华之祥瑞”?曾静净拣灾祸来说皇帝的不是,到底为的是哪端?曾静是不是也该开始褒贬并陈呢?对这个异象,曾静提出一个说得通的回答:庆云五彩,捧日光华,融霭于曲阜县,这证明了“圣心与孔子之心为一,即是与天心为一”。[14]

曾静只还有一件事要做,就是将供词加以润饰,把他有如身处梦中的奇特经验详细记下。他拿出看家本事,作了篇长达二十七页的文章,名之为《归仁说》。此说虽然长,但是意思很明白:上天积气厚而生圣人,数百年有一个圣人,又数千年才出一个大圣人。就好像没有耕种的土地,生气郁积既久,一耕种,收成必定数倍。

但是中国已经气竭力倦，所以圣人出在远地，也是自然之事。本朝便是如此。勒兵入关，取明直如反掌之易；一战而胜李自成之众，如摧枯拉朽；以仁义之心，行仁义之政——凡此都证明了圣人不尽生于中土。所以华夷的区分不在地之远近，而在礼义之有无。吕留良的想法实在大谬不然，那些与雍正作对的皇弟也错了。他们执迷于造谤，不改其恶行，足见其罪孽之深。当今皇上有如尧舜再世，复备孔子之师道，天下人皆知。只须拔除吕留良的逆说，“今日之正义永有攸归矣。人人惇悦服爱戴之忱，在在守孝子忠臣之份，各自重夫人伦，以全其天理之大”。[15]

雍正从一注意到曾静一案，就说要把悖逆之言和他的谕旨一起刊行于世。他甚至已经朝着这个方向去做了，把他最初驳斥逆说的谕旨发到各省。此刻，到了1730年2月初雍正已将数据备齐，不须再有增添。于是，1月31日对孔庙瑞象所下的谕旨，以及曾静对谕旨的回应就成了这整个案子所收入最后的文件了。以论及孔子来标举这个改邪归正的时刻颇为合宜；曾静原是“恣为毁谤”的逆贼，而后豁然醒悟，深切悔改，痛觉前非，而蒙皇恩所赦，这层层转折，到了最后曾静撰了《归仁说》，这在雍正眼里，实在是个圆满的结局。也就在这个时候，雍正将此书定名为《大义觉迷录》。

如何筛选繁浩的奏折、谕旨等各类文书，排列先后次序，如何安排刊刻印行诸般事宜，这就是雍正和臣工要费心思量的了。曾静在北京已经再无事可做了，雍正恩准他离京。这两个年届天命的人到此时彼此都还见过面，或许此生也再无此机会了，但是这两个人肯定不会忘记对方的。[16]雍正替曾静在家乡安排了一个差事，由湖南观风整俗使李徽听用。离京的日子接近了，宫里来了人，给曾静带了衣物等礼物。

是启程的时候了。曾静在 2 月中离开了北京，穿过萧萧冬原南行。[17]

注释

1 **雍正在11月27日颁布的谕旨** 我以收在《起居注》，页三一八〇至三一八一的谕旨为定本，日期为雍正七年十月七日（1729年11月27日）；这与收在《清代文字狱档》，页三十八b至三十九的谕旨一样（底稿现藏于北京大学）。这两个版本都提到1673年“三藩之乱”一事。《清实录》，卷四，页四b至六所收的上谕或经删节，或经修润，收在《清代文字狱档》，页三十七b至三十八，日期载明为雍正七年十月六日（1729年11月26日）。

2 **上述几个版本都提到李绂随入听旨一事** 李绂历任要职，极为显赫，见《清代名人传略》，页四五五至四五七，与《清史稿》，页一〇三二一至一〇三二五。佚名，《允禩允禟案》中将李绂在允禟之死的角色写得绘声绘影。

3 **王肃章的“含愤激切”** 见《雍正朝汉文朱批奏折汇编》，卷十七，页六八〇，雍正八年一月十三日（1730年3月1日）。

4 **广州布政使王士俊在雍正七年九月十五日上奏了朱振基一案** 见《宫中档雍正朝奏折》，卷十四，页三九〇。王士俊在雍正八年十月十一日上了奏折，将朱振基照大逆不首律，拟斩立决，见《雍正朝汉文朱批奏折汇编》，卷十九，页二八一。广东总督郝玉麟在雍正八年十二月二十日上奏乞罪，最先因误看李卫审张昌言之案，只判朱振基以杖刑，见《宫中档雍正朝奏折》，卷十七，页三九五至三九七。

5 **署理浙江布政使程元章上奏张昌言一案** 日期不详，推断为雍正七年十月（1729年11月或12月初），见《雍正朝汉文朱批奏折汇编》，卷三十三，页一四二。

6 **雍正在11月28日所下的谕旨** 收在《起居注》，页三一八六至三一九六，雍正七年十月八日，亦见于《大义觉迷录》，卷三，页三十一至四十九。雍正提及阿其那、塞思黑门下太监一节，系据广西巡抚金铁和湖南巡抚赵弘恩所报。赵弘恩在雍正七年九月二日（1729年10月23日）被任命为湖南巡抚。赵弘恩现存最早述及流放军犯沿途散布流言的奏折是雍正七年十一月七日（1729年12月26日）所奏，见《雍正朝汉文朱批奏折汇编》，卷十七，页一六七。赵弘恩在雍正七年九月十九日，与湖广总督迈柱联名上了一份奏折，奏了别的事，见《雍正朝汉文朱批奏折汇编》，卷十七，页六五〇，雍正七年九月十九日。两人或许还上过一份奏折述及宦官，但现已佚失。

7 **11月28日谕旨的内容** 言及曾静此案之怪诞离奇，见《大义觉迷录》，卷三，页三十一b至三十二；曾静沉溺于吕留良之邪说，见前引书，卷三，页三十三；太监谈论圣祖皇帝原传十四阿哥允禵天下，皇上将十字改为于字，见前引书，卷三，页三十四b；言及十四阿哥在西陲用兵，前引书，卷三，页三十七至四十一；湖南传说雍正荒淫无道，见前引书，页四十二 b 至四十三 b；有曾静造书造谤，雍正才得其情，见前引书，卷三，四十五 b；曾静之过虽大，实有可原之情，见前引书，卷三，页四十七；人以改过为贵，见前引书，卷三，页四十七 b；曾静天良感动，诚恳改过，见前引书，卷三，页四十八；雍正言明将来子孙不得以其毁诋雍正，而予以追究诛戮，见前引书，卷三，页四十九 b；论及吕留良之罪，见前引书，卷三，页四十九 b。

8 **接着的两道谕旨** 见《起居注》，页三二〇九至三二一四（雍正七年十月十二日）与页三二一六至三二一八（雍正七年十月十三日）。这两道谕旨分别刊印在《大义觉迷录》，卷三，页五十至五十九 b 和页六十至六十四 b。提及雍正和皇十弟在拘禁之地为镇压之术，被太监出首，见前引书，卷三，页六十一；雍正垂涕挥泪，见前引书，卷三，页六十二 b 与页六十四 b。

9 **怡亲王上奏** 见《起居注》，页三二二四至三二二五，雍正七年十月十五日。另见于《大义觉迷录》，卷三，页六十四 b 至六十七 b，未注明日期，但是收在此的题本有一大段未见于《起居注》，怡亲王的名字也不见于《起居注》。

10 **雍正拒绝怡亲王的题本** 《大义觉迷录》，卷三，页六十七 b 至六十八与《起居注》，页三二二五所收完全一样。《东华录》，卷十五，页四十七，也收了这些档的部分或全部，但日期皆为雍正七年十月八日，令人费解。

11 **诸葛际盛的揭帖** 虽然未留存至今，但从唐孙镐对诸葛际盛的批评，便可知其梗概。见湖广给事中唐继祖在雍正八年二月十三日所上的奏折，《雍正朝汉文朱批奏折汇编》，卷十七，页九二五至九三一，亦见于湖广总督迈柱在雍正八年一月十日的奏折，《雍正朝汉文朱批奏折汇编》，卷十七，页六七一至六七二。

12 **雍正嘉许广东连州生员陈锡等四人** 见《清实录》，卷八十九，页十四 b。

13 **山东曲阜孔庙的瑞象** 见前引书，卷八十九，页二十二至二十四。岳浚在次日即蒙擢升，见前引书，卷八十九，页二十四。

14 **奉旨问曾静有关曲阜孔庙瑞象** 见《大义觉迷录》，卷二（原书误作卷三），页六十四至六十六 b。

15 **曾静的《归仁说》** 收在《大义觉迷录》，卷四，页三十一 b 至四十五。

16 **雍正和曾静始终未曾谋面** 李卫在雍正八年三月十日所上的奏折，雍正朱批“但曾静朕未便见面”。

17 **曾静离京** 雍正御赐礼物，见曾静在雍正八年六月二日呈给湖南巡抚赵弘恩的投递，《雍正朝汉文朱批奏折汇编》，卷十八，页一〇一四。

第九章　独　钟

曾静的目的地是湖南永兴。去年夏天，雍正下旨释放了曾静的老母幼子，如今他们已经获允返家。不过曾静这时候还回不得永兴，他得先去两江总督管辖的南京、苏州和杭州。曾静得先见过两江总督府的官员，回答了他们的问题之后，方可回湖南，雍正还要他回湖南后向观风整俗使李徽报到听用。[1]

张熙的审讯还没结束，因此留在北京，并没有和曾静同行，但曾静一路上也不是只有自己一个人，还有杭奕禄跟着他。杭奕禄审了曾静一年，当时常替雍正向他问话，如今已经升了官，担任满洲镶红旗都统。杭奕禄在 11 月也以刑部侍郎的官衔，联名奏请雍正将曾静依律凌迟处死，他对曾静的悔过显然是无动于衷，而他现在的差事却是乏味得多：把曾静蒙皇上赦免的旨意传给南方各省的官员，并把雍正的旨意带到："访拿曾静供出诡名王澍播散流言之人。"杭奕禄也带了王澍的画像，这是依曾静的描述所绘，广贴于江南，希望借此能有人指认。[2]

2 月 28 日，曾静到了淮安，离江南还有三百余里之远，碰巧见了新上任的江苏巡抚尹继善。尹继善出身正黄旗，1723 年中进士，现在也不过三十三岁，仕途可谓青云直上。淮安是淮河与大运河交会之处，他来此察访民情，正要打道回苏州。杭奕禄趁这个机会把旨意告诉了尹继善，并把王澍的画像和从曾静得来的消息告诉尹继善。王澍在 1723 年见到曾静，提到他曾在潘宗洛湖南学差任内，替他“看过文字”。既然潘宗洛也做过不小的官，再加上他原籍常州府宜兴县，也是江苏人，尹继善可以循这条线索查下去。

这天晚上，曾静梦到王澍。他在梦中已经回到永兴家中，跟族人曾天祥谈到这个案子。这案子里牵连到的几个人，曾天祥似乎都晓得，他告诉曾静，这案的关节还在一个姓邓的湖北人身上，此人曾在王澍家教过书。曾静族里另外有个曾又思，知道这姓邓之人住在哪里，还有其他诸般细节，等等。曾静把这个梦告诉了杭奕禄。杭奕禄后来在苏州见到尹继善时，又把这件事告诉他。尹继善查了潘宗洛历任所请的幕友及教书看文字的人，但还找不到什么线索，不过自觉职责所在，应该追查下去。尹继善在奏折中写道：“梦中之语虽难凭信，但如此罪大恶极之人，天理昭彰，无不败露，或者由此跟寻而得亦未可定。”[3]

3 月 11 日，曾静和杭奕禄到了杭州，李卫在此任两江总督，一年前吕留良的族人、门徒被抓个干干净净，就是此人手笔。李卫这是头一次见到曾静，但对他的诸般大逆不道已经听了许多，曾静的猥琐平庸倒是让李卫大为吃惊。他在奏折里说：“观其状貌语言，乃系鄙陋不堪，甚属平常者。”不过李卫也加上一笔，他的措词口气倒与尹继善有几分相似，说不定曾静一事别有深意：这有可能是

“天地祖宗之灵借此妄人以昭显千古是非邪正之别，而使天下无不咸知，造言生事之徒，共相儆戒，诚非偶然也”。李卫令人四处张贴了王澍的画像，也让曾静见了一些各个行业的人，说不定哪个耳熟的声音会唤起他以前的回忆，但是曾静并没有指认出什么人来，也没有人有什么关于那出现在曾静梦中的姓邓的人。[4]

一时之间，曾静是没什么事了。杭奕禄要回北京，曾静则继续往长沙去，然后再向南折，回他的永兴老家，拜见高堂老母。李卫为了保护曾静一路周全，派了外委把总吴居功，带兵四名跟着曾静。（李卫从库银里支出这笔花费。）谁料造化弄人，天人竟成永隔：3 月 17 日，正当曾静准备离开杭州，传来曾静母亲去世的消息，得年七十有八。于是曾静披麻戴孝，星夜赶回家中。[5]

雍正收到底下写来各式各样有关曾静的奏折，他总是寥寥数语，迅速批示。雍正在尹继善的奏折上批：“览，但梦寐之语何必如此认真也？”在李卫的奏折上，雍正匆匆写下：“览，曾静之感服情形如何？”但是御笔未落，从湖北就送来一份密折，证明曾静获释完全不能驱散谣言的阴霾，雍正的关注点又从曾静转向吕留良。[6]

从档观之，雍正是在 3 月收到这份湖广总督迈柱的密折。雍正所倚重的官吏多为条理分明、经验丰富、任事勤勉，出身正蓝旗的迈柱也是满人能臣，他所陈之事还没尘埃落定，事关一个名叫唐孙镐的浙江文人，他在离武昌不远的通山县为幕宾。这等文人在各地都有，他们算得上饱读诗书，但是没能在科举考试及第抡元，所以也做不了官。他们往往随着东道主，不辞长途跋涉之苦，这种工作虽然称不上光宗耀祖，但是入账也够维持小康之家，所以不乏人问津。唐孙镐的情形就是如此，他已经跟了知县井浚详几年了。

照迈柱的解释，唐孙镐这个案子有点古怪，因为整件事显然是起因于当事人压不住的怒火。唐孙镐在 1730 年 2 月注意到一份 1 月的京报，这是唐孙镐内心怒气的来源。各省的知县都会从兵部的驿寄收到一份京报，略述北京最近所发生的事，虽说这只限于官员之间传阅，但是入幕为师爷的自然也都看得到，唐孙镐当然也就从上头看到诸葛际盛对吕留良的攻击。令人料想不到的是唐孙镐的反应。根据井浚详向湖广总督所检举，唐孙镐读完诸葛际盛的文章之后，"忽然疯狂大作，詈骂号呼，无所不至。卑职再三劝阻，加以切责，毫不省悟。及至本月初三日，忽欲次去"。井浚详问唐孙镐，辞职之后做何打算，他回说："将赴宪辕递呈。"井浚详追问他要递呈什么事情，唐孙镐便交给井浚详一份他这几天写的文章。[7] 文中对诸葛际盛析论吕留良的部分加以攻击，又严词批评"左右近臣又因圣怒未解，不敢冒昧进呈"，仗义执言，误导雍正以致误解吕留良的学说，唐孙镐又慷慨尽陈自己安身立命的道理。

唐孙镐在揭帖中说诸葛际盛"蛇蝎为心，豺狼成性"。唐孙镐知道自己乃是一介布衣，但他至少还晓得"好善恶恶"，他这个人秉性耿介，夙有志愿铭刻在心，若是遇到不平之事，必定以死争之。唐孙镐此人乃一"独钟"也。而诸葛际盛对吕留良的攻讦最为他所不容之处，在于"际盛吠声一作，即有一二敢言之臣，亦为之气阻"。诸葛际盛"天良丧尽，妄作谤书，上蔽圣听，下欺士类，几令吾道沦胥，斯文扫地。此诚危急存亡之秋，欲死已得，其所将死之言，庶裨万一。愿当事大人少垂鉴察，则死且瞑目"。

唐孙镐认为今上从御极以来，就戮力澄清吏治，抚恤民生，励精图治。但是大清受到自秦一统天下之害：在唐虞之世，上有尧舜为君，下有稷契为臣，“君臣交赞，故治化臻于极隆，为千古所莫尚”。但是今天的情形则不是如此，“皇上曰可，臣亦曰可；皇上曰否，臣亦曰否，上无忧勤之圣，下无翼赞之贤”。

吕留良著书一事就是一个例子。皇上在降旨的时候，还是“疑信相参”，想探求臣下的想法。公卿大臣若是细读吕留良之书，举其正书而力争的话，那么圣心崇儒重道，必然会油然而动。“无如内外臣工恐干批鳞之咎，甘作违心之谈，此曰剉骨，彼曰扬灰，此曰焚书，彼曰灭族。”举朝众口同声，让皇上难以独断。那么皇上自然会以他的权力来决生断死，曾静的案子便是一例：“纵使百尔臣工皆曰可杀，犹将遍询于国人，以求其一线之生路。”

在吕留良一案，根本没人问过诸葛际盛的意见，而他却“擅作檄文，饰奸为忠，希图幸进”。唐孙镐看了之后忍无可忍，“恐此人得志，吾辈死无噍类”！

唐孙镐认为诸葛际盛的檄文多有矛盾之处，如果诸葛际盛早知吕留良的书大逆不道，他为何不在谕旨未降之前就明说，反而是在之后才发声？如果吕留良想误导子孙，为何要将最深刻的想法藏在私人日记里？他的作品盈几充栋，那些日记不过是他一生所著千卷作品中的一小部分。太祖太宗立下丰功伟业，这时吕留良还没出生，圣祖康熙和皇上的治绩多是吕留良死后的事，诸葛际盛又如何拿吕留良生前死后的事情来诘问他？而拿其他姓吕的不肖古人来非难吕留良，也是堪称一绝。若是如此，那么不也可以找许多品学兼备的姓吕之人，来证明吕留良的学问品行足堪为后世典范？

诸葛际盛何不多花点时间，读读吕留良的书，尤其是《四书讲义》。在唐孙镐看来，此书“阐扬圣道至精且详，海内文人莫不宗之。圣人复起，不易其言”。为了这个原因，这部作品应该对此世有更大的影响力才对，可惜“皇上日理万机，无暇翻阅此书，而左右近臣又因圣怒未解，不敢冒昧进呈，致使留良家藏之戏笔日暴，日彰，传世之嘉言日隐日没”。其结果便是像诸葛际盛这类小人得以肆其谤讪。如果“外僚之奏未齐，廷臣之议未定”，皇上很可能就会误信其言，以为国人皆曰可杀。

焚书毁版、夷族戮尸乃是蛮夷的作为，但事情已经到了有此一议的地步，若是古圣贤的奥义付诸烈火之中，数十载的枯骸飞扬于白日之下，“尚阳堡内朝朝闻稚子之啼，天盖楼头夜夜听幽鬼之泣”，读书明理之士岂不为之寒心？“孔孟在天之灵亦应为之流涕。可怜八十余年养士之恩几几乎隳于奸贼一人之手，当事大人皆弗能救与。能救则此其时矣，尚何待乎？”若是不能救的话，那就把这份檄文缮呈御览，他也愿赴京师，“与奸贼际盛面质于勤政殿前”。若是蒙圣主垂悯，则“焚其邪说，留其余书，斩际盛之头，以悬示天下”。

唐孙镐在檄文的最后两页从历史中来为吕留良的行为辩解。吕留良并非无过，他长于东南诸邦，彼时清朝初定，还有许多洛邑顽民，而吕留良“自附前朝仪宾之后，不觉误入顽民之列”。但是吕留良在乱世中写出了有价值的作品——不光是论典籍，也论政制——“评选两朝制艺，反复辩论，义理透彻，直能窥圣贤之堂奥，兼可启后世之颛蒙。”唐孙镐自承才不足以论断吕留良，也自知无法就重大议题有何贡献。他知道自己可能会受极刑，成为天下人的笑柄。

唐孙镐想让人知道，他挺身替吕留良说话，是因为他认同吕的看法，而不是因为和他同乡。他与吕留良之间非亲非故，只因他身逢盛世——人若是只为私利着想，则必由盛而衰，“当无可如何之际，而迫为不得不然之辞”。

唐孙镐最后表达出很强烈的目标感：“感悟天心十之一，身罹法网十之九，然其与无耻之诸葛际盛并生阳世，何如与儒雅之吕氏父子同归阴府也。呜呼，仲山甫之不作，魏郑公之已亡，朝廷已无诤臣，草野复生，孽畜后之。修史者不几笑我朝无人物乎。虽然莫谓无人也，犹有不怕死之唐孙镐在。”[8]

这份檄文读得井浚详心神不宁。这些话可是出自井浚详的幕宾之手，而他竟然不知道唐孙镐写了这些东西。像井浚详这般地位见识的人，都晓得唐孙镐用的两个典故。仲山甫是周宣王的宰相，《诗经·大雅》称赞他进谏的手腕与勇气，这段诗句可说是学童尽知：

人亦有言：
德輶如毛，
民鲜克举之，
我仪图之。
维仲山甫举之，
爱莫助之。
衮职有阙，

维仲山甫补之。

而任何读史的人都晓得，魏徵是唐代的名相，他身处西周宣王之后一千五百年的唐朝，但情形类似，都是以刚正不阿，只要有利于邦国社稷，敢于触犯天颜，直言上谏。

井浚详别无选择，只得把唐孙镐抓起来。1730 年 2 月 22 日，他详细叙述了唐孙镐的行为，附上他写的文章，呈到武昌给湖广总督迈柱。三天之后，迈柱收到，立刻启封细读，“情词狂悖，不法已极”，看得迈柱“心切痛恨”，没想到在如此盛世，居然有这种丧心大逆之徒，于是立即下令按察司秘密提拿唐孙镐。第二天迈柱就拟好密折，以驿丞火速送到北京，还抄录了原揭帖，随折附上。现在他就要等雍正的旨意，然后遵旨办事了。

雍正此时才刚赦免了曾静，正要定吕留良的罪，他看了迈柱的密折，以朱笔草草批道：“以此妄匪之类，便令伊杀身以成其臭名，亦属便宜他。可将伊此论密予消灭，不要说曾奏闻，不可令人知有此事。可将伊设法或杖毙，或令他法处死，暗暗外传可也。奏朕之处井浚详亦不可令知。伊此论揭帖井浚详若为之传播，将来必严惩处，如此说与他。”[9]

迈柱立刻又上了一份折子：“幕宾唐孙镐作揭狂悖情由，该犯罪孽深重，法无可逭，臣恐杖毙彰人耳目，适该犯在监患病，不数日而已伏冥诛。此诚逆天大罪，覆载所不容也。至于该县详文揭稿在司府等衙门者，已密谕销毁，出自臣意，毋致泄露。”[10]

雍正这厢才放了曾静，还要把这案子的来龙去脉刊印天下，那厢却让唐孙镐死于狱中，并把他的详文揭稿密令销毁，似乎与雍正放曾静的决定不相称。但是这两个情形实则大不相同：曾静本来是一个草莽野夫，居于乡间，而唐孙镐则是衙门中人。曾静的狂言悖语根据道听途说，而唐孙镐则是冲着京报的内容来的。曾静被捕之后，泪流满面，颇有悔过之貌；而唐孙镐则是狂怒不止，丝毫无悔改之意。或许还有一点可说的：唐孙镐不同于没读过多少书的曾静，他熟读深思吕留良的学说，对吕留良推崇备至。所以雍正和迈柱要把唐孙镐的案子弄得无迹可循，也是有他的道理。

雍正自信唐孙镐一案的威胁已经尽除，但是好景不长。3 月 28 日，湘西偏远的山城沅州，有个巡察御史读到一份唐孙镐的揭稿，大为吃惊。这名官员也姓唐，但与唐孙镐并无亲戚关系，唐继祖刚中进士不久，被派到湘西督察工部。他呈了一份措词谨慎的奏折，言明他对这份揭稿何以出现在他的同僚之间，又是谁将之放置在此，他全然不知。但是由于内容大逆不道，他只得将此事上奏，由雍正明察。[11]

这份揭稿虽已销毁，但显然并未尽除，让雍正深为不安。雍正在迈柱的奏折上头朱批，此一令人不快之事非但没有压下来，“此事海内皆传闻矣”。唯一还堪慰藉的是“虽与昭明此案者不同”。雍正或许还可说，此案决不会与曾静一案相同。《大义觉迷录》的编纂已告完成，不久将刻印刊行，广布天下。天下人对此案是不可能存有好几种看法的。到最后，流传百世的将是雍正的解释。

注释

1 **曾静离开北京** 尹继善在雍正八年二月三日（1730年3月21日）的奏折中，说他在淮安路见到曾静和杭奕禄，见《雍正朝汉文朱批奏折汇编》，卷十七，页八五一至八五二（亦见于《清代文字狱档》，页三十九至四〇）。根据尹继善在同日所写的另一份奏折，他是在雍正八年一月十一日（1730年2月27日）启程回苏州，见，《雍正朝汉文朱批奏折汇编》，卷十七，页八四八。如此推断，尹继善必定是在2月的最后两日在淮安路见到曾静，而曾静离开北京应是在1730年2月下旬。杭奕禄密带曾静到杭州，向李卫宣密旨是在雍正八年一月二十三日（1730年3月11日），见李卫在雍正八年二月八日所上的奏折，《雍正朝汉文朱批奏折汇编》，卷十七，页八九四至八九五（亦见于《清代文字狱档》，页四〇）。

2 **杭奕禄密带曾静** 见前注尹继善与李卫的奏折。

3 **尹继善在雍正八年二月三日所上的奏折** 亦将杭奕禄告诉他曾静做梦一事上奏，见《雍正朝汉文朱批奏折汇编》，卷十七，页八五一至八五二（亦见于《清代文字狱档》，页三十九至四〇）。

4 **李卫在雍正八年三月十日的奏折中又提了曾静** 见《宫中档雍正朝奏折》，卷十五，页八四二。

5 **曾静离开杭州** 见李卫在雍正八年二月八日的奏折，《清代文字狱档》，页四〇b，以及曾静在雍正八年六月二日所上的禀帖。

6 **湖广总督迈柱在雍正八年一月十日（1730年2月26日）所上的奏折** 引述了通山县知县井浚详的奏报，见《雍正朝汉文朱批奏折汇编》，卷十七，页六七一至六七二。迈柱生平传略见《清史稿》，页一〇五二三。迈柱在1735年入内阁为大学士。唐孙镐一案的分析，见王汎森，《从曾静案看18世纪前期的社会心态》，页一〇至十一。

7 **唐孙镐的揭帖** 虽然迈柱所附的抄录并没有留存下来，但是湘西的巡察御史唐继祖也上呈了一份，见《雍正朝汉文朱批奏折汇编》，卷十七，页九二八至九三一，这是本书所引用的揭帖。

8 **雍正被臣工所误导** 见《雍正朝汉文朱批奏折汇编》，卷十七，页九二九；诸葛际盛希图幸进，前揭书，页九二九；把焦点放在吕留良“家传之戏笔”，前揭书，页九三〇；令读书明理之士寒心，前揭书，页九三〇；唐孙镐要与诸葛当面对质，前揭书，页九三〇；唐孙镐不畏就戮，前揭书，页九三一。

9 **雍正要杀唐孙镐** 见迈柱在雍正八年一月十日奏折之朱批，《雍正朝汉文朱批奏折汇编》，卷十七，页六七二。雍正的字迹甚为潦草，难以辨认，但是意思却很清楚。

10　**迈柱在雍正八年三月十七日（1730年5月3日）的奏折中提到唐孙镐已在狱中伏冥诛** 见《雍正朝汉文朱批奏折汇编》，卷十八，页一八八。

11　**唐继祖的奏折** 雍正至迟在4月中收到唐继祖在3月31日所上的奏折，该份奏折连同一份日期为雍正八年二月十三日的奏折与唐孙镐的揭帖（见《雍正朝汉文朱批奏折汇编》，卷十七，页九二八至九三一）。雍正的指示出现在迈柱于雍正八年三月十七日所上的奏折。唐继祖，扬州人，1721年中进士，生平传略见《清史稿》，页一〇四三四。

第十章 付 梓

寒岁将近，1730 年春初，负责官员将纂辑的《大义觉迷录》交付修书处。4 月 4 日，官员上奏，书已印妥，[1] 雍正亲自选辑的文件集结达五百零九页之多，分为四卷，单面印刷，对半折后，每一卷分别装订。[2]

《大义觉迷录》的编纂计划时间既紧迫，规模也庞大，雍正以既存的数据为主，或是他在曾静案所颁行的谕旨，或是杭奕禄奉旨向曾静问话的内容。雍正以 1729 年 11 月 28 日的谕旨置于《大义觉迷录》的刊头作为序言。这道谕旨的重点放在华夷之别与施行仁政之间并无相关，“明朝自嘉靖以后，君臣失德，盗贼四起，生民涂炭，疆圉靡宁，其时之天地可不谓之闭塞乎。本朝定鼎以来，扫除群寇，寰宇又安，政教兴修，文明日盛，万民乐业……超越明代者，三尺之童亦皆洞晓”。谕旨又细述华夷概念在古代的地位，由此而导入《大义觉迷录》的主旨：吕留良等逆贼不论天心之取舍、政治之得失，也不论民物之安危、疆域之大小，“徒以琐琐乡曲为阿私，区区地界为忿嫉……竟敢指天地为昏暗”，惑世诬民，以致让曾静误信逆说。[3]

《大义觉迷录》第一卷多为批评曾静所撰的逆书邪说，这部分雍正当初于1728年12月11日宣于臣下。对于在京或各省官员来说，他们已经看过谕旨，自然不觉得有何惊心之处。但是雍正把此书刊刻通行，颁布天下，各地学宫都有一部，对于那些刚进学宫的“后学新进之人”来说，这些谕旨缕述皇胄天家的私密细节，引人欲知其详，而悖逆之言的阴险恶毒、发人所未知，必定让学子看得坐立难安、手足无措。[4]

在第一卷的后半部，曾静现身，自己来说个分明。《大义觉迷录》至此不再是朝廷一家之言，转而为两人之间的诘论。雍正以书面向曾静问话——第一卷收了十三条雍正的问话，第二卷则有二十四条问话。曾静每一条都详加回答，通常是以文论的形式进行。曾静在宫中倒是写了不少东西，雍正全都细细阅览，不过《大义觉迷录》成书时，曾静人已不在北京——先到杭州，再赴长沙转往永兴，回乡探视老母。雍正和曾静是这本书的两位作者，两人的地位有云泥之别，从书中的字体大小悬殊就可看出：曾静的供词，其字体大小仅及于雍正谕旨的一半；雍正的谕旨一页八行，而曾静的部分却是一页排十六行。曾静在回话时，用的也不是本名，而是自称“弥天重犯”。但是在卷一、卷二共一百七十八页的问供，却让曾静有了极为难得的机会，把自己的想法公诸天下。[5]

《大义觉迷录》卷三的形式也大抵若此，不过现在写明了是由刑部侍郎杭奕禄代雍正问讯，他在一年之前被派往长沙，负责审问曾静。雍正挑了一些最能说明他的民胞物与之感以及治理天下千端万缕的文字给曾静看，包括刑案卷宗、岳钟琪的奏折、各省官员上的数百份奏折，还有针对民生钱货的讨论，而代为转达的人就是杭奕禄。[6]

好像为了证明曾静的长篇大论已充分说明了他确实有心悔改，第三卷的方向在五十二页之后有所转变，连篇是雍正的谕旨和臣下的奏折，论辩曾静之罪应获何刑。虽然朝中大臣对此知之甚详，但是各地学宫的学子对宫中决政断事背后的折冲一无所悉，所以雍正君臣之间就曾静一案的激烈往复看在他们眼里，同样也是颇感突兀。收在第三卷的谕旨有多处透露了雍正与手足之间斗争的细节（第一卷亦然）——或至少透露了雍正选择描述兄弟阋墙的方式。[7]有一百四十八名京官奏请雍正，将曾静凌迟处死，并将曾静上至祖父，下至孙儿，旁及兄弟及伯叔父兄弟之子，十五岁以上的男子“照律皆斩立决”，十五岁以下的男子及母、女、妻妾、姊妹、子之妻妾“照律给付功臣之家为奴，所有财产查明入官”，但为雍正所不允。于是京官又随怡亲王之后，奏请处死曾静，最后圣意独裁，还是不治曾静的罪。

《大义觉迷录》第四卷的方向与编纂又有异于前，收了雍正在1729年7月的几道谕旨，专门讨伐吕留良及其门人严鸿逵的诬谤逆论。刑部还没定吕、严两人的罪，谕旨便引述这二人的著作，虽然只是片段，但这么一来，普天下之人都能接触到吕、严的想法。曾静学到驳斥吕留良逆说妄论的方式，从这也可清楚看出雍正希望讯问往什么方向发展。[8]

《大义觉迷录》最后是以曾静悉心撰写的《归仁说》结束，倒是颇为恰当。《归仁说》长达二十七页，雍正在文首说曾静“悖乱凶顽，诪张为幻，从来狡恶狂肆之徒，未有其比宜”，而后改过迁善。曾静在道德上的改变，说明了圣人所说“信及豚鱼”，以曾静猪鱼不如之辈，也能悔罪改过，“可见人无智愚贤不肖，无不可感格之人”。曾静悔悟从前被邪说流言所惑，自称“向为禽兽，今转人胎”，所以《大义觉迷录》以曾静的这篇《归仁说》结束，允称恰当。[9]

至于曾静，他在此才重新以本名示人，象征了他的重生。曾静的名字出现在《大义觉迷录》的最后一页、《归仁说》的倒数第三行“常以静之至愚不肖，误听误惑为戒”，而非之前自谴的“弥天重犯”四字。曾静最后以自新之身写下：“今日之正义永有攸归矣，人人惇悦，服爱戴之忱，在在守孝子忠臣之分，各有重夫人伦，以全其天理之大公，复我所性之固有，常以静之至愚不肖，误听误惑为戒，四海同化，九州岛一德，各安有道之天，长享无疆之福，斯不枉为圣世之民，而为生人之大幸耳，是为说。”[10]

《大义觉迷录》是第一次把曾静的看法汇聚一处，读此书之人便可前后对照，细加思索。在读此书之人的眼中，曾静之所以有这么一篇《归仁说》，是因为他想歌功颂德一番，以获得皇恩赦免。但毕竟《归仁说》只占全书一小部分，若想了解其间原委，还是可从这部书看到一个非常不同的曾静。

雍正 11 月 2 日的谕旨（收在《大义觉迷录》的第一卷卷首）有一段很能表现这种发自内心的诚意。这是对文人“巧言令色”所作的讨论。雍正以孔子《论语·先进第十一》为例，子路回以：“何必读书，然后为学。”孔子听了之后，颇不以为然，便说：“是故恶夫佞者。”雍正大叹世风日下，“每见阴险小人为大义所折，理屈词穷，则借圣人之言，以巧为诋毁”，而毁坏了圣人的原意。雍正对这些逆天背理、惑世诬民之贼，晓以天经地义、纲常伦纪之大道，便可使愚昧无知、平日为邪说陷溺之人豁然醒悟，不致遭天谴而罹国法。如果看这部书的人循着雍正的思路下去，或许可以推导出，雍正心里想的就是那些江南文人，滥用其学识，“凿空妄撰，凭虚横议，以无影无响之谈，为惑世诬民之具，颠倒是非，紊乱黑白，以有为无，以无为有”，混淆道德价值，令雍正既恨且鄙。

在《大义觉迷录》里，有些关于曾静的新材料是以自传的形式来呈现。雍正详细询问曾静的早年著作，或是他在湖南的供词，曾静便得以详细回答，因而反映了他自己的道德理念。雍正问及曾静的叔岳陈梅鼎，为何此人说曾静“有济世之德，宰相之量”，曾静回说，陈梅鼎当年说这话并没有别的意思，也不是希望曾静在什么新朝做宰相。因为曾静本来与兄嫂同住，但兄嫂夫妻不睦，于是曾静之兄将嫂改嫁到陈梅鼎邻家。这位嫂子对陈梅鼎说曾静待她很好，所以有宰相之量，曾静又几次劝兄长不得嫁妻，所以陈梅鼎说曾静有济世之德，“厚重敦笃不佻佻耳”。[11]

而陈梅鼎屡次叹先朝衣冠文物，也同样没有异心。这话和吕留良一点关系也没有。陈梅鼎约在1700年前后说这话，当时他已是七十老翁了，当然会记得幼年的前朝衣冠文物。曾静还说，“陈梅鼎是个农家乡人，没读过什么书，也不晓得别样说话”。而曾静自己是到1727年张熙从浙江带回吕留良写的诗，才晓得吕留良也有类似的想法。

这类细节都让曾静跃然纸上，也让人比较容易了解他对政治的想法。从《大义觉迷录》的许多地方可看出，曾静对于中国是否需要变革，有他自己一套定见。曾静尊古贬今，中国在过去两千年来，许多文人也有这个习惯，而吕留良也持这种看法。在《大义觉迷录》卷二之首，曾静供称他受吕留良学说的影响约在 1727 年下半年到次年春天之间。曾静当时认为，能否治天下是依个人的品德修养而定，“道义所在，民未尝不从，民心所系，天未尝有违”。中土便是中庸之土，阴阳合德之地——由此而生仁义礼智。而如今，有许多现象可以证明这些德行不均，连田土也尽为富户所收，于是富者日富，贫者日贫。[12]

雍正驳斥曾静，认为他的观点过于简化：自古贫富不齐，这乃是“物之情也”。平凡人若是能够勤俭节省，积累成家，那么贫者也可以富有。就如同富者若是“游惰侈汰，耗散败业”，也会变成贫者。诸如此类的往返论辩，曾静面对雍正的追问，大多提不出有效的反论——毕竟，《大义觉迷录》的用意在于说明曾静是受到邪说流言所惑，在雍正的循循善诱之下，曾静最后察觉自己昨日之非。

但是，论及治天下之道，曾静的意见却十分坚定，教人颇感意外。他有一次回话写到他年轻时从《孟子》读到了井田制，就受这套平等的土地分配制度所吸引。在井田制之下，每块土地大小均等，中间的公田为大家共耕共有，公田所生产的作为缴税。曾静后来发现吕留良也推崇井田制，并相信这套制度可再度行之天下，于是对吕留良更是佩服，但曾静的想法并非源自吕留良。曾静心里想，若是能复行井田制，“到处可以安身”，那么他的家族或许就用不着徙往四川了。曾静先是从《孟子》得到启发，后从吕留良的著作得到印证，加上又在长沙看到有揭帖“五星联珠，日月合璧”，想法就更坚定了。[13]

曾静又在卷二第两百页写道，他向来相信天下最好是分由众贤来治理，“以圣统贤，以大统小，事虽分于众贤，政实颁于一人”，这是古时实行封建的原因。春秋行的就是这套制度，后来才有秦始皇一统天下。曾静相信这套古制若是行之今日，“是圣人治天下之大道，亦是御夷狄之大法”。

曾静解释他的理由：“只见得天下之大，一人生目所及，心思所系，海隅之远，必有遥隔不到之处，而天生人才有圣有贤，有贤之大者，有贤之小者，类皆有治民之责，以圣统贤，以大统小，错坏以居。事虽分于众贤，政实颁于一人，此古之王者所以有封建之制，且其中礼乐征伐虽出自于天子，而抚民之任，治民之责则分属各国之长。”秦朝一统天下之后，分设郡县，官员此去彼来，彼此可以推诿，而且往往在任不久，与民不亲，就算有心为民，树立法治，但是政随人转，新旧交迁，常有朝张暮弛之叹。[14]

从雍正对这段文字的反应看来，他未被说服。雍正认为，自远古以迄于今，世事已多有变化，而历史的发展也另取他径，若是在今日行封建之制，则天下大乱，边防不靖。但是曾静已想过这个问题，他转而提出地方秩序的问题。他相信，答案就在于“乡约”，曾静曾见有蓝田乡约，经过朱熹斟酌损益。曾静说他仔细读过这些有关乡约的著作，而且渐渐相信，透过地方上的乡约，得将风俗教化深入乡里，亦能相规过失。就当世而言，理想的做法是“准古酌今”。

每一乡选择老成有德者为“都约正”，并从乡里子弟中挑选十二名“端方正直，通道义而能文辞者”为“直月”。直月以一月为期，轮流记录。记录有三种：一是记录姓名与参与集会之细节；二是记载乡里中人表现杰出、获得赞扬之处；三是记录过失与批评。每月须至少集会一次，择便利之处，以期人人皆得参加。行礼读约，酒过三巡，然后直月就善行与过失告于约正，当众询问讨论，“许各人就约所质疑问事，讲辨道理，区画家计，以及论文习射”。到了日落方散去。

曾静又说，他希望皇上能负起提倡乡约之责，以圣睿修改之，并将施行最成功的范例推而及于天下。皇上应责成总督、巡抚，在穷乡僻壤也要把这套制度建立起来，并确保士农工商皆可参加。建立乡约之制并不太难，因为官府在每月初一十五都会召集乡民，由地方文人宣读“圣谕十六条”，这是由康熙所书，雍正颁行。何不在此基础上，讨论乡约的要旨计划？朝廷也可借此机会解释政令，提升乡里道德。

曾静强调，目前的这套系统仅及于城镇，尚不及乡里，“盖小民不知上之德教者，由于居乡之日多，到县城之日少，或又不通文义，不能仰会上意”。所以宣读“圣谕十六条”其实成效并不彰：“宣讲亦不能依期奉行，在官固视为泛常，而民之听之，或作或辍，有来有不来。况居乡者多，在城市者少，乡民远离，无人督率，虽有宣讲，如何听见？即如弥天重犯所居离城市远，县中讲约读法之事，生平并未撞逢一次，如所颁圣谕广训及我皇上斟酌取士之法，从前不惟不曾目见，并未曾耳闻。”曾静最后说，如果乡约的理想能深入乡里，则无人会置朝廷律令于不理，“不惟无上行而下不效之患，且君民一体呼吸，竟可相通矣”。[15]

从《大义觉迷录》之中，两人论辩的方式来看，雍正对曾静引经据典，说明某个想法所出何处时尤其感兴趣，因为这么一来，雍正也可在字句间寻道理，予以驳斥，证明满洲皇帝对古圣先贤学说的精微之处也是不含糊的。管仲对夷狄的看法就是一个很好的例子。曾静当年在《知新录》便以相当的篇幅讨论管仲，说他的例子证明"华夷之分大于君臣之伦"。曾静此一看法显然受吕留良所影响。雍正自然要曾静说明白，而曾静这么一来，便得以就先前的简述详加说明。管仲的事迹，天下的文人学子都是耳熟能详，雍正也知之甚稔，所以曾静毋须赘言。管仲生当春秋（公元前7世纪，比孔子早两世纪），先后事公子纠、小白。小白杀兄夺位，是为齐桓公。齐桓公要管仲为相，管仲也就答应了。

孔子当时的人批评管仲未能忠于一君，但从《论语》的记载来看，孔子对此事的立场却是复杂而矛盾。批评管仲的人，理由有二：在小白被杀之后，虽然亦有大臣自尽，但管仲却没有自尽；第二，管仲不仅为弑主之人为相，还拓展齐国的疆域，凌驾于邻国之上。

前明遗民的立场也从孔子的响应得到支持，虽然所持的观点大不相同。孔子说："管仲相桓公，霸诸侯，一匡天下，民到于今受其赐。微管仲，吾其披发左衽矣！"与曾静同时期的学子都晓得，披发左衽是夷狄的习俗。照曾静在《知新录》里的说法，孔子之所以称许管仲，是因为当时夷狄环伺中土，而管仲为相，才使中土人士不必着夷狄之服。衣着发式算是文明价值的表征——虽然并不完全代表文明。曾静由此得出结论，"华夷之分，大于君臣之伦"，维系文明价值，使之不受蛮夷所侵，显然优先于臣下对君王的忠贞。

曾静谈的这个问题仁智互见，难有定论，但是雍正的回复甚是坚决。他强调“君臣为五伦之首，断无有身缺一伦而可以为人之理”，君臣之义既定，父子、夫妇、兄弟、朋友四伦才得以张举。曾静若是认为人与夷狄之间的关系没有君臣之分，那么他当何人是君？如今，在讨论种种夷狄的时候，曾静还相信这与君臣之义无涉吗？到了这个地步，曾静还相信与夷狄无君臣之分吗？这个题目是辩不下去的，曾静最后弄得灰头土脸，说他是“因见得吕留良论孔子称管仲之仁处，有华夷之分，大过于君臣之伦之说，以致推论到此。弥天重犯平昔并无此说”。曾静细细思索雍正的话语，中国的疆域屡有变迁，而华夷的定义也是变动不居，曾静显然是想左了。[16]

曾静在《知新录》说“天下一家，万物一源”，又提到中土人士与外人之间的关系，雍正也驳斥其间的矛盾之处，不过他引经据典的方式又有所不同。曾静说：“中华之外，四面皆是夷狄，与中土稍近者，尚有分毫人气，转远转与禽兽无异。”雍正问道：“既云天下一家，万物一源，如何又有中华夷狄之分？”《中庸》有言：“致中和，天地位焉，万物育焉。”雍正继续说道，以九州岛四海之广，中华再怎么大，也不过占百分之一而已。“东西南朔同在天载地覆之中者，即是一理一气”，怎么会说中华有一个天地，而夷狄又有另一个天地呢？“圣人之所谓万物育者，人即在万物之内”，曾静怎么会认为夷狄不在所育之中呢？难道他们都受不到天地所育吗？[17]

雍正继续论下去，他可引据的经典很多，但却引了《易经》第六十一卦“中孚”：“中孚：豚鱼吉，利涉大川，利贞。彖曰：中孚，柔在内而刚得中。说而巽，孚，乃化邦也。豚鱼吉，信及豚鱼也。

利涉大川，乘木舟虚也。中孚以利贞，乃应乎天也。”雍正以此卦向曾静指出：“《易经》言信及豚鱼，是圣人尚欲感格豚鱼，岂以远于中国而云禽兽无异乎？”如此说来，像曾静这种叛逆连禽兽都不如。两人都已讨论到这个地步，雍正还要问，曾静“可能如豚鱼之感格否？据实说来”。

曾静回说：“《易经》所载信及豚鱼，弥天重犯自幼亦曾读过，既有此等诬天的说话，当时何不把这信及豚鱼等经文取来印证印证，而竟狂悖率意，写放纸上，这就是天夺其魄了。”曾静以他一贯的鲁莽口气说下去，却不去提《易经》的原始段落。他只会记得“今蒙皇上开示，到此弥天重犯便是豚，便是鱼，亦当感格，何况人性未泯，尚有知觉乎？”

曾静引了管仲的事迹，似乎比雍正的说法更具说服力，而雍正用了《易经》的第六十一卦，则更胜曾静一筹。雍正选择此卦饶有深意，因为古来已有一些典籍讨论此卦，点出另外几层意思，这与曾静被囚一事尤其相关。中孚卦的卦相是上下为阳爻，中间为阴爻，看起来像一艘空船，轻盈乃是空的容器的特性。轻盈象征着灵活与轻快：即使像豚、鱼此等顽冥不灵的生物，也可为信所感悟，那么君王的德行也可达于四疆。

第六十一卦“中孚”卦接在第六十卦“节”卦之后，此卦有控制之意。如果监禁随着控制之后，臣对君便能忠心不贰。象曰：“泽上有风，中孚；君子以议狱缓死。”所以，雍正欲赦免曾静的意思也是不言而喻的。[18]

1730年4月4日，雍正得知《大义觉迷录》的木刻版已经制妥，便立刻下旨，要内阁拟个可行的章程，看看如何把这部书分送各省。六日之后，计划已大致拟妥，雍正立予接受：北京修书处先以制妥的木版印五百部，分送六部百官。再印一批，分送各地总督、巡抚一部，供其私人阅览。[19]

此外，总督、巡抚会再收到一部《大义觉迷录》，交由各省修书处，以此制作木版，作为重刻之用。每一省的修书处最先会刻印一百部，分送各县知县（一省约有六十县左右）以及乡学教谕。地方官员负责估算治下的集镇、村庄与乡学的学生数目，上报所需的数量。（这些数量是推得出来的，曾静在《知新录》之中说，光是在永兴一县，童生应县试者就有两千四五百人，应道试者有两千人。）刻印这些册数的木版、纸张、印工所需之费用，将由地方文人富绅负责，各县所需的数量由各县各自负责，以期在乡里集会宣读《圣谕十六条》时讨论《大义觉迷录》——这正是曾静认为可形成乡约的集会。

北京的印工与装订工日夜赶工，以使此书早日竣工，分送各地。在雍正和内阁议定刻印计划之后不到十四天的工夫，《大义觉迷录》已在奏事处和兵部急递的协助下开始分送各地。根据记载，最早收到的是驻扎在北京城外的提督，他在4月27日收到之后便回报内阁。此时岳钟琪正奉旨在西北积极备战，他在5月5日收到两部《大义觉迷录》，立刻将其中一部交付刻印。广州总兵回报，他在6月4日收到书。但是在长沙的湖南巡抚则因天灾延阻，迟至6月底才收到。要送给按察使和观风整俗使的书在途中遇上暴雨，浸渍不堪使用。不过既然已经开始刻印新的本子，湖南的延误也只是一时的。到了仲夏，连在永兴以西、地处偏远的县分也收到了《大义觉迷录》。[20]

在如何阅读《大义觉迷录》这方面，雍正实在没有留给学子和官员什么空间。雍正在此书开头的谕旨结尾写道："并令各贮一册于学宫之中，使将来后学新进之士，人人观览知悉，倘有未见此书，未闻朕旨者，经朕随时察出，定将该省学政及该县教官从重治罪。"[21]

于是，就在曾静服母丧百日这段时间，一省又一省、一营又一营、一城又一城，各地官员一一回报，他们已经收到《大义觉迷录》，并估算分送治下学宫乡里所需之部数。到了11月底，连最近才纳入大清版图的台湾省也收到书了。虽然此时台湾还不平靖，学校也还粗具规模而已，但是台湾官府按旨估算，回报还需刻印一千两百三十部。

这么些年来，曾静一直希望有人能读他的著述。现在，他有了读者，其数量之众却是曾静再怎么做梦也想不到的。

注释

1 **《大义觉迷录》在4月4日完成** 雍正在雍正八年二月十七日（1730年4月4日），当朝宣布此书刻版已告完成，见《明清档案》，册A四十四，档八十三，页五，第一节。

2 **《大义觉迷录》的篇幅** 五百零九页是西方的算法，中国古书是单面印刷，然后从中对折，因此《大义觉迷录》有两百五十五个双页：卷一有七十六个双页；卷二有六十六个双页；卷三有六十八个双页；卷四有四十五个双页。

3 **《大义觉迷录》的前言** 11月2日的谕旨刊在卷一，页一至十三，见《起居注》，页三一二八至三一三四，日期为雍正七年九月十二日。这道谕旨也出现在《清实录》，卷八十六，页八至十八，但是长度较短，又收在《清代文字狱档》，页三十一至三十五。（《大义觉迷录》中所收的档多未标示日期。）费思唐（1974），页二七〇至二七一："在中国历史上，若论以文化主义作为政治理念，很难找到比《大义觉迷录》开头的谕旨更有说服力的例子。"费思唐就雍正对民族与统治的详细说明，见前揭书，页二七一至二七五。邵东方的《清世宗大义觉迷录》是近年对这个问题所作的分析，特别是第二部分分析华夷之别。亦见于克罗丝莉《迷镜》，页二五五至二五八，克罗丝莉认为在这些讨论中有两种"声音"：一个是哲学的，另一个代表满洲汗国；大学士朱轼特别擅长这两者，克罗丝莉认为雍正有许多文书系出自朱轼之手（页二五七），康熙、雍正两朝的《起居注》便是由朱轼所编纂。朱轼生平见《清代名人传略》，页一八八至一八九。

4 **《大义觉迷录》卷一** 页十四至五十三b，这七十七页是雍正反驳曾静的逆书，颁布于雍正六年十一月十一日（1728年12月11日），亦见于《起居注》，页二三九二至二四一三。

5 **曾静回雍正问话** 见《大义觉迷录》，卷一，页五十三至卷二，页六十六。第七章对这些部分有所讨论。

6 **曾静回杭奕禄奉旨问话** 见《大义觉迷录》，卷三，页一至二十七。

7 **争权夺位** 以下的部分系《起居注》与《大义觉迷录》都出现的地方：《大义觉迷录》卷三，页二十八至三十一b是《起居注》页三一八〇至三一八一；《大义觉迷录》卷三，页三十一b至四十九b是《起居注》，页三一八六至三一九六；《大义觉迷录》，卷三，页五〇至五十九b是《起居注》，页三二〇九至三二一四；《大义觉迷录》，卷三，页六〇至六十四b是《起居注》，页三二一六至三二一八；《大义觉迷录》，卷三，页六十四b至六十八是《起居注》页三二二四至三二二五。

8 **论吕留良与严鸿逵** 《大义觉迷录》，卷四，页一至十七b与卷四，页二十四至三〇b，亦见于《起居注》，严鸿逵的部分见页二八六六至二八七〇，雍正七年六月十四日；吕留良的部分见页二八八九至二八九八，雍正七年六月二十一日。

9 **《归仁说》** 《大义觉迷录》，卷四，页三十一b至四十五。雍正御书前言，前揭书，卷四，页三十一。曾静的名字出现在页四十五倒数第三行第一个字。

10 **曾静的自传式段落** 我们有时（但不是全都如此）可看出有些是以曾静的早年著作为本，有些是根据他在湖南所作的三次自白，有些是出自他在湖南的笔供。曾静在北京所作的供词有许多后来收在《大义觉迷录》之中，亦保存在《雍正朝汉文朱批奏折汇编》，卷三〇，页九二四至九七四，但都未标注日期。

11 **曾静的岳父陈梅鼎** 《大义觉迷录》，卷二，页二十九与卷二，页三十三。

12 **曾静见吕留良之论** 见《大义觉迷录》，卷二，页十一；“土田尽为富户所收”等语，前揭书，卷一，页五十八b至六〇。曾静也指出科举取士因利禄心而流于败坏，见《大义觉迷录》，卷二，页十七b至二〇。

13 **“井田制”** 见《大义觉迷录》，卷一，页七十三b至七十四b；搬家带属走四川，前揭书，卷二，页二至三。黄宗羲（他与吕留良相善）对这些制度规定的评价，见Wm. Theodore de Bary, *Waiting for the Dawn*, pp. 43-48, 128-138。

14 **“封建”** 《大义觉迷录》，卷二，页二十四b，以回复雍正在前揭书，卷二，页二十一b至二十四的问话。亦见于de Bary, *Waiting for the Dawn*, pp. 125-127与费思唐（1974），页一六四至一六九。

15 **“乡约”** 《大义觉迷录》，卷二，页三十九b至四十二b。对其历史与实际状况的详细分析见Monika Ubelhor, “Community Compact”；Robert Hymes, “Lu Chiu-yuan, Academies,” pp.440-451；Kandice Hauf, “The Community Covenant”。本书中所引曾静的说法见《大义觉迷录》，卷二，页三十九b至四十一。曾静对此的讨论也收在《雍正朝汉文朱批奏折汇编》，卷三〇，页九四九至九五一。

16 **管仲的讨论** 《大义觉迷录》，卷二，页一〇b至十一b。雍正和曾静就管仲所进行的辩论引起很多人的兴趣：见费思唐（1974），页一八九至一九六；克罗丝莉，页二四八至二五三；一般的讨论见王汎森《从曾静案看18世纪前期的社会心态》与邵东方《清世宗》。

17 **《中庸》的论辩** 《大义觉迷录》，卷二，页十三b至十四。

18 **第六十一卦“中孚”** 《大义觉迷录》，卷二，页十三b至十五。本卦的讨论见Richard Wilhel, *The I Ching*, pp. 235-239, 698-703；以及Richard Lynn, *Classic of Changes*, pp. 523-529。

19 **木版完成** 刻版一事何时开始，吾人不得而知，但《明清档案》所收的几份档都可见完成的日期是雍正八年二月十七日（1730年4月4日）。通颁天下在雍正八年二月二十三日（1730年4月10日）已计划妥当。前揭书，A四十四至八十三（页五之二与五之三）有寄送各省官员的完整名单。

20 **收到《大义觉迷录》** 岳钟琪在雍正八年三月十九日收到，三月二十六日上奏，见《清代文字狱档》，页四〇b；湖南巡抚赵弘恩收到的日期不可辨，雍正八年五月二十六日上奏，《雍正朝汉文朱批奏折汇编》，卷十八，页七九二。送往湖南的受损书册，“中央研究院”未出版的档案，#091947，日期为雍正八年五月二十一日。

21 **必读《大义觉迷录》** 《大义觉迷录》，卷一，页十三。11月2日的谕旨做此，见《起居注》，页三一三四。明朝已有前例可循，明太祖在1390年代便将一些文字分送各学塾。这些文字是明代科考所必读（根据记载，1397年有一九三四〇〇人参加科考），而明代的统治者以学子对这些材料的娴熟程度作为忠贞与否的指标，甚至还把这些书籍作为旅行的路条，见Anita Andrew, “Zhu zhang and the ‘Great Warning’”，尤其是页一五五至一五六、一六四、二一〇。

第十一章　探　源

曾静在 4 月 12 日抵达长沙，湖南巡抚赵弘恩和观风整俗使李徽早就注意多时，他们从杭奕禄那儿得到密谕，雍正有清楚的指示："奉旨尔带曾静由江宁苏州至杭州，由杭州差人将曾静送至湖南巡抚衙门，令伊回家料理家务毕，着伊自行提到观风整俗使李徽衙门听用，如伊欲他往，不必留阻。"但是曾静老母之死，却让遵旨办事平添变量。雍正并没说曾静可以回家待多久，但是曾静服母丧需要百日，所以天意代巡抚下了决定。曾静在次日离开长沙，4 月 25 日返抵家门，这离上回他从家中被捕，已有十六个月的时间了。[1]

为母亲预备后事极为费神耗时。曾静到了 5 月中才准备好棺木，把母亲的遗体入殓，暂时放在地名山田祖茔，等找到墓地再择期安墓。曾静于是得空做些别的事。[2]

曾静后来在写给赵弘恩和李徽的投递中解释，他回家碰上这等事情，是颇为突兀的。他在预备丧事时见到的亲戚、朋友、邻人、旧识无一例外，都对看到他大为吃惊，对他这趟上北京的奇遇，以及皇上在释放曾静一事所扮演的角色既敬且畏。皇上在曾静离开北京送的衣服、礼物，都让他们看得啧啧称奇。他们也对那伪称王澍之人表示厌恶，要“食啖其肉，而寝处其皮”，就是他当初散布谣言，才惹出这么多麻烦和事端来。

曾静获允服百日母丧，他安排底定之后，大约还有两个月的时间。按曾静自己的说法，他选择运用这段时间的方式是出于蓄意的安排，要在忠孝之间求个两全。在这百日期间，曾静依礼循心，为母丧而哀戚；但同时，他也会努力追查那些谣言的来源，以报答皇上隆恩。七年前，那王澍来到曾静的学塾，待了两天，然后就不知去向，曾静要想办法找出当年王澍到底去了哪里。

曾静起先一无所获，但是到了 5 月中，事情有了进展。有个邻人告诉曾静，说他从一个名叫曹连伊的人那儿听过一件事，说不定有些帮助。这曹连伊世居永兴，几年前中了生员，但因为在永兴找不到事做，所以在一百八十里外的桂东学塾里做先生。桂东在湘西山区之中，地当湘赣之交。1723 年秋，有个人来到永兴，说是从北京来的，举止不似乡野村夫。曹连伊记得他“大有才学，讲说京城事务及谈文论学，皆历历凿凿”。曹连伊后来听说此人在 1723 年年底，死在桂东县境大岭地方。

曾静急于追查这条线索，但是他在投递里写说，如今他在邻里间名声太显，不利行动。可能提供重大线索的人知道曾静的身份之后，“人人缄口，掉头而不敢言”，因为这些人“系读书守法、避嫌畏事之人，恐有话不肯直言直吐，有迹不敢直露直呈”。于是曾静决定找人陪他一起查问。曾静找了张熙的大哥张照。曾静并未解释张照何以同意帮他，或许张照一直都参与阴谋，但是诳称自己只是个农夫，对弟弟的事情一无所知，躲过官府的讯问；张照说过他不喜欢曾静，这或许是事实，但是曾静诱以重利，说是如果查出谣言来源，两人会得到重赏。两人都用化名，改换形踪，以防被人识出。5 月 26 日，两人彼此议定，于是离开安仁，跋山涉水，往东南行去，6 月 5 日抵达桂东。

他们在桂东找不到那曹连伊，但是有个钟三极，他是此地文人，就曾静的问题提供了协助。钟三极记得是在 1723 年夏末初秋见到一个不寻常的人，此人“围头团面，十指尖尖，微须，口称姓王名澍，到彼地书堂中歇”。后来钟三极又听说，这个外地人也到了邻近各县，和各文人见了面，查察了他们的藏书，但是待在每个地方都不超过一两天。不久之后，此人回到桂东，在一个名叫大岭地方的一处茶馆故亡。钟三极有个名叫钟湘的族人，他最先觉得这个王澍颇为善谈，后来对他的学问也起了怀疑，但他还是出钱给王澍买了只棺木，在大岭山找了块墓地，好让他入土为安。

钟三极把此事告诉曾静之后，桂东这个地方的其他人也就开口了：有些是有功名的人，有些是普通百姓，有些是地方富绅，有些没什么钱，但是都有类似的经验，记得在 1723 年，这人留着稀疏的胡子，长长的指甲，到有藏书的人家去，若是他们邀他，便留下来吃顿饭，讲些在北京的皇家事，叫人听了入迷。很多人也注意到，虽然此人雅好学问，随口便能引经据典，但是自已从来不曾动笔写字。只要是需要写字的时候，都只口念，由身旁跟着的人誊写。

1730 年 6 月中，曾静又有了重大发现。他得知这个自称王澍的人在 1723 年 5 月 20 日曾在耒阳县和永兴县之交的祝融庵过夜。把这事告诉曾静的人也听说，这外地人在庙里写了一些字，如今还留着。这时间甚是吻合，因为十一日（5 月 31 日）之后，有个自称王澍的人到了曾静的私塾。曾静晓得这座寺庙，甚至还认得住持弥增，不过称不上熟识，弥增清心潜修，不问世事。曾静不想惊动他，于是去找了另一个远房亲戚曾紫垣，央他问问王澍手迹的下落，也要弥增安心，若是把它拿出，说说关于那来客的事情是无害于他的。弥增被说服，同意把它取给他们看。这么一来，曾静手上便有了第一件证据——除了无数的口耳传闻和他当时的记忆之外——来证明这王澍乃是确有其人。[3]

弥增一共拿出五张字帖。一张是五十两的银票，这是给弥增用来买块地的，所得租金可以维持寺庙的开支。银票的日期写的是 1723 年夏，上头还有耒阳知县张应星的名字。银票的解款人是湖南的布政司，并有皇七弟允祐的名字。在允祐的名字与末两行之间，歪歪斜斜地盖着印，还有某种图案，曾静认出，这是王澍的亲笔花押。

第二张是一幅红纸，上头写了“北京皇城内正阳门上问荫棠府中书舍人即要通报”二十一个字。荫棠二字与皇九爷允禟的名字同音。这是一张路条，上头也有皇七爷允祐的名字，还有王澍的亲笔花押，这与银票的笔迹相同。弥增说这是那来客口述，由随人写下，赠予弥增，以备来日往访北京之用。王澍还说，他也晓得弥增是修道之人，远离红尘，大概不太可能长途跋涉上北京，便有“你做和尚的人，几时得到我北京城内来”一语。弥增记得，这人“口口声声皆是说皇家话”，还有他自己在陕西口外打仗的经验。他在言语之间，对十四爷允禵尤其称赞。王澍告诉弥增，十四爷“文武圣神，与他志同道合，大事全靠他两人把定，设没有他两人在朝，天下一日难安”。

另外三张字帖写的都不成篇。有一首咏自然美景的七言绝句写在红纸上头，署名为荫棠。另外两张是写在素花帖上头，可能是为了张贴之用，一写五言一联，“见苦方知乐，观忙始爱闲”，一写“笑傲烟霞”四字。曾静晓得这事隐瞒不住，这些东西也藏不安全，于是在 7 月 7 日去见了耒阳知县，密报了他的发现。两天之后，知县逮捕了当年替王澍写字的随人，加以讯问。曾静安排了跟他去见弥增的曾紫垣，把弥增同带到案查问。[4]

曾静的服丧已满百日，他得赶去长沙才行。他在 7 月 14 日抵达长沙，次日在西湖桥旁的佛寺斋戒沐浴。7 月 16 日，曾静遵旨前往湖南观风整俗使李徽处报到，雍正只说“遣发听用”，并没有明示他的工作内容。曾静老老实实地按旨办差。他第一日在官府中，把他见了王澍之后至于他入狱的种种情状，还有他目前设法得到的发现，一五一十地写下来。曾静写完之后，随即呈交两位上司。[5]

曾静的确是尽心查明王澍这案子的来龙去脉，但是他呈交投递之后，就被派去做别的事了。此案现在由湖南巡抚赵弘恩亲自审理。不过赵弘恩政务繁重，所以把此案部分工作交给按察使张灿处理。他们把曾静在耒阳、桂东等地问过的每个人都找到长沙来详细盘问，厘清案情，比对证词。到了近 8 月底，赵弘恩等人觉得对整个案情已有足够掌握，便详细上奏雍正，并附上曾静原禀两件与字帖五张。[6]

1730 年 6 月 6 日，怡亲王允祥病逝。雍正登基之初，风雨飘摇，怡亲王是雍正最信赖的人，凡事都与他商量。如今雍正顿失股肱，整个夏天都郁郁寡欢。这时的记载皆可见雍正谕旨的口气阴郁，诉说心中的失落感，还有这位十三弟曾经给他的宽慰与支持。西北用兵，后方的粮饷后勤多由怡亲王筹办，雍正担心，怡亲王骤逝可能会严重危及西北战事的胜利。[7]不过雍正还是一如以往，抽空看了赵弘恩上的奏折和曾静的报告，并以廷寄的形式把他的想法送回湖南。[8]雍正告诉赵弘恩，他的目的就是要得到实情，以期将“可疑之处一一穷询”。为求做到这一点，雍正就奏折与曾静信函的诸般令他不安之处，不论真有其事，还是他心中的疑虑，都详加垂询。雍正所加注标记之处，都须彻底查清楚。[9]

赵弘恩第一个找来仔细讯问的是曾盛任，他就是在1723年替那王澍执笔写字的人，他虽然也姓曾，但是和曾静并没有亲戚关系。曾盛任供称，他是偶然认识王澍的。曾盛任本在耒阳县一陈姓人家做塾师，1723年有一自称王澍的人来访他的东家，表示在寻访一个名叫曾静的人不着。曾盛任知道曾静住在何处，便说要领他前去，于是两人结伴同行。途中在祝融庵借住，住持弥增和尚甚表欢迎，两人便在庙里住了几日。曾盛任代王澍写了五张字帖，作为送给弥增和尚的礼物。这些字都是由王澍口述，曾盛任书写，王澍亲笔写的只有他那风格特异的花押。官府循线找到了曾盛任任塾师的人家，证实了曾盛任的说法。但是雍正却对此极感怀疑，他问道，曾盛任这人在耒阳好端端做个塾师，授课繁重，又何以能放下一切，陪一个素未谋面的人走了这么长一段路？这其中必有蹊跷。雍正既有疑问，巡抚便再回头讯问。这次曾盛任的说法又不相同：他之所以决定跟他同行，实因妻子病重，他急于去找岳大夫，岳大夫的家在去曾静家的路上。巡抚闻言，斥之为胡说，若是曾盛任真的急于到岳家报信，为何到了曾静家却不继续往岳家去，也不赶忙回家照顾妻子？

曾盛任的第三个答案比较可信。那王澍招他，他便跟王澍去了，因为他厌恶“教这三两银子的书”。王澍说若是跟他，便“许小的一个官做”，曾盛任当然要跟着他去了。那么曾盛任为何要相信王澍呢？因为王澍开口闭口都是他与某个权贵结交，他和康熙的八阿哥、九阿哥交情匪浅，他又曾在西疆从军，效力于当今皇上的十四皇弟允禵帐下，现在有要务在身，出来密访事情的。当弥增和尚和曾盛任对王澍授意写的路条等文字表示怀疑的时候，王澍表示事关天家性命，要他们千万保密，不要让他的宏图大业功亏一篑。

曾盛任如今听宣了《大义觉迷录》，才知道“这全是荒谬绝伦的事”。他也问过王澍，怎么没有行李跟着。王澍说他是出来访事的，怕人识破，所以不带行李。其实，他有艘船停泊在耒阳，行李都放在船上。王澍见了曾静之后，曾盛任又跟了王澍几天，但是有一天王澍突然就告辞了，“他说还要往安仁地方去，叫小的且回罢，他过些时再来找小的，过后再没见他来。小的也到过耒阳河里寻船，并没见船。小的也就止了念头，各务生理去了。至于他的底里，小的并不知道”。[10]

雍正也对弥增和尚说词的交代不清与破绽感到困惑。当王澍给弥增和尚那些纸的时候，他为何不问多一点问题？他就这么接受一张上头写了皇族姓名和湖南布政使的字帖？王澍出外旅行，身边不带仆役，他难道不觉得奇怪吗？他不曾对王澍的衣着外貌有过一丝迷惑吗？

弥增和尚发誓，他就是因为不信他，所以才没往县里兑银，或是去买块地。因为他虽然说了很多他在北京的情形，但是他操的却是南方口音，显然并不像他所说，自己是个北方人。弥增和尚得知雍正对他的说词感到怀疑，他承认并没有把这陌生人说的话忘诸脑后。事实是他渐渐相信王澍，尤其是他和几个阿哥是朋友，他在允禵帐下效力，还有他的船停在河上的部分。在弥增和尚心里，这些故事彼此呼应，并无破绽。弥增和尚确是记得王澍在那些日子的古怪穿着：紫红短袄，外面又穿着蓝布袍，头戴黑毡帽，足蹬缎鞋缎袜。当时他们都对王澍所说的事不疑有他。王澍生得一张紫红圆脸，微须，中等身材，都与巡抚找人绘制的像极为相似。[11]

巡抚讯问在1723年年底见过王澍的文人，其中大部分都证实他们向曾静说的话，只有一个例外。这是桂东县一个名叫钟湘的文人，他就是后来替王澍料理后事的人。钟湘是个拔贡，地位比别的当地文人高，他记得一些别的人已经忘记的细节。他最早是在1723年夏天见到王澍，看起来年纪三十上下，打扮一如弥增和尚所描述的，但他头上还戴了一顶挡雨的宽边竹帽。他身边没带什么衣物，甚至连铺盖也没有。王澍说自己是1703年中的举人，自赞才高。王澍为了证明所言不虚，便开口吟咏了一篇时文——王澍吟了几句之后，钟湘认出这其实是出自衡州一个文友周命圭之手。不过他还是让王澍留宿一晚，次日一大早送他上路，还给了他一百文钱，并未细谈深论。（钟湘认为那王澍的画像根本没用处，它画得一点也不像他见过的王澍。）

钟湘继续说道，1724 年早春，就在清明过后不久，他听说王澍死在离此地六七里的大岭山。钟湘不忍王澍的尸体曝晒雨淋，于是就找了几个人，凑钱给王澍买了副棺木。钟湘没有参加葬礼，也没到坟上祭拜——不过他的墓地就在路旁，往来便可见。钟湘还说，要是他们的交情更好的话，他会让王澍在他家过世，而不是死在路上。[12]

前面有几个人证在重加审讯的时候都承认先前所言不尽确实，钟湘也是如此。他之所以有所隐瞒，是因为“他虽是拔贡，年纪尚轻，止知读几句书，于世情原不谙练，从前怕供出来，惹罪上身，又怕拖累别人”。钟湘在第二次提问时，详细描述在桂东县的贡生、文人之间的交情深浅与婚姻关系，还有彼此之间的往来与对话。钟湘有次去一文友李仲舒家中，此人娶了钟家的一位女眷，钟湘是这样才听说不远处有个王澍，大有才学。钟湘也提到家中藏书的重要性，还有像他这样年纪轻轻考取功名的人，在真正的大学者面前的那种不安。他自然是王澍可欺的对象。

钟湘如今承认，王澍详细说过他与皇八爷、皇九爷、皇十四爷的关系非比寻常，钟湘是在读了《大义觉迷录》之后才知道背后原委。王澍是那种思绪飘忽的人，一会儿说他只想寻个安静差事，一会儿又说他在从事不可泄漏的大业。钟湘对王澍的了解比他第一次应讯所透露的要来得多。王澍后来又在 1724 年 4 月上了钟家一次。这次王澍看起来病得不轻，身边还跟了一个人。虽然王澍有病在身，钟湘最后还是赠他一点礼物，让他离开了。有一天，王澍随从到钟家，说是主人已经故亡，于是钟湘便筹钱料理了王澍的后事。

赵弘恩对这新的线索颇感兴趣，便下令全力搜捕在 1724 年跟在王澍身旁的那人。他也下令地方官府找出大岭山王澍死的那家茶亭，并找出王澍葬在何处，把他尸体掘出。多名官员前往离桂东县十几里的大岭区第四都。他们召来当地乡民，逐步过滤这个地区的茶亭与小客栈，终于找到那间茶馆。[13]

墓地里找到一只白木做的棺材，木材厚半英寸，长约五英尺半，宽与深约一英尺。棺木里的尸首高约五英尺；皮肉皆已腐烂，但是骨骸完好无缺。虽然从骨骸看不出此人原本长相年纪，但是他死时穿了一件蓝色棉布长袍，外头套一件紫色短袄。（不过这不能用作证物，因为开棺不久之后，衣服颜色就褪了，布料也破碎不成形，只剩一团棉絮，磨得发亮的牛角纽扣间杂其间。）头骨底下垫了一双棉袜，脚上还有一双缎鞋抵着棺木。县令指责当地保正："这大岭坰死了个人，你们也该去查看根由报官，怎么不报呢？"但是这几名保正仍强词辩论："小的们此时都往外做生意去了，后来知道去查问，实系患病身故，并非身死不明，所以不曾报的。"[14]

要找到王澍的随从须花些时间。曾看过此人的人提供的线索仅限于："有些胡子，不高不矮，江西声音，常在桂东一带走的。"此人在王澍死后应该还在桂东县，捕快应能找到他。

这人的名字叫罗一奎，家住江西信丰县，离湖南边境不远。罗一奎曾在赣西的几个小村庄以晒盐维生。罗一奎清楚记得他是在什么时候第一次看到这自称王澍的人，那是在当今皇上即位第二年第二个月的第二天。罗一奎那天刚好在湖南边境的龙泉县做生意。天下起雪来，他便到高排庙附近镇上（此镇以庙得名）的一间店里，在此见到王澍，"把脚上穿的一双袜子脱来还店里的饭钱。小的看那人是个斯文人，小的就问他根由”。他说他叫王澍，是江南人，在去湖南的路上。他刚用完了盘缠，不得已才用袜子换吃的。我看当时天开始下雪，不忍心他受冻，便将身上的二十六文钱给了他。两人交谈时，王澍把他的大计划告诉罗一奎。王澍得知罗一奎在四处做生意，便要罗一奎做他随从，照顾行李，直到大业有成。王澍每天给罗一奎三分银子，当然，这笔钱要等到日后再付了。

这两人于是开始短暂的同行生涯，白天穿过山里的小村庄，沿路在茅舍打尖，就这么走到湖南去。王澍仍在吐血，身子十分虚弱。两人在鄗县边上碰到几个考完科举的相公正要回家。有几个人同情王澍的景况，给了他几文铜钱当作盘缠。罗一奎自己还有一两银子和几文铜钱。王澍跟罗一奎借了一些钱，说是到了衡州之后会还给他。不过衡州离这儿还有好长一段路，而王澍的身体已经差到走不动了。罗一奎用手里剩下的钱给王澍雇了一顶轿子，好回去桂东拜访钟湘。他们在 1724 年 4 月初到钟家，此时正是清明时节。钟湘留他们住了一宿，请他们吃了顿饭，但是第二天却送了双布鞋，要他们离开。虽然王澍身体虚弱，但也只好徒步行走，路边上有一个姓李的人开了个铺子，两人在此歇了几天。店主人让他们留下，但是又怕王澍的病传给他的家人，后来也请他们离开了。

他们就这样到了大岭山。他们发现在一处佛寺和茶庵旁有个亭子，便在此住了几天。但是突然下起暴雨，两人躲进茶庵避雨。王澍要罗一奎回去找钟湘，跟他再讨些钱。罗一奎照办，钟湘给了他一袋米带回茶馆。罗一奎拿了些米给王澍煮了顿饭，结果这是王澍最后一餐。王澍开始吐血不止，4 月 13 日去世。茶馆主人不让罗一奎把王澍的尸体留在茶馆，罗一奎只好再回头去找钟湘。钟湘给他钱买了棺木，寻块地下葬。罗一奎没钱给王澍买寿衣，就让他以这身衣服入殓。罗一奎也在棺木里头放了一双王澍不曾穿过的缎鞋。王澍也有一顶黑毡帽和一床紫花布被，但这两样东西都不知去向，想必是茶馆主人把它拿走，用来抵一些花费。罗一奎还说，王澍的模样看起来不超过三十岁，给人颇有修养的印象。

有司问道，如果王澍是这么一个有修养的人，那么他带了什么书？罗一奎回说，一本也没有，王澍只带了一床紫花布被。这人穿着如此寒酸，没有长随，也没有行李，甚至还跟随从借钱，一个做盐的商人又如何会放弃一切，跟着这么一个人呢？罗一奎回说，因为他看起来很有修养，把他图谋的种种说与旁人知晓，言语之间又提到他的朋友和皇族，还说如果他的病情好转，就会把钱都付清给他，于是就这么一日过了又一日。

但这自称王澍的人到底是谁呢？他又是从何而来的？罗一奎供称："他临死时，小的也曾问他家住何处，家里还有子弟没有，他只两眼流泪，竟不答应就死了。"[15]

注释

1　**湖南巡抚赵弘恩和观风整俗使李徽在雍正八年二月四日（1730年3月22日）联名上折**　其中抄录刑部侍郎杭奕禄传达着曾静返乡的谕旨，见《宫中档雍正朝奏折》，卷十五，页六三五。赵弘恩在雍正八年四月三日所上的奏折中，禀奏曾静已于雍正八年二月二十五日（1730年4月12日）抵达长沙，见《宫中档雍正朝奏折》，卷十六，页一三四。

2　**曾静母亲葬礼的日期**　见曾静给赵弘恩和李徽的投递，雍正八年六月二日（1730年7月30日），收在《雍正朝汉文朱批奏折汇编》，卷十八，页一〇一三至一〇一四。

3　**曾静寻访王澍一事**　是依曾静自己的说法，见《雍正朝汉文朱批奏折汇编》，卷十八，页一〇一四至一〇一五（见前注）。赵弘恩把曾静的投递与雍正八年七月十五日（1730年8月28日）的奏折一并上呈，曾静的投递或许是这个案子里头最特出的文件。

4　**王澍的五张字帖**　因为赵弘恩上奏折的时候，把王澍的五张字帖也随件附上，所以这五张字帖仍留存至今，见《雍正朝汉文朱批奏折汇编》，卷十八，页一〇一八至一〇一九。

5　**曾静在呈给李徽的投递中**　把他回长沙的启程抵达日期都写在上头，衙门是在雍正八年六月十三日（1730年7月27日）收到这份投递，见《雍正朝汉文朱批奏折汇编》，卷三十，页四三五。

6　**赵弘恩的第一份奏折**　日期为雍正八年七月十五日（1730年8月28日），见《雍正朝汉文朱批奏折汇编》，卷十八，页一〇一三至一〇一四。

7　**怡亲王之死**　见《清实录》，卷九十四，页二b至十四b。怡亲王在政治经济上的角色，详见Barlett, *Monarch and Ministers*, pp.71-79。

8　**雍正八年八月十九日（1730年9月30日）**　内阁大学士马尔赛发了一份廷寄给赵弘恩，雍正垂询王澍这部分的诸多疑点，见《雍正朝汉文朱批奏折汇编》，卷十九，页六十一至六十二；赵弘恩在雍正八年九月十六日（1730年10月27日）收到这份廷寄，见《雍正朝汉文朱批奏折汇编》，卷十九，页九〇六至九〇八。

9　**赵弘恩追查王澍的相关线索**　见雍正九年一月二十八日（1731年3月6日）所上的长折，见《雍正朝汉文朱批奏折汇编》，卷十九，页九〇八至九一九。

10　**曾盛任的部分**　见前揭书，页九〇八至九〇九。

11　**僧人弥增的部分**　见前揭书，页九〇九。

12　**当地文人的部分**　见前揭书，页九〇九至九一一。

13　**大岭山区的部分**　见前揭书，页九一一。

14　**关于开王澍棺木**　见前揭书，页九一二。

15　**罗一奎的供词**　见前揭书，页九一五至九一七。根据赵弘恩的奏折，王澍死于雍正二年三月二十日（1724年4月13日），见前揭书，页九〇七。罗一奎在前揭书，页九一七也供了这一节。

第十二章　异　议

1730年9月22日，湖南的官员头一次看到那并未署名的传单贴在长沙的显眼处。传单上要长沙人群聚于数日之后，“共执曾静沉潭”。[1]巡抚赵弘恩和观风整俗使李徽联名上了一份奏折，奏明已明令禁止此等聚众滋扰的行径，并派人保护曾静的安全，还抄录了传单抄件呈给雍正御览。但是赵弘恩并未提到是否着手查访传单究系出自何人之手，也没有奏明是否有人已缉拿。奏折反而点出，皇上赦免曾静的美意似乎落空了：“窃思曾静来楚，本欲令其宣扬圣德，化导愚民，今据该司等公禀前来，诚恐草野愚民共生义愤，无益人心，反滋事端。”雍正也不多言：“览，另有旨谕。”

雍正的响应相当谨慎，是有其道理的。雍正将湖南人要沉曾静于潭的奏折透过大学士马尔赛寄还给湖南巡抚，同时还附了一封廷寄。马尔赛是满洲大臣，怡亲王允祥去世之后，许多机密事宜就改由马尔赛处理。雍正在廷寄里头要赵弘恩给曾静一千两白银。这笔钱着由湖南的库银支出，作为曾静“安立家产之资”。从这可看出雍正的用意：曾静查出王澍曾经给弥增和尚一张白银五十两的谕令，上头假湖南布政司之名，签名也是假的。（这五张字帖和曾静的原禀，都送入宫中供雍正御览。）如今，雍正下旨湖南布政司，拨给曾静一千两白银。王澍曾估计，他给弥增的那五十两应该可买十亩地，盖间小庙，永远为业，结果这根本是个空话。而雍正赐给曾静的却是白花花、沉甸甸的银子，从当时的标准来看，这的确是笔财富：这至少可买一百亩地，可给他母亲买块墓地，还可靠这笔钱过着宽裕的日子。空想与现实之间的差别立判。

赵弘恩在10月底把这天大的好消息告诉曾静，几天之后，曾静写了封谢恩的禀折呈给雍正，说是官府已经做了安排，从藩库拨出银两交给永兴县，“听从子民陆续取用”。但是巡抚和观风整俗使在私底下，对皇上如此厚赐曾静并不以为然。在一个很多人想淹死曾静的省份，曾静几乎无法“挟此重资归家，沿途倘滋图谋别故，有负圣恩”。赵弘恩其实是拿养廉内动银，密令粮道刁承租会同布政使、按察使，派人解交曾静家乡永兴县贮库去，再让曾静陆续支取。同时也密切注意曾静行动，并限制他到长沙去。显然他们对这逃过一死的谋逆并没有雍正那种热心。一如他们的奏折所书，曾静的信和上禀里头时有腴词谄媚，措词不当，他们有必要予以纠正：他们当然不希望曾静称观风整俗使为“君父”，自己则是“臣子”。这种用法犯了“天无二日，人无二主”的大忌。[2]

显然别人也跟他们一样感到不安。1730年夏秋，《大义觉迷录》的刻本已逐渐遍布全国，从北京到各大城邑，再到县城，最后广布各地学宫，为学子所读，雍正相信这在学宫里所收的效果会最大。在重新提讯王澍案的相关证人时，已经可以看到《大义觉迷录》的冲击了。替王澍写字的人供称，他是听到有人公开讨论《大义觉迷录》之后，才晓得王澍所说关于几个皇弟的事有多么荒谬；而为王澍准备棺木的钟湘也说，他是读了《大义觉迷录》之后才开了眼。

而其他人读了《大义觉迷录》则觉得受到冒犯，甚至是公然受辱，他们头一次看到书中内容之后，反应是惊讶而愤怒。其中最明显的就是陕川总督岳钟琪，整个案子当初就是从岳钟琪的总督府开始的，而他也无意在奏折里掩饰心中怒意。岳钟琪是在 1730 年 5 月 5 日收到两部《大义觉迷录》，虽然公务繁忙，也赶紧抽空读了书。[3]《大义觉迷录》的卷三有张熙口供 1728 年 10 月前往长安往见岳钟琪一节，张熙的说法是岳钟琪万万没想到的。不消说，张熙的说法和岳钟琪当年在密折里所奏的颇有出入，但张熙的说法如今遍布各地，学子人人得以讨论之。

照张熙的叙述，岳钟琪虽为名将之后，但处事无能，用心不诚。张熙在书中是这么说的：

> 是以于去岁戊申之秋，忽有犯师书命上陕西总督岳钟琪，重犯无知属在弟子，遂误听师命，贸然前往，及到投递后，岳公始而严审，重犯以受犯师曾静只去献议，不必告以姓名里居之命，且彼时无知之见，误信师说，尚固执为事关天经地义之所在，舍生可以取义，所以宁受三木之重刑，至晕绝不变。
>
> 岳钟琪知重犯死不肯供，不能改移，旋即放夹，许重犯为好汉子，且慰之谢之以宾客礼待之，于逆书所言事理，

无不盛称以为实，复告以其家亦有屈温山集，议论无不与逆书相合，既见重犯坚不告犯师姓名，乃呼天以示之信，及言当身所处之危险，甚至垂泪以示其诚，且具书具仪时，告以必欲聘请曾静以辅己，命侄整装，即欲与重犯同行。

更以长安县李知县扮作亲信之家人王大爷，时刻相陪伴，无一不极其机密而浑然无迹，以重犯当日之固执师说，虽死不肯摇夺者，卒使重犯实情毕露，然后具折奏闻。

让岳钟琪尤其动怒的是，张熙在供词中称岳钟琪家中藏有《屈温山集》。这本是岳钟琪用来让张熙吐露他和前明遗民如吕留良者，或与吴三桂等逆贼之间关系的权宜之计，如今张熙却倒果为因。屈温山是一著名文人，曾多次谋反。在1640年代，屈温山与残明势力立誓结盟，明亡之后，屈温山便落发为僧，隐于山林。后来，屈温山不安于退隐，又与一死于清兵之手的前明将领之女成婚。其妻死后，又投入吴三桂谋反。虽然屈温山谋反累累，但是著名文人因他的著作而予以支持保护，屈温山于1696年安然去世，被誉为“岭南三大家”之一。（译按：屈大均，1630—1696，初名绍隆，字介子，番禺人。曾削发为僧，名今种，字一灵。中年还俗，改名大均，字翁山，本书所引奏折中有称温山、翁山者，唯以前者为多。屈大均与陈恭尹、梁佩兰并称“岭南三大家”。[4]）

岳钟琪无法否认他曾和张熙提过屈温山，而他在之前的奏折中竟没提到两人的谈话有这一节。如今事实已公之于世，岳钟琪所能做的就是尽可能地解释清楚，自己实忠心耿耿。岳钟琪上奏雍正，说他已仔细读了《大义觉迷录》中张熙提及屈温山那段。他希望能说清其中原委。张熙当时说的话与口供不同，他说的是："闻得广东有屈温山者，诗文甚佳，亦未出仕，并云惜未见其文集。其时臣正在诱之矢言，随亦云其著作大意仿佛与吕留良及尔师曾静之意略同。其时屈温山之为人如何，并伊之诗篇文集，不唯臣从前并未寓目，抑且并未闻人说及其书之有无邪说。无由而知是时臣之所以信口称道者，盖欲探逆恶之实情，使之深信不疑，直言无隐也。"

雍正无意安抚岳钟琪，他对话说得太多的臣下往往冷淡以对："此一语非卿提起，朕实未留意，而廷臣亦有未言及者。"不过此处还有别的原因，岳钟琪负责对西疆准噶尔用兵，屡有败绩。我们或许可以说，这位平步青云、正当壮年（四十四岁）的岳将军在这份奏折之后圣眷渐离。这年夏天，杭奕禄前往岳钟琪的中军大帐宣旨，令他即行回京，面谒圣上。此后两年，大军挫败连连，部将之间摩擦日烈。岳钟琪终因作战失利，调度不当而遭解职。所有财产皆遭没入，岳钟琪被判死刑——不过雍正或许是念及岳钟琪昔日忠心，对曾静的阴谋不加隐瞒，据实上报，才法外开恩，免其一死。[5]

对于屈明洪来说，在《大义觉迷录》里读到与自己相关的部分，心中的震惊却是更大的。屈明洪是屈温山犹在世的儿子之中最年长者。屈温山虽然反清，但是屈明洪仍在新朝力争上游，在广东沿海惠来县的县学做教谕。屈明洪身为教谕，就有研究宣讲《大义觉迷录》的职责，他在研读此书时，赫然读到张熙和岳钟琪谈论先父屈温山，广东其他的官员自然也会注意到书上提到屈温山。屈明洪便检查父亲留下的诗文，才知道父亲的著作乱纪悖常，于是亲自投首。屈温山在 1696 年便去世，当时屈明洪年纪还小，而且屈明洪也从不知道先父所遗诗文中竟蕴含大逆不道的思想。巡抚起初不为这番说词所动，反而怀疑屈明洪特意将温山的著作藏匿家中，意图将之携往他地变卖。但是巡抚渐渐相信，屈明洪确实不知情，也绝无图谋不轨之心。只是，光凭屈明洪是温山之子，就足以惹祸上身。屈明洪丢了官，全家被流放到福建。另外两位“岭南三大学者”的后人也受到讯问，藏书被搜，但人则没受到惩罚。还有多少受到类似的株连，我们不得而知。《大义觉迷录》里头提到许多人，在此书刊印之时，显然无人担忧文中恣意牵连会造成什么结果。[6]

书中提及的人，而受此书影响的平民百姓，其复杂的程度也不下于受此书直接牵连的人。其中最为离奇的是，有人听说了曾静这个案子，或是在乡里学宫听了宣读《大义觉迷录》，开始对曾静产生认同。浙江总督李卫在 1730 年 7 月的奏折里提到杭州有个名叫陈诠的年轻人，他花钱捐了功名，但是镇日却跟一群流氓厮混，里头有个他在书肆认识的算命人，叫吕东阳，是个罗锅子，他给陈诠一个月三两银子，要陈诠帮他打点些事情。这陈诠常自夸他与张熙交好，张熙那时去买吕留良的书，顺道拜访曾静，于是认识了陈诠。陈诠后来加油添醋，自抬身价，说自己是吕留良门下严鸿逵的入室弟子，常与其师谈诗论艺。陈诠告诉他那帮狐群狗党，亏得他聪明过人，才没有被抓去。官府于是把他抓来讯问，结果陈诠不但不否认这些故事，还继续加油添醋，说他和曾静也有交情，当时曾静去了杭州，官府都还不晓得这回事。

虽然陈诠的话于实无据，但实在是骇人听闻，须以非常手段来处理：陈诠为人狂放，多年来四处游荡，故不准他继续散播谵语。总督去了他的功名，给他戴上木枷，交由父亲管束，终身不得离家半步。至于陈诠的动机为何，李卫上奏雍正，陈诠“好作不根之谈，造言生事，哄骗愚民，假做体面狂徒”。[7]

陈诠四处吹嘘，大加渲染，不得不让他封口，这件事并不难办。但是其他人的异议没那么张扬，或只是以惊世骇俗的态度来表达心中的怀疑。在这类案件里，即使出身书香门第，也不能幸免。其中以徐骏最为著名。徐骏的父执辈有三人在康熙年间中了进士，分占状元、榜眼、探花前三名，这不但在本朝前无古人，也是历朝历代所仅见的。徐骏和另外四位兄弟也考上进士，虽然不是名列前茅。徐骏是 1713 年第二甲第八名，随即入翰林院，几年之后因无心仕途而返家。江苏巡抚尹继善在 1730 年 7 月讯问了徐骏，照他的说法，徐骏成了“为人狂妄，情性乖张，常离家游荡于洞庭山等处，吟咏啸傲，轻世肆志”。在尹继善的心里，这等行径已足以构成搜查徐骏藏书，有否与吕留良书信往来，并将之拘捕的理由了。“臣出具不意，将伊平日所著诗文书记逐一搜查”，虽然并没有搜到与吕留良或其族人的通信，但却发现徐骏的诗中“语含讥刺悖谬荒唐之处甚多”，看了之后“不胜骇异，谨将原本并草写诗稿底黏签恭呈圣览”。雍正看到诗文之后，在奏折上只批了“严加拘禁候旨”，之后下旨将徐骏著作悉数烧毁，徐骏着即斩首。江苏还有别的名门世家也被搜查，下场与徐骏一样。（译按：“清风不识字，何事乱翻书”，即出于徐骏之手。[8]）

雍正对吕留良一门的憎恨或许也不无害怕的成分在里头。李卫在浙江总督任上已做了很久，他奉旨要继续搜捕所有在逃的吕氏族人。1730 年 8 月，李卫收到一道朱谕密旨，说有“吕氏孤儿”的传言，要他查查有什么线索。“将逆恶吕留良子孙察访根究，勿使隐匿漏报，并不令逆贼寸骨得留人间。”到了 9 月，李卫上奏雍正，已找到十八名男性吕氏族人，当初搜捕时并不晓得有这些人。有些是吕留良的曾孙。李卫也罗列了嫁入吕家的妻妾，牵连至少有二十四个家族。这还不包括那些因为某种理由幼时离家，或到别处谋生的族人。李卫上奏，他不知道“吕氏孤儿”指的是谁，但他碰上一个不寻常的情形，就是吕留良长子吕葆中的继妻。吕葆中在 1706 年进士及第，两年后突然故亡，继妻在 1708 年削发为尼。李卫的人是在南阳庙里找到她的，如今年已六十有八。因为她出了家，所以名字没有列在吕氏的族谱上头。[9]

听起来她不构成什么威胁，但是雍正对于有宗教神通的人愈来愈注意，且急于将之召到身边。1730 年夏秋，雍正得了重病，于是四处寻访有延年益寿之术的人，不论其学理宗教派别，“谕令访问精于医理之人，及通晓性宗道教者”。雍正要臣下善待这些术士，赐之以金帛，使无后顾之忧。至于这些人是不是真有本事，为臣的不必担心，雍正所言：“其人之学术精粗深浅，朕面询即知。”[10]

李卫听说有个贾士芳，“平素通知数学”，但李卫没见过他，不能确知其人。雍正便下旨将贾士芳送来，以卜筮之事来考较。但是贾士芳言语支离，启人疑窦，他自称去年曾蒙雍正召见，长于疗病之法，雍正才想起他是那居住白云观之人，于是令他调治圣躬。贾士芳“口诵经咒，并用以手按摩之术”。但雍正看他“心志奸回，语言妄诞，竟有天地听我主持，鬼神听我驱使等语……狂肆百出，公然以妖妄之技，欲施以朕前”。贾士芳肆其无君无父之心，雍正认为国法俱在，难以姑容，而且“蛊毒魇魅，律有明条，着拏交三法司，会同大学士定拟具奏”。但是雍正对于宫中或各部中精于医术者，往往不次拔擢：例如冀栋因“通知医理”，升为左都御史；另外，刘声芳则官至户部侍郎。（但他后来以“不用心调治，推诿轻忽，居心巧诈，深负朕恩”，被革去户部侍郎一职，仍在太医院效力赎罪行走。）

在举荐有道之士入宫一事上头，少有官员像岳钟琪这么戒慎恐惧。岳钟琪得到旨意，要他在长安去找一个有异能的道士。岳钟琪遵旨照办，但他也上奏雍正，这位所谓的大师不过是个失心疯的道士，无家可归的流民。但雍正罔若未闻，次年又要几位高官去寻访能力特异之士，像是目能远视、夜视，日行百里之人。

雍正醉心这些玄秘之术时，朝廷也继续想法子解决吕留良案。到了 1731 年 1 月，雍正终于收到刑部对吕留良一案的判决，离当初他要求定吕留良的罪已有十八个月的时间。不管这过程之中曾遭到朝中百官什么样的阻力，如今都已消解，刑部下了个严峻的判决——严峻的程度一如当初一百四十八名在京官员力主凌迟处死曾静那般。吕留良戮尸示众，家产悉数充公。吕留良的长子吕葆中亦遭戮尸示众。其余吕氏族人视其与主犯的亲疏关系，依大清律或问斩，或发配为奴。各地凡藏有吕留良著作、日志或手稿者，以一年为期，须将之交付有司予以焚毁。[11]

这似乎正是雍正一直催促刑部所做的判决，令人惊讶的是，雍正并不批可。《大义觉迷录》的编纂与刊行显然让雍正相信，把朝廷对此案的审慎过程散布给各地的数千名学者、甚至上百万热衷功名的学子是有其价值的。所以雍正不光是批了臣下严厉处置吕留良案的请求，他还加了一段令人不知如何以对的评注："朕思吕留良之罪，从前谕旨甚明，在天理国法，万无可宽。然天下至广，读书之人至多，或者千万人中尚有其人，谓吕留良之罪不至于极典者。朕慎重刑罚，诛奸锄叛，必合乎人心之大公，以昭与众弃之之义。"雍正继续说道，以吕留良一案而言，这意味着应重加考虑刑部毁去吕留良所有著作之请：若是尽数毁去的目的无法达到，则何必有此议？若是真能尽数销毁，则后世永远也不知道此案来龙去脉，必会认为雍正和臣下反应过度，或是怀疑吕留良的著述能阐发圣贤精蕴，而感叹不可复得之。

同理，在吕留良诋毁先皇一事上头，此行固然可憎，但是惩以何刑才算恰当，此前并无先例可循。雍正因此认为，不必下旨将吕留良尸首掘出示众，并令地方官员在一年的宽限期之后，将吕留良所有著作悉数销毁，而是令各省学政询问该省学宫的学子，吕留良及其族人应该如何惩处方是恰当，以及吕留良的著作无论付梓与否悉数毁去的成效如何。学政应"禀公据实，作速取具该生监等结状具奏。其有独抒己见者，令其自行具呈。该学政一并具奏，不可阻挠隐匿。俟具奏到日，再降谕旨"。[12]

官员当然有本事不让雍正知道。浙江有个三十三岁的文人，名叫齐周华。此人出身书香门第，中了生员。他在县学里谋了个差事，同时准备考乡试。他读了《大义觉迷录》中雍正对吕留良的批评和曾静的《归仁说》。齐周华虽然不认得什么吕家的人，但是他对吕留良的学说非常钦服，尤其是他对四书的集注。雍正既要天下学子各抒已见，就写了篇抗疏。（译按：即《救吕晚村先生悖逆凶悍一案疏》，根据王汎森的研究，这篇文字并不见于《清代文字狱档》，也没有被各种来往文书所引用，这是因为清代规定“悖逆”语不入奏折，且这份抗疏雍正并没有看到。今日之所以能见到原疏，完全是因为齐周华自己保留，刊附于《名山藏副本》中。）

文中强调应把吕留良对儒家典籍的研究与其他著作分别看待，并给予适切的评价。如果像曾静这等罪孽深重的人都可因其真心悔改而获得赦免，何不将此恩泽及于吕留良的后人？而吕留良的门人严鸿逵和沈在宽理应也得到宽宥。

齐周华写道，他并不怎么相信曾静真如他在《大义觉迷录》里头所供，对于满人入主中原一事那般无知——譬如曾静说他是到接受讯问之后，才晓得明朝是灭于流寇之手。齐周华认为，以曾静熟读经史，这种说词应该详加调查。他还写道，浙江人不似湖南人那般怀有贰心、藐视立身处世的根本原则，“未尝有向陕西总督投以叛逆之书也”。如果皇上恩准，他愿意为吕留良的年轻后人作保，尽除心中所有谋反的念头，使之成为忠心不贰的臣民。

这类文书如何呈给皇上，未有明文规定，所以齐周华先请天台训导王元训代题，但为其所拒，于是齐周华又把这抗疏带到杭州，但也被拒绝。齐周华把所佩的古剑在金陵典当，拿这钱当盘缠，徒步上了北京，想办法把抗疏交到刑部去。刑部官员对此事并不感兴趣。如今的刑部尚书是李卫，刚上任不久，他原是浙江总督，搜捕吕留良及其族人的逆书，就是他一手主导。任刑部侍郎的是王国栋，在侦办曾静一案的过程中，他先后担任浙江观风整吏使和湖南巡抚。刑部上下没一个人要接这抗疏，反而要他回浙江去，把抗疏呈给浙江学政，皇上的谕旨就是这么个意思，这样便可透过适当的管道上呈。齐周华也老实照办了，就回家再试一次。结果学政不但予以拒绝，还把齐周华抓了起来。终雍正一朝，齐周华都羁押在牢里，唯一让他告慰的，便是他不屈不惧的名声，在一些文人学子之间传诵着。我们无从得知还有多少人曾经往返奔波劳顿，好让不同的看法让皇上知道。（译按：齐周华在牢中关了五年，至乾隆即位获释，此后遍游五岳，至乾隆二十一年才返家。乾隆三十二年，浙江巡抚熊学鹏到天台盘查仓库，齐周华又将所著书献给熊学鹏。熊学鹏上奏乾隆，帝大怒，于乾隆三十二年十二月七日下谕旨："齐周华着即凌迟处死"，其子其孙俱着从宽，改为应斩监候，秋后处决，见包赉，《清吕晚村先生留良年谱》，页二〇四至二〇五。）[13]

齐周华四处碰壁的事，很可能雍正连听也没听过，不过他当然知道另一件闹得大的事，山西巡抚觉罗石麟在 1731 年 3 月 17 日将此事上奏雍正。这件事发生在 3 月 11 日，地点是在山西南部的解州县夏镇，此地南临黄河，群山环抱，离太原有九百里之远。这天一大早，秀才祭完孔子之后，门斗发现秀才们并没有如往常到讲堂去，而是聚在西角门外，兴奋不已。让他们如此兴奋的是贴在墙上的一张告示，这门斗并不识字，不知上头写些什么，于是赶紧回去禀知教官，这人姓高，名振，是处署教谕，于是两人一同回到西角门。

姓高的教官见到，其实是有两段文字，一段是韵文，另一段则否。其中一段可说是短论，直指皇上开恩赦免曾静，以及最近批驳吕留良二事："曾静可杀不杀，吕晚村无罪坐罪，真古今一大恨事也。为此感愤倾吐血性，倘好义君子与我同心，请将此诗传布宇内，俾当途闻之。"

这段文字所提到的诗，乃是一首四言绝句：

走狗狂惑不见烹，
祥麟反作釜中羹；
看彻世事浑如许，
头发冲冠剑欲鸣。

这两张告示牢牢贴在墙上，但是这门斗和教官好像对这类事情很有经验，晓得如何把告示完整取下。他们先将醋含在口中，把纸喷湿，然后再轻轻将告示揭下，只有"看"、"彻"二字因为粘贴太牢，取下的时候撕坏了。教官另外按原件写了两字予以缀补。这份揭帖连同此事的原委，即刻送往太原的巡抚觉罗石麟手上。

山西巡抚上奏雍正，这份揭帖出自何人之手，似乎无人知晓。不过他会加紧调查，并命手下协助当地官员，追查罪犯，尤其要查明这是出自一人之手，或是集数人之力所为。雍正说得很简明："若该省司教官悉心根究，自能查出。"[14]

雍正说得没错。详细查问夏县和邻近各县的读书人之后，到了4月初，已经找到写这诗文的人。这人不是别人，就是当初报案的教谕高振，他在取下揭帖时还细心补了两个字上去。就巡抚所知，高振是单独行动。虽然他要为此事丢了性命，但是从某个角度来看，他也达到了目的，他对曾静和吕留良案的看法与建议已经上达天听，不像齐周华的信给压了下来。写诗文张贴是高振对这一年来公开宣读讨论《大义觉迷录》的不满。[15]

不过，在1731年3月，有另外一件案子引起雍正的注意。这是有个二十三岁的上杭县范世杰，因为不能上进，还在考童生，他的叔父范上达在县里头做书办，就为他在当地衙门里头谋了个差事。他因此有机会读到有关曾静一案的各种资料，并发展了一套他自己的想法:这有一部分是对曾静的谩骂攻击，一部分则说三位皇兄（雍正排行第四）“有抚驭之才，让位于圣君”，一部分是他推断雍正何以即位的理由。在范世杰的心里，这些想法是为了奉承皇上的。范世杰或许听闻了雍正就上呈对吕留良一案之看法所下的谕旨，便用经传成语凑合成一篇，呈到观风整吏使衙门，观风整吏使显然同意范世杰所言，写了“忠爱之心可嘉”六字予以赞许。后来，范世杰将原先的词呈修饰一番，再呈给福建学政戴瀚，戴瀚以“途中公文呈词概不收受,以杜请托等弊”为由,要他另行投递。戴瀚仔细看过，便将范世杰逮捕讯问，但是并没有发现有何不轨，也没有牵连到什么人。一如负责审讯的官员在奏折中所言，范世杰似乎意在加官晋爵。官府令之不得再妄图引人注意，也不得离家游荡，每月两次公开宣讲《大义觉迷录》。[16]

雍正希望借由《大义觉迷录》的刊行出版，达到正天下视听的目的，而要天下学子各抒己见，也完全没有产生众说纷纭的现象。到了1731年9月底，雍正得到奏报，说是《大义觉迷录》的刊行已收匡正视听之效，而各学生监也并无异议。此案除了四名往广州的兵丁之外，所牵连的各个主谋都已缉捕到案，连王澍也已伏冥诛。但是去年所发生的许多案子，说明远如陕西、福建各省，杂音异见甚嚣尘上。虽然雍正苦口婆心，但是这些人并没学会去尊敬曾静，也不像雍正那么憎恶吕留良。为了说服心存怀疑的人，必须远及边疆并提高知识的层次，这不仅是曾静力所未殆，雍正也无法独力为之。要让文人心服，就得要靠文人来说服。[17]

注释

1 **共执曾静沉潭** 湖南巡抚赵弘恩在雍正八年八月十一日看到这份传单，并在雍正八年八月十九日（1730年9月3日）上奏；见《雍正朝汉文朱批奏折汇编》，卷十九，页二〇七至二〇八，亦见《清代文字狱档》，页四十四。

2 **雍正赏银一千两给曾静** 赵弘恩在雍正八年十月二十八日（1730年12月7日）的奏折中引述了大学士马尔赛发给他的廷寄，见《宫中档雍正朝奏折》，卷十七，页一二七（亦见于《雍正朝汉文朱批奏折汇编》，卷十九，页三六三）。赵弘恩提到这一千两银子会从最近才设的“养廉”中提拔。关于“养廉”的起源，见Madeleine Zelin, *The Magistrate' s Tael*, pp95-100。曾静的谢恩禀奏，日期只写“八年九月禀”，见《宫中档雍正朝奏折》，卷十七，页一二八至一二九。赵弘恩和李徽在雍正八年六月二十日（1730年8月3日）所上的奏折中，提到曾静引喻失义，见《雍正朝汉文朱批奏折汇编》，卷三〇，页四三三至四三四。至于曾静的行动受限，见赵弘恩和李徽联名所上的奏折，见《宫中档雍正朝奏折》，卷十八，页二八七，雍正九年五月二十七日（亦见于《雍正朝汉文朱批奏折汇编》，卷二〇，页六二三）。

3 **岳钟琪在雍正八年三月十九日（1730年5月12日）收到《大义觉迷录》** 于雍正八年三月二十六日上了一份的奏折论这件事，见《雍正朝汉文朱批奏折汇编》，卷十八，页二六六至二六八（亦见于《清代文字狱档》，页四〇b至四十二）。

4 **张熙对于受岳钟琪计诱一节的叙述** 见《大义觉迷录》卷三，页十七b至十八b。张熙说岳钟琪称他“好汉子”。屈温山的生平，见《清代名人传略》，页二〇一至二〇三，“屈大均”条。在最早提到屈温山的奏折里，屈温山的名字略有出入，署广东巡抚傅泰的奏折便作“屈翁山”，见《雍正朝汉文朱批奏折汇编》，卷十九，页二八一至二八三。

5 **岳钟琪的反应** 特别见于《雍正朝汉文朱批奏折汇编》，卷十八，页二六八。岳钟琪之后圣眷日微，见《清代名人传略》，页九五八，岳钟琪的生平，见《清史稿》，页一〇三七二。

6 **署广东巡抚傅泰上奏屈明洪一事** 见《雍正朝汉文朱批奏折汇编》，卷十九，页三一五至三一七，雍正八年十月十九日；《清代名人传略》，页二〇二。广东总督郝玉麟在雍正八年十一月二日又上了一份奏折，见《雍正朝汉文朱批奏折汇编》，卷十九，页三八二。

7 **陈诠一案** 见李卫在雍正八年六月六日（1730年7月2日）所上的奏折，《雍正朝汉文朱批奏折汇编》，卷十八，页八七四至八七五，亦见于《清代文字狱档》，页四十二至四十三。

8 **浙江巡抚尹继善在雍正八年六月三日（1730年7月17日，编按：此处英文原书日期有误，将六月三日作为六月十三日）上奏了徐骏一案** 徐骏在同年秋天问斩，见《清实录》，卷九十九，页二。徐骏一门在科举考试的辉煌成绩，见《清代名人传略》，页三一〇至三一二。

9 **“吕氏孤儿”之说** 李卫在雍正八年七月二十五日（1730年9月7日）上奏他所追查到的吕氏族人。雍正在朱批中殷切追问：“闻有吕氏孤儿之说，当密加查访根究。”李卫在这份奏折里提到他在去年进京陛见时，曾与雍正谈过这个问题，见《雍正朝汉文朱批奏折汇编》，卷十八，页一〇七一至一〇七二。

10 **雍正寻访通晓医理之人** Silas H.L. Wu, “History and Legend,” pp.1233-1238，对此问题有精到的叙述。《清实录》对于不次拔擢或降罪奇人异士也有许多记载，集中在1730年与1731年年初；例如，《清实录》，卷九十八，页十四 b 至十六 b；卷九十九，页二〇；卷一〇二，页十三。

11 **1731年1月吕留良案的判决** 见《清实录》，卷一〇一，页七（亦见于《清代文字狱档》，页四十五），雍正八年十二月十九日（1731年1月16日）。雍正对吕留良著作的处理：“至其所著书籍，臣工等奏请焚毁，复思吕留良不过盗袭古人之绪余，以肆其狂诞空浮之论。有识见者，固不待言，即当日被其愚惑者，今亦自然窥其底里而嗤笑之也。况其人品心术若此，其言更何可取？今若焚灭其迹，假使毁弃不尽，则事属空文。傥若毁弃尽绝，则将来未见其书者，转疑伊之著述实能阐发圣贤精蕴，而惜其不可复得也。即吕留良书籍中有大逆不道之语，伏思我圣祖仁皇帝圣德神功际天蟠地，如日月之照临宇宙，万古为昭。岂吕留良所能亏蔽于万一乎？”

12 **雍正要将廷臣所议遍行询问各学生监** 见《清实录》，卷一〇一，页八（亦见于《清代文字狱档》，页四十五）。到了雍正十年十二月十二日，整个询问学生监的程序才告结束。费思唐（1974），页三八八至三八九，注一一一说他曾看过一份湖北官员在1731年6月5日所上的奏折，呈报该省学生监的回应。

13 **齐周华的案子** 见王汎森，《从曾静案看18世纪前期的社会心态》，页十四至十六，亦见《清代名人传略》，页一二三至一二五。李卫与王国栋的部分见《清史》，页二六二〇至二六二一，表。

14 **山西太原匿名字帖一案** 巡抚觉罗石麟在雍正九年二月十日上奏，并抄录字帖内容，见《宫中档雍正朝奏折》，卷十七，页六一四至六一五（亦见于《雍正朝汉文朱批奏折汇编》，卷十九，页一〇〇三）。剑鸣典出汉朝，发冲冠则见于太史公司马迁笔下的荆轲刺秦王。雍正对此事的朱批见《宫中档雍正朝奏折》，卷十七，页六一五。

15 **匿名字帖一案的调查结果** 见山西提刑按察使宋筠在雍正九年二月二十五日（1731年4月1日）的奏折，见《雍正朝汉文朱批奏折汇编》，卷二〇，页二十七至二十八。

16 **范世杰一案** 福建总督刘世明、福建巡抚赵国麟、福建学政戴瀚就此事所上的奏折从雍正八年十一月到雍正九年六月十三日，收在《雍正朝汉文朱批奏折汇编》，卷二〇，页七一五至七二三。范世杰的呈文写于1730年9月，收入《文献丛编》，第七册，页三至五b，标题为“方世杰原件”。方世杰此案的梗概，见王汎森，《从曾静案看18世纪前期的社会心态》，页十二。

17 **广东上的奏折** 可看到追捕雍正二年间，有四个口称王府差人的行动仍在持续进行。例如署广东巡抚傅泰在雍正八年三月十七日所上的奏折（《宫中档雍正朝奏折》，卷十五，页九一〇至九一二），以及广东惠州副将缪弘在雍正八年四月二十八日所上的奏折（《宫中档雍正朝奏折》，卷十六，页三三五至三三六）。

第十三章 宣 论

打从雍正注意到曾静、吕留良相关案件以来，都还不曾正式求助于博学鸿儒之士——即每年两三百名的新科进士。1731 年晚春，雍正终于向这些十年寒窗、一朝成名的人中俊杰寻求支持。雍正双管齐下，命四十名左右儒士前往西疆宣谕化导，另命四人针对吕留良的著作逐行批驳。[1]

往赴陕西内地宣谕化导的谕旨是在 1731 年 4 月 26 日宣的，但是雍正在心中琢磨这件事已经有一段时日了，或许在岳钟琪去年 11 月奉旨回京陛见时便有此想。当时雍正称赞岳钟琪，尤其是“吐鲁番回目额敏和卓屯田种地，恭顺效力，甚属可嘉。朕闻之深为喜悦”。[2] 岳钟琪还详奏陈议，如何将最近平靖的陕西内地设县，雍正也照准，并无异议。岳钟琪可从这些新设的县分征集兵丁，长远来看，也可达到增拓西疆的目标。[3] 按往例，有战功的将领离京时，朝廷都会予以嘉许，但是岳钟琪在 1731 年 1 月中自京回西路军营时，朝廷并未宣慰。[4] 岳钟琪离京之后不久，雍正便要内阁拟旨，把刻正在西疆的杭奕禄召回京来商议军机。[5] 3 月底，雍正下了道谕旨，严词批驳岳钟琪处理准噶尔回疆游牧民族的条陈漫无章法，无益于解决问题。雍正责问说：卿向持稳守大营，步步为营策略，如今驼马为准噶尔所劫持，乃因愧愤而一改初衷，倡言长驱直入敌据腹地。以今之势，何以能保必胜？“岳钟琪陈奏军机十六条，朕详细批览，竟无一可采取之处，朕心深为忧烦。”[6]

这几个月来，雍正也殷殷垂询驻陕兵丁和补充员额的附近农村，以收其刚柔相济之效。北京地区发生地震，雍正马上派人前往西路各军营，告知将士财物损失虽不小，但是人员伤亡极少，“损伤之人不过千万中之一二”，同时因地震而致垣舍倒塌的话，各有赏银，以为修葺屋宇之用。[7] 1731 年初，雍正下旨，一千名驻藏的陕西兵丁“已经数年未曾更换，朕心深为轸念”，着予换回，让他们能够返家探亲。[8]

在这年 3 月所颁的另一道谕旨中，雍正提及陕甘军需补给的事宜，此地受岳钟琪所节制，也正是准备对准噶尔战事的关键地区。雍正指出这个地区的状况棘手，又因地方官员往往处事操切，或流于怠惰延缓。督抚等大员必须谨记在心，“严紧一分，则州县官必于百姓加紧一倍。如能宽容一分，则小民必得一分之惠”。现在所用的采买徭役若有不公，必须予以放弃：所开销物料、脚运之费一定要斟酌时价，不可以刻意核减。但是陕西的状况复杂，这道谕旨切莫让地方州县知晓，以防不肖州县借机迁延浮冒。[9]

雍正在 1731 年 4 月 26 日所下的谕旨并不长，里头提出了派员宣谕的想法：“朕欲于在京官员内，拣选老成明白者数十员，命往陕西内地州县，办理宣谕化导之事。”所派成员从三个来源遴选：一、由大学士会同该教习，于翰林院庶吉士中挑选；二、各部堂官在本部学习人员内拣选；三、国子监祭酒等在选拔贡生内拣选。至于详细人数，雍正并未明定，只大致点出他的期望。翰林院“拣选数员”，在六部学习人员“拣选一二十员”。所选出的人员交由内阁带领引见，这样雍正可以亲自过目。[10]

到了 1731 年 5 月 13 日，所有派往陕西内地的成员都已挑定，雍正宣布将由三人带领前往，并予以指点。一个就是杭奕禄，他曾奉旨向曾静问话，最近被召到北京，并兼任刑部侍郎。第二个是四十九岁的史贻直，他是在 1700 年中的进士，仕途顺遂，现任左都御史和两江总督。史贻直出身书香门第，学问淹博，与年羹尧是同榜，也是年羹尧的主审，年羹尧的失势算起来他也有落井下石之功。所以他深谙宫廷政治的错综复杂，也晓得在西疆做事的分寸，而且他在两江总督任上展现了他精于行军布阵和粮草运输。第三人是署内务府总管郑禅宝，管的是宫中钱财度支，这与另外两人不同。他原本还管华北的盐务，不仅对制盐、销盐的技术问题了如指掌，也长于收税，控制铜银之间的兑换比率。[11]

在四十多名成员中，我们仅知其中孙人龙和色通额两人的姓名与科考成绩。两人的背景迥异，说明了雍正希望纳入不同属性的人。两人虽然都是 1730 年的进士，但是孙人龙生在浙江，在科考中名列前茅（浙江的贡生获允参加 1730 年的科考，此人在第二甲中列第五名）；色通额则是出身满洲正黄旗，他差一点就名落孙山了——在第三甲录取的两百六十九人之中，他名列第两百九十六。两人都入翰林院为庶吉士。孙人龙当然是因为学问好，但是色通额多半是因为很少有满人能熟读中国传统的四书五经，当然也就受到特别的待遇了。[12]

雍正挑选了负责带领的人，下了一道很长的谕旨，提出更多理由来解释他何以有此决定。有些因素是历史使然——他扼要概述准噶尔的问题由来已久，从四百五十年以前的元朝便有之，雍正并解释中原与准噶尔之间的关系时好时坏，对于蒙古部族和中原对西藏的影响至巨。雍正也详述这个问题一日不解决，则蒙古一日不安，边境一日不宁，内地之民一日不得休息。雍正话锋一转，他不肯因“戎事紧急，稍涉权宜，使闾阎骚扰于万一哉”，但让他最感困扰的是，“近风闻陕西之民，竟有怨朕而私相谤议者”。

在雍正的谕旨中，这些谤议的来源显而易见，“总因数十年来，陕西居住之允禵、塞思黑、年羹尧、延信等，皆怀狭异志，包藏祸心，其胁从之党，实繁有徒”。包括底下门人、亲信、道士、道姑。也难怪此地“其他匪类之造作妖言，暗中煽动者，又不知几希矣”。因此，此行前去陕甘两省，“开导训谕，觉悟愚蒙，倘合省民人等果能笃尊君亲上之义，消亢戾怨怼知情，将见和气致祥，必邀上天默佑”。雍正在这道谕旨中虽然没有提到曾静或吕留良，但是字里行间处处可见这两宗谋逆的踪影。而在雍正对史贻直三人的指示中，更是强调须将《大义觉迷录》的内容广为传播，并下旨此行所有成员必须人手一部。[13]

6月8日，一切已安排就绪，雍正召见史贻直等三人面谕，[14]表示他已决定要让张熙随行前往。张熙其时虽然已获赦免，但是仍留北京，还没返回湖南。（他是否仍受羁押并不清楚。）雍正已下旨，要张熙准备动身，视情形尽力协助。这趟西行也会经过长安，两年半前，他就是在那儿将逆书投递给岳钟琪；奉差赴陕的三名大员沿途考察张熙悔改的程度。史贻直暗中安排了一个亲信与张熙沿途伴走，“凡一言一动皆据实禀知”。[15]

1731 年 6 月底，这队负有特殊任务的人马离开北京。由于他们负责宣谕的范围广大，便将陕甘两省分为三路，每一路各有五府，以拈阄决定何人负责何路。这块地方由于人烟罕见，或为高山，或为荒漠，城镇之间相距甚远，往来旅行极为困难。三路人马几乎花了一个月的工夫，才到达第一站。[16]郑禅宝在奏折中，向雍正禀明他所拈得的路线：横跨陕西、甘肃，直至西宁，共五府五十四州县。每一府的面积都有数千平方里。有时要花上好几十天，才能到达另一府。每一府都需停留一个月左右，才能完成宣谕的任务。[17]

既然皇上的意思是宣谕要下达至州县的层次，甚至要及于往来管道的聚落，于是便把庶吉士等员分路派往各州县，逐村宣讲，责其忠于君上，认真办理军需，并讲授中土与准噶尔关系的简史，讲解《大义觉迷录》。这么一来，聆听圣谕的人就不计其数了。

这些庶吉士所行经之地，有些极为孤绝多山，潜藏盗贼，令他们心生畏惧。不过，他们所到之处仍然恭设龙亭，传集当地士民，宣读讲解《大义觉迷录》。每隔一阵，史贻直等三人就会在事先约定的地方会面——一次是在长安，一次是在陕西西南的凤翔——交换各自最近收到的旨意，协调彼此的行动。由于路途遥远险恶，北京来的信使通常要花至少二十天才能把消息传到，而且时间往往远不止于此。

署内务府总管郑禅宝在10月底到了甘肃首府兰州，将途中见闻上奏雍正。郑禅宝于9月6日自清水县入甘肃省境，在这十多天的路程中，“沿途城市村庄，绅衿士民焚香叩谢迎接”，运豆车辆骡驴络绎绵延，接运兰州军需。(礼部已在之前告知郑禅宝要来的消息。) 但是这些沿途叩谢迎接的场面远不及10月22日在兰州宣讲《大义觉迷录》的盛况。郑禅宝估计，“阖城文武士庶民不下万余人跪迎叩谢，环绕拱听，香烟烛天，欢声遍地，抒忱感化，万口同声”。[18]

一个月之后，郑禅宝到了酒泉县，此地离兰州一千两百余里，长城止与此地，已是大清国境之极西。但是聚集听讲的人仍众，必须分批进行。第一批约有一万人，11月23日在小教场举行；两日之后是在大教场举行，估计有两万人前来聆听。这两次宣讲又有署理陕西总督查郎阿和两名副都御史前来共襄盛举。宣讲于龙亭之中进行，香烟袅袅，飘散在11月底柔和的空气中。查郎阿在奏折中写道：“宣讲之时风和日暖，虽居冬月，不啻阳春”。两名翰林院庶吉士孙人龙、色通额又讲到准噶尔的狂悖，允禩、阿其那、塞思黑、年羹尧、延信等人包藏祸心，在场兵民“无不发愤激烈，怒形颜面”。[19] 宣讲既毕，孙人龙、色通额两人又继续西行，查察军需运送，并宣讲已是滚瓜烂熟的内容。在这些边远之地，来听宣讲的人不只有汉族屯垦兵民，也有从哈密等丝路沿途绿洲而来的各族人士。1732年1月14日，郑禅宝所率人员齐聚兰州，开始准备回北京的诸般事宜。[20]

已有事情在长安等着郑禅宝等三人了：杭奕禄仍留在西路，监督粮草军需之运送；史贻直擢升为兵部尚书，暂留长安，协办陕西巡抚事务；内务府郑禅宝办理事务已告结束，率庶吉士等员返回北京。[21] 张熙此行一直都随同史贻直，但是如今怎么处置张熙，皇上并没有旨意。史贻直禀奏雍正，这个昔日谋逆该如何处置？要把他送回北京？还是留在陕西，跟史贻直一起留在长安？或是把他送回湖南？

雍正在1731年6月，曾要史贻直沿途监视张熙的所作所为，考察他是否真心悔改。史贻直认为，张熙已通过考验。史贻直曾跟张熙问到他在1728年的长安之行，是否还有未供出的往来谋逆，张熙诚心回说："我从前虽到过陕西，住居不过十余日，投递逆书之后即羁禁在监，并无一人认识，若有平日认识之匪类，今日受皇上如此天恩，我虽狗彘不如之人，然具有良心还敢不挞出首么？"张熙还说，他现在自认与曾静已毫无瓜葛了："从前因曾静误听流言，我又误听曾静之言，遂致犯此弥天大罪，此外实未另有奸党。但曾静陷我于不义，使我身犯赤族之条，我如今每念皇上再造鸿恩，又想起家有老亲，实恨曾静误我。与曾静师弟之义已绝。"史贻直奏称，张熙不堪旅途劳顿，身体甚薄弱，常常生病，即使吃了药，也是时痰时痊，不久旧病又会复发。

这份有张熙回话和他健康不佳的奏折在1732年3月底送到雍正手中，雍正的批示简短而清楚："张熙着他回原籍去，不可远离伊乡土，若有用他处，谕旨一到便来着他在家候旨可，咨明该抚知之，着赵弘恩送交伊家去，钦此。"[22]

三年前，张熙受到岳钟琪的刑讯，然后从长安送回湖南，今日，张熙在数人护卫下，循着他当年的路线，于1732年5月初抵达长沙。如今岳钟琪圣眷不再，连生命也危在旦夕，而张熙受到礼遇，真是此一时彼一时也。张熙人一到长沙，巡抚赵弘恩便上奏雍正，并派了一名师爷随张熙回安仁县。这师爷还有一名护卫相随，而且带足了银两，支付他和张熙沿途开销而有余。张熙在 6 月底回到安仁，知县明白饬令，严密看管，听候谕旨传召。除了不得自由旅行的限制之外，张熙又能过着正常的日子，休养身体了。[23]

派员赴西路宣讲圣谕及《大义觉迷录》的谕旨是在 1731 年 4 月 26 日宣的。不过五日之后，雍正又下了一道谕旨，由四名学者着手就吕留良的作品逐一批驳。雍正在谕旨里说，这想法是翰林院编修顾成天所提出的。顾成天是不是因为听了皇上要派员赴陕甘宣谕化导才有此想，我们并不得而知。但是从顾成天提出此议的奏折来看，他诉诸对新朝的道德义务，也强调了他的看法——吕留良的学问平庸，而顾成天也知道雍正亦做如是想。顾成天认为负责这项工作的学者应该把焦点集中在流传最广的吕留良《四书讲义》两种版本，这是吕留良的友人在他去世（1683）之后编纂的。任何想深究儒家学说的人，朱熹对四书的批注乃是打底的功夫。吕留良的著作组织精细，条列论理，因而无数年轻学子从吕留良的著作入手。曾静当初受吕留良所吸引，也就是因为这些评述以及晚村选辑的进士佳文，不过顾成天并没有提到这一点。在大部分学子眼中，吕留良代表的是科考的主流，因此对于那些无意间读到吕留良著作的人来说，在晚村著作中发现了暗藏着反清思想，实在令他们坐立难安。

派往西路宣讲的成员之中有旗人，也有出身浙江的学子，但是雍正所指派批驳吕留良《四书讲义》的四位学者，却都是出身文风鼎盛的江南。最好的学校书院就坐落在长江畔的南京到大运河边上的苏州一带。其中有两位似乎是比较传统，分别在 1724 年与 1730 年以优异的成绩考取进士，任翰林院编修。但是另外两位的学问背景就很不寻常，这说明了雍正把处理异端邪说有方的学者纳入其中的苦心。

第三位学者是顾成天，他在去年受到雍正的青睐，但过程煞是峰回路转。朝廷怀疑一位皇家贵胄有谋逆之嫌，于是一名官员搜查了藏书，结果发现一首顾成天所写的诗，里头似乎多有怀旧之情，而对现状不满，这在吕留良或是查嗣庭等浙江文人之中很常见。但是官员细查顾成天的其他著作时，发现六首称颂先皇康熙的诗，写于康熙驾崩的消息公诸天下之后。这几首诗对康熙歌功颂德，将之与传说中的三皇五帝相比。雍正读了之后，说这证明了一位年轻学者的忠诚，令他感动涕零，于是在 1730 年春天，命江苏巡抚把顾成天送到北京来，让他入朝觐见。顾成天的学问让雍正印象甚佳，此时进士的科考已经考完，但是雍正加恩特准他参加殿试。最后，顾成天在第二甲名列第十一名，这个成绩让顾成天立刻进了翰林院。顾成天是以翰林院编修的身份，提出了他的奏请。[24]

第四位学者是方苞，他的经历也极其离奇。他生在 1668 年，年纪比其他三人都大许多。方苞在 1706 年就已通过所有考试，就等着参加殿试，此时传来母亲去世的消息。方苞依礼返乡奔丧，不去应试。方苞在几年的工夫里，便以思想学问著称于世，但因替戴名世《南山集》作序而被卷入一宗扑朔迷离的文字狱案，被判处死刑，经缓刑后流放满洲北部。方苞服刑之后，在北京南书房任事，并兼武英殿总裁，因此他很可能也参与了《大义觉迷录》的编纂。李卫在着手调查吕留良案之初，方苞的名字也曾一度出现在李卫的奏折中，因为车姓兄弟最早是在方苞家中认识孙用克的。方苞对于文字狱案的政治风险有亲身的经历，身列四人之中，亦能有所帮助。另外有两位方面大员奉旨办理此事，一个是内阁大学士兼太傅朱轼，一个是礼部尚书吴襄。

这几人立刻积极从事这项工作，在1732年1月便完成了初稿，此时史贻直等人还远在陕甘宣谕，一时之间还不会回北京。他们的工作相当尴尬，因为吕留良大部分已刊刻的作品都严守儒家正统，即使吕留良有些偏激极端的看法，在他死后替他编纂作品的人也把这些段落删除了。方苞四人只发现一些颇堪玩味之处，譬如孔子论管仲事二主一段，虽然吕留良（或者编纂者）并未直接引述子曰“微管仲，吾其被发左衽矣”，但是吕留良对《论语》这段话的看法是一清二楚的，对社稷的道德责任凌驾于君臣之义。批驳吕留良《四书讲义》的这几位学者，只能断章节取吕留良的分析，然后博引历代各朝的忠君事迹。有个根本问题他们没去提：把同个种族的人凝聚在一起的深层义务，可能超越历朝所推崇的这种服从模式。[25]

这几位学者面对吕留良长篇评述孟子的段落也同感棘手。吕留良认为中原不必定于一尊，并认为应恢复旧时的封建与井田制度。雍正遴选的这批学者深知曾静和当时一些学者向往这种古制，但是雍正对此却不表赞同。方苞等人用的方式还是先概述吕留良的说法，引几处他的著作，再以大量的历史材料，反复重申他们的评价：这种古制以不复适用，若是强加于今日，则是食古不化，且有危害邦国之虞。这几位学者费尽心思，写了《驳吕留良四书讲义》，全书分为八段，共有三百五十四页。吊诡的是，这本书不但未能收禁绝吕留良学说之效，反而吸引了更多想一探究竟的读者进入吕留良的思想世界。

雍正在1732年1月收到此书初稿，对于这四位他亲手挑选的学者赞誉有加。雍正写道，他们的作品显示了吕留良是“口谈圣贤之言，言行不符之小人”。但同时，雍正认为此书也凸显了他不要尽毁吕留良作品的想法：“若因其人可诛而谓其书宜毁，无论毁之未必能尽，即毁之而绝无留遗天下，后事更和所据以辩其道学之真伪乎？”

雍正注意到最先奏请驳斥吕留良的顾成天曾说，他发现“吕留良所刊四书讲义语录等书粗浮浅鄙，毫无发明，宜饬学臣，晓谕多士，勿惑于邪说”。现在，朝中众臣奏请皇上圣鉴，逐条摘驳，通颁学宫。雍正同意这项奏请：“朕以逆贼所犯者，朝廷之大法也；诸臣所驳者，章句之末学也，朕为秉至公以执法，而于著书之为醇为疵与驳书者或是或非，悉听天下之公论，后世之公评，朕皆置之不问也。”[26]

《驳吕留良四书讲义》的刊行不像当初印《大义觉迷录》那般急。它的木版刻得比较细，勘校比较仔细，论理也求其正确而能服人。尤其引经据典之处务求把错误降到最低，因为这是写给“后世之读书者”，而且吕留良的作品流传已广，所以任何有兴趣的读者都可检查此书引述吕留良之处的上下文。八册的《驳吕留良四书讲义》是由宫中的修书处所刊印——官员若是重制木版，再印个几百册的话，并不须负担费用。这个设计可避免像刊刻《大义觉迷录》时所发生的种种错误，当时由于赶工刻版印行，所以重刻本与原刻本之间的出入颇大。《驳吕留良四书讲义》仅发配学宫，并没有送给每个学子一套。这两套书之间有一大共通之处，就是最先都由兵部的驿送网络把书送到各省大员手上，然后再把书送到辖下各地。[27]

根据记载，最早收到《驳吕留良四书讲义》的是孔子故居山东曲阜的兖州总兵李建功，他上奏是在 1733 年 9 月收到一套书，这是山东省第三号人物布政使郑禅宝带给他的。这郑禅宝就是雍正钦命前往西路宣讲圣谕的三位大臣之一，他在去年回京之后，便来山东担任布政使一职。李建功收到书之后，思及吕留良在山东的影响仍很大，“海内士子信其说者，实非一日，实非一人”。皇上是不是有可能恩准山东总督与巡抚自行刊刻，以使山东每个学子士人都能有一套？这个奏请显然让雍正不安，他要李建功莫让此事再掀起论辩，他既已收到书，便也就够了。凡做这等奏请者，无疑都得到类似的答案。[28]

要不是曾静的悖逆言论，根本不用让西路宣讲和撰书驳斥这些人如此殚精竭虑。而曾静自己在这两件事上头根本没有什么角色，从去年有人威胁要取他性命之后，他就有点像是软禁在家一样。湖南观风整俗使李徽给他的差事也仅限于长沙一带而已，他主要的任务是每两月一次，为当地士人宣讲讨论圣谕与《大义觉迷录》。

这些限制让曾静很是烦闷。他很想找个机会把雍正在 1730 年秋天赏赐给他的一千两白银拿来花用。1731 年秋天，曾静开始向李徽等人陈情，准他归家一年，“葬亲置产”。他们最先不理会他，后来巡抚赵弘恩同情曾静，便在 1731 年 7 月 1 日上奏雍正。曾静在 8 月 22 日有了旨意：“他一年假期满，仍着来汝处使用。”这事只有几天的时间可安排，9 月 22 日，曾静回到永兴家中。[29]

曾静现在当然有钱买地，把母亲葬了。他也有钱照顾儿子，其中一个已经成年，当年曾静遣他去说动张熙去长安一趟，另一子还未成年，之前和曾静的母亲一同关在北京。曾静把这些事打点了，钱还够买块地，过着体面的生活。

曾静买了些什么、何时买，并无记载留存。但是今天到了永兴县北与安仁县相接之地，仍可见到清代有钱人家宽敞通风的屋宇，边上紧挨着狭窄幽暗的房舍。石头的屋檐微翘，衬着蓝空，即使隔着小山谷也仍可见到气派的木门和敷了灰泥的墙。在这些富人家门前，是村里宽阔的打谷场。羊肠小道由此向田野丘陵延伸，蜿蜒于水田之间。这些小径是年代久远的地界标示，沿途铺有石板，这样便能走到井边，或去看看田里而不把脚弄湿。王澍和曾盛任当年从耒阳而来，翻山越岭，辞了弥增和尚，留下形同废纸的银票，也必定看过这番景致；陈帝锡和陈象侯当年出门散步的时候，也必定置身如此田野之中。[30]

曾静这时候是不是站在这么一个人家的门口，身上带着皇上赏的钱，抬头是雕梁画栋，眼前的晒谷场一片平坦？阳光照得亮晃晃的，曾静推开精雕细琢的格子门，走入阴凉的祠堂，再往里头，屋子就显得阴暗，棺木便放置在此，等着下一个入祠堂的人？

曾静有一年的时间留在永兴。在 1732 年夏天与初秋，张熙也在安仁的家中，过了县界就是曾静住的地方。[31] 他们上一次以自由身见面是在 1728 年，那时曾静把《知新录》和《知己录》的手稿交给张熙。但是我们并不知道这两人有没有胆量离开家，循着熟悉的小径，穿过林木荫郁的山陵和结实累累的稻田，去探望旧日老友。

我们倒是能确定一件事：曾静的一年假期在9月届满，他离开永兴，回到了长沙。观风整俗使李徽正在等着他，他可不能误了时间。[32]

注释

1 **派官员教习前往西疆办理宣谕化导之事** 见《清实录》，卷一〇四，页十四b至十五，雍正八年三月二十日。

2 **雍正称许岳钟琪** 见前揭书，卷九十九，页三b至四，雍正八年十月五日。

3 **岳钟琪奏请条奏设立边方郡县事宜** 见前揭书，卷一百，页十三b至十四b，雍正八年十一月十七日。

4 **岳钟琪离京** 见前揭书，卷一〇一，页三，雍正八年十二月八日。

5 **杭奕禄回京** 见前揭书，卷一〇三，页四b，雍正九年二月七日。

6 **雍正批驳岳钟琪军机事宜十六条** 见前揭书，卷一〇三，页十六b至十八。Bartlett, *Monarchs and Ministers*, pp.56-63（本书所引见此书第六十页），仔细分析了1728年至1730年之间雍正与岳钟琪君臣就西疆用兵往返之奏折、朱批、谕旨，包括雍正写给岳钟琪洋洋洒洒、文情并茂的信。但是君臣相惜之情并不长久。此书的要旨之一在于呈现对西用兵复杂而须隐密行事的后勤补给与军机处的成形发展之间的交互关联。

7 **京师于雍正八年八月十九日己时地震** 见《清实录》，卷九十七，页十二，雍正八年八月二十日。

8 **将陕西兵丁自西藏换回** 见前揭书，卷一〇三，页八，雍正九年二月十二日。

9 **陕甘军需补给之事宜** 见前揭书，卷一〇三，页十八至十九，雍正九年二月二十二日。

10 **关于派员宣谕一事** 见前揭书，卷一〇四，页十四b至十五，雍正九年三月二十日。

11 **史贻直** 见《清代名人录》，页六五〇至六五一。郑禅宝见《清史》，页一四九七与页一五一〇。

12 **前往陕西内地的庶吉士** 只知道孙人龙和色通额的姓名，两人都是列在1730年的进士榜单上头，但是在《清代名人录》里头都不见两人的生平。

13 **雍正的谕旨** 见《清实录》，卷一〇五，页五b至十三；雍正提及噶尔丹与准噶尔，见前揭书，页七至八；论及陕西税收问题，见前揭书，页十一b；提及皇八弟与皇十四弟、年羹尧及其党徒，见前揭书，页十二。

14 **关于雍正召见史贻直等三人** 主要数据源是郑禅宝在雍正十年三月十九日所上之奏折，收在《雍正朝汉文朱批奏折汇编》，卷二十二，页三十七（另见于《宫中档雍正朝奏折》，卷十九，页五六〇），奏折中写到三人面奉圣训的日期是雍正九年五月初四（1731年6月8日）。在《雍正朝汉文朱批奏折汇编》，卷二十，页八八九（另见于《宫中档雍正朝奏折》，卷十八，页五三五），郑禅宝在雍正九年七月十一日的奏折里特别提到讲解《大义觉迷录》的情形，“绅衿士庶白叟黄童，无不加额欢呼，感恩叩首，甚有感激涕零者，民情爱戴实出至诚”。

15 **史贻直在雍正十年二月三日的奏折** 提及这次面圣的情形以及雍正决定派张熙同去，见《雍正朝汉文朱批奏折汇编》，卷二十一，页七九六至七九七（另见于《宫中档雍正朝奏折》，卷十九，页三九五至三九六）。史贻直在奏折里也提到他“密遣诚谨家人”沿途监视张熙。

16 **宣谕化导事务分作三路** 见郑禅宝在雍正九年七月十一日（1731年8月13日）的奏折，《雍正朝汉文朱批奏折汇编》，卷二〇，页八八八至八八九。

17 **郑禅宝在雍正九年九月二十四日的奏折提及本年六月十二日（1731年7月5日）到延安府宣讲之事** 并讲解《大义觉迷录》，“环绕拱听者不下数千人”，见《雍正朝汉文朱批奏折汇编》，卷二十一，页二四一至二四二。

18 **郑禅宝的甘肃奏折** 日期为雍正九年九月二十四日，里头提到他们在雍正九年六月十二日（1731年6月15日）抵达延安府，郑禅宝亲捧讲解《大义觉迷录》，“环绕拱听者不下数千人”，见《雍正朝汉文朱批奏折汇编》，卷二十一，页二三七至二三九（另见于《宫中档雍正朝奏折》，卷十八，页八四七至八四八）。

19 **酒泉奏折** 日期为雍正九年十一月五日（1731年12月3日），为署陕西总督查郎阿、副都御史二格、副都御史孔毓璞所奏，见《宫中档雍正朝奏折》，卷十九，页一一一至一一二。在清朝，酒泉亦称为肃州。查郎阿的这份奏折是唯一提到所率翰林院庶吉士的档。

20 **郑禅宝回兰州的奏折** 日期为雍正十年一月十八日（1732年2月13日）。郑禅宝在奏折中也提到酒泉的会面、宣讲《大义觉迷录》、查郎阿和远赴西路宣讲圣谕之事。

21 **雍正给郑禅宝等人的旨意** 郑禅宝在雍正十年三月十九日的奏折中问雍正是否回京，雍正批了“回京来”三字，见《雍正朝汉文朱批奏折汇编》，卷二十二，页三十七。

22 **关于张熙的部分** 见于史贻直在雍正十年二月三日（1732年3月10日）的奏折，《宫中档雍正朝奏折》，卷十九，页三九五至三九六。雍正批了这份奏折，抄送湖南巡抚赵弘恩。赵弘恩又在奏折里引了雍正的话，见《宫中档雍正朝奏折》，卷十九，页八四一。

23 **赵弘恩禀奏** 张熙在1732年5月7日抵达长沙，并概略叙述张熙回安仁的情形。见《宫中档雍正朝奏折》，卷十九，页八四一，日期是雍正十年闰五月初七（1732年6月28日）。

24 **批驳吕留良的著作** 《驳吕留良四书讲义》，上册，页一，由大学士朱轼所上的奏折。里头说顾成天是在雍正九年三月二十五日（1731年5月1日）奏请雍正派员查阅吕留良书中讹误之处，一一根究原委。顾成天是1730年第二甲第十一名，立即入翰林院，亦见《清史》，页一三一五。关于顾成天的奇遇，见费思唐，《吕留良与曾静案》，页二四八与页三八八，注一一〇。

25　**钦点批《驳吕留良四书讲义》的四位学者**　除了顾成天之外，还有吴龙应，1724年中进士，第二甲第十一名，入翰林院；曹一士（系名诗人，生有四女，亦善诗，见《清代名人传略》，页五四五），1730年中进士，第二甲第八十五名，后入翰林院；加上名满天下的方苞，见《清代名人传略》，页二三五。名义上的总编纂是内阁大学士朱轼（见《清代名人传略》，页一八八至一八九），他也是雍正皇四子弘历的师傅，关于两人之间的密切关系，见Kahn, *Monarchy*, pp.159-163。吕留良写有一首绝妙的讽刺诗，名为〈祈死诗〉，讨论见费思唐《吕留良与曾静案》，页二〇六至二一一。费思唐认为虽然这四位学者的学问虽然都很好，但是《驳吕留良四书讲义》却没什么特出之论，见前揭书，页二五三至二五五。De Bary & Lufrano, *Sources*, pp.19-25，讨论到吕留良对四书的批注，包括他对"井田"与中央集权的看法。

26　**决定刊行《驳吕留良四书讲义》**　雍正在九年十二月十六日（1732年1月13日）宣布此事，见该书第一册，页一的谕旨。

27　**《大义觉迷录》的版本互异**　这是福建省调查范时绎对雍正皇三兄的描述有悖事实之后的结论，见王汎森，《从曾静案看18世纪前期的社会心态》，页十二。

28　**李建功**　最早收到《驳吕留良四书讲义》的山东兖州总兵，他在雍正十一年八月六日（1733年9月13日）上了奏折，见《雍正朝汉文朱批奏折汇编》，卷二十四，页八九七至八九八。

29　**湖南巡抚赵弘恩和观风整俗使李徽在雍正九年五月二十七日联名上折**　雍正的朱批在同年七月二十日（1731年8月22日）送到湖南，见《宫中档雍正朝奏折》，卷十八，页二八七（另见于《清代文字狱档》，页五〇b至五十一）。

30　**永兴**　笔者在1999年秋天曾去了永兴，仍可见到清代的房屋（有些将建筑日期刻在大门附近的石条上）。根据《永兴县志》（1883），卷五十三，页三，永兴在1732年这一年尤其繁荣。

31　**湖南巡抚赵弘恩在雍正十年闰五月初七的奏折**　提及张熙已于1732年夏初返回安仁家中，见《宫中档雍正朝奏折》，卷十九，页八四一。（安仁与永兴是稻米一年两获的地区，所以第二次稻谷会在九月底熟成。）

32　**赵弘恩和李徽联名上折**　在雍正十年九月七日（1732年10月25日），"今曾静于八月二十二日期满到长沙，仍留臣李徽衙门使用"。见《雍正朝汉文朱批奏折汇编》，卷二十三，页二五八（另见于《清代文字狱档》，页五〇b至五十一）。1732年恰巧闰五月，所以雍正赏他的一年假，实则有十三个月。

第十四章　枝　节

1733年1月27日，雍正终于对吕留良一案作出处置，此时曾静回到长沙已历三个月了。雍正回头重提两年前君臣之间的论辩，他提醒臣工，他们曾要雍正对此案依大逆之罪论处，吕留良的著述诗文不论刊刻与否，尽数销毁。于是雍正降旨，要各省学臣遍行询问各学生监，“其有独抒己见者，令自行具呈学臣为之转奏，不得阻挠隐匿”。如今，已过两年，文人学子（到生监为止）都已读过《大义觉迷录》中对吕留良的批驳，也细读了吕留良的作品，可说都有各抒己见的机会。根据雍正的说法，其结果是“并无一人有异词”，都说吕留良父子之罪罄竹难书，律以大逆不道，实为至当。

雍正说道：“普天率土之公论如此，国法岂容宽贷？”于是吕留良和他去世已久的长子吕葆中俱着戮尸枭示。吕留良仍在人世的九子吕懿中（此时已近七十岁）着改斩立决，其罪名是帮助安排张熙前往浙江，并将吕留良一些忤逆作品给了张熙。吕留良的四子吕黄中否认一切涉案，与张熙也只是一面之缘，此时他已死在狱中，并未判有刑罚。依律吕留良其子孙兄弟及伯叔父兄弟之子，男十六以上皆斩立决，但“朕以人数众多，心有不忍，着从宽免死，发遣宁古塔给与披甲人所奴”。吕留良的诗文书籍不必销毁，但其财产让浙江地方官变价出售，以节省浙江的工程费用。[1]

五日之后，雍正下旨宣布本案其他人犯的刑罚。严鸿逵“枭獍性成，心怀叛逆，与吕留良党恶共济，诬捏妖言，时覆载所难容，为王法所不贷”。但严鸿逵已经死在狱中（时年七十六），戮尸枭众，“其祖父父子孙兄弟及伯叔父兄弟之子，男十六以上皆斩立决，男十五以下及严鸿逵之母女妻妾姊妹子之妻妾俱解部给功臣之家为奴，财产入官。沈在宽传习吕留良严鸿逵之邪说，猖狂悖乱，附会诋讥，允宜速正典刑，凌迟处死，其嫡属等均照律治罪”。[2]

“车鼎丰、车鼎贲刊刻逆书，往来契厚。孙用克阴相援结”，俱依拟应斩着监候秋后处决。其他人犯各依涉案的程度或遭流放，或着以杖责。但是有张圣范等四人从学严鸿逵的时候年纪还小，着以释放。

曾静应该在 2 月中送抵长沙的京报上头读到这些判决。他的确有很多时间来读京报，工作本已不多，如今更是无事一身轻。在湖南没人有什么新的指示给他，甚至连雍正也想不出什么新花样了。一年之前，雍正给了曾静一年假期，下旨湖南巡抚赵弘恩与观风整俗使李徽，期满之后曾静仍到长沙等候旨意。赵弘恩和李徽在 1732 年 10 月底联名上了奏折，说曾静已经到了长沙，但雍正只批了个“览”字，并没有新的指示。[3]

这个时候，观风整俗使李徽显然有了大麻烦，此事另有原因，与曾静一案完全无关。这年 10 月，在长沙北边一百五十里的平江县，有一名僧人被人发现死在路旁，该县李凤生查验之后，说这乃是自杀。但该府崔玠认为其中疑窦多端，详加检查之后，发现僧人的尸身至少有五处伤口。臬司胡瀛认为系斗殴所致，此案显然是他杀。此时观风整俗使李徽或许是因为这案子牵涉到僧人，也或许他与平江知县是朋友，便介入此案。李徽直断，以他之见，这僧人乃是自杀。臬司胡瀛应受弹劾。

李徽和此事的关系日深，此时曾静也在旁待命。胡瀛重申经过仔细查验，发现五处伤口，所以自杀之说自然不能成立——不过，胡瀛也说，之前的调查或许未尽其详，所以才判为自杀。这些话让李徽极为光火，便到处说胡瀛有亏职守，胡瀛自然非常生气。

此时湖南即将举行三年一次的乡试，有数千学子应试，巡抚赵弘恩忙于入闱考试事宜，严谕胡瀛"和衷忍气"。但是李徽并未就此罢手，还更指责按察使和臬司胡瀛不负责任，行事卤莽，甚至一状告到巡抚处。赵弘恩仔细看了整个事件首尾的各个日期，便知其实是李徽只把僧人命案的所有证据看一遍就骤下断语。但是事情到了这个地步很棘手，由于李徽上的是正式的揭帖，官府就要将之列案归档，赵弘恩不能因李徽未了解实情就径将他的揭帖置之不理。

赵弘恩于是上了一份密折，说他知道"李徽素性迂腐，事不谙练，因其天良未失，是以三年共事，去短取长，婉转感化。凡有受辱骂员，臣俱论其忍耐谦和，再三劝释，此人所共知者也"。实在是因为李徽最后把他的私忿及于众人，赵弘恩不得已，只好把此事上奏。[4]

雍正对此事有他自己的想法。他在"天良未失"四字旁边加以圈点，写道："此人朕亦用其四字之外，实无一长可取，岂待汝奏也。"

雍正说他一旦有所决定，便会详细指示赵弘恩。

雍正心里很清楚，以前也有别的观风整俗使出过问题。雍正当年是因为浙江“风俗浇漓，甚于他省”，所以在 1726 年 11 月要臣下详议具奏如何整治。结果发现在唐朝就有先例，唐太宗贞观年间设置观风俗使，“巡省天下，观风俗之得失”。于是雍正下旨恢复此一旧制，名称稍微作了修改，在最有需要的省分设置之。但是成效并不彰。[5] 当初派了河南学政光禄寺卿王国栋为浙江观风整俗使，务使浙江“绅矜士庶有所儆戒，尽除浮薄嚣陵之习”。王国栋出身汉军，中了进士，似乎是最理想的人选。但是王国栋似乎枉费雍正当初对他的称许，而雍正御赐貂帽貂挂、御用锦炉、珍贵药材的恩德，王国栋也未能报答。王国栋后来在湖南巡抚任上也有负圣望，曾静一案还在审理，王国栋就被召到北京去了。接任浙江观风整俗使的蔡仕舢最初也被寄予厚望，但同样也是一事无成。雍正在 1730 年 12 月将蔡仕舢“缘事降调”，观风整俗使一职悬缺不补。刘师恕在 1729 年被任命为福建观风整俗使，他年轻时虽以清高著称，但是对于改善福建民风一事，却拿不出什么新的对策，最后刘师恕称病去职，所空遗缺无人递补。李徽在山西乡试中名列前茅，并在 1723 年中进士，可说前途似锦。但现在，李徽在湖南也把差事弄砸了（所有的麻烦都从此地而起）。这事雍正想了几个月，最后在 1733 年 8 月 12 日有了动作：着李徽解去湖南观风整俗使一职，而所遗职位也像别省的观风整俗使一样，悬而不补。[6]

雍正发了一封密函给赵弘恩，确定李徽去职的消息，他还特别提到曾静此后交由赵弘恩看管，但并未言明要曾静做什么事。赵弘恩在9月出复旨上奏，说他一接到特谕，就传到曾静宣示恩旨，“曾静跪听之下，不胜叩头感谢”。赵弘恩显然还记得有人想把曾静沉入潭中溺死，特别密嘱长沙知府“务好为照看，勿致愚民伤害”。至于曾静的工作，赵弘恩奏称：“臣每于朔望宣讲圣谕，令其随往，俟有遣用之时再行遣用。”曾静在一年的假期中想必是把皇上的赏赐花得差不多了，因为赵弘恩注意到曾静想办法让入能敷出。赵弘恩在奏折上写到他“又赏给养赡，使之宽裕得所矣”。雍正在这句话后头批了个“览”字。[7]

曾静原来已经少事，这份奏折上了一两个月之间，他更是无事可做。赵弘恩的母亲去世，加上雍正将他擢升为署理江南总督，这是最重要的职位之一。这意味着赵弘恩一方面要忙着料理母丧的繁琐仪节，另一方面还要准备走马上任。赵弘恩的父亲在1726年去世，他才服完父丧不久。赵弘恩在1728年把母亲接来长沙同住，“蒙恩赏养廉，合家衣食充裕，而臣母二十载长斋，身安心足，惟敬谨礼，斗跪拜观音”。孰料赵母在11月7日得疾，次日便病故，当时赵弘恩正忙于准备赴任江南总督之事，母亲故亡的消息令他措手不及。

在过去的几年里头，雍正有过好几次和股肱重臣严重冲突的经验。这都是因为雍正要臣下在服父母丧的期间仍照常处理政务，或要他们缩短守丧时间，以便快点复职办差。[8]但是雍正此举有违传统，受到很大的阻力，他不得不改变自己的做法。曾静在这方面便受到好处，如今赵弘恩也是如此。雍正下了一道谕旨，对赵弘恩遭逢母丧致意，又要他留在湖南先把丧事办完，之后再赴江南履新。雍正还要赵弘恩的弟弟赵弘运立即赶往长沙，护送灵梓回旗。新任湖南巡抚钟保即将抵达长沙，与赵弘恩分担政务。钟保是满人，和赵弘恩一样，都以事亲孝顺而著称（赵弘恩曾经愿意代父问斩），所以钟保应该能尊重赵弘恩在办丧事上所花的时间与心力。[9]

湖南的交接事宜进行顺利。赵弘恩上奏，说钟保这人似乎不坏："署抚臣钟保到任之时，臣将湖南一切地方土俗民情、苗疆事宜详细说知至封疆大吏，以保固地方元气为第一要务，琐碎搜查尤觉扰民亦俱切切详言，臣见钟保为人正气和平，虚心询问。"雍正在奏折上朱批，说钟保长于财支，问题就是他"顾洁己而不肯实心任事"。赵弘恩"可留心访问，密加探察"，如果听到什么，就据实奏闻。

在之后的几个月里头，赵弘恩和钟保各自努力新职，奏折也一份份地发往北京，上奏气候、收成、沿海与内地买卖、镇压盗匪、向外国商贾征税、漕运、苗疆、驿寄、盐务诸般事宜，但是他们都没提到曾静，而雍正也没提醒他们要注意看管他。在这些忙人的心中，虽然曾静曾经花了他们这么多心力时间，但如今另有要事须处理，曾静也就慢慢退居次要了。曾静之事曾经是人人之事，如今却是无须操心的小事了。

但无人闻问曾静之事并不意味着长沙已经忘了曾静其人其书。1734 年 4 月，湘西苗疆的镇筸镇总兵杨凯还是定期宣讲《大义觉迷录》，他上了一份奏折，请示是否可在宣讲的同时，也配合讲解大清律集解附例全书。大清律如今已有一千两百二十六节，当地人民对此已深感惊恐，根本不可能加以熟读。但若能将与公共秩序相关的部分择出——杨凯认为处置行使妖术、藏匿逆书及私藏武器的律例——以简要的方式加以讲解，这样绅衿庶民对于何者当为、何者不当为就会有更清楚的认识。[10]

对新任署理湖北巡抚吴应棻来说，宣讲圣训也真有其价值。他上奏雍正："臣思汉口一镇水路通衢商贾云集，五方杂处。"而吴应棻"不带官吏，片帆渡江"，从武昌到汉口宣讲康熙圣谕十六条、雍正万言广训与《大义觉迷录》之后，"汉口街衢市巷之间莫不交相警勉"。吴应棻相信这么做确有实效，打算每年春秋两季，亲赴该处宣讲。[11]

但是从民间来看，《大义觉迷录》的效果就远非官员所能预料的。当年审理吕留良案的浙江总督李卫后来被擢升为直隶总督，他对此就有所体会。而他知道这情形的方式和当年张熙投书岳钟琪有几分相似。李卫上奏雍正，1734年夏末，他公出回署，街旁突然有一人跪禀。李卫起先以为这人是求乞告状，于是交给中军官薛凤翼带回去盘问。刚开始听他说话好像痴癫，过不多时又有头绪。这人名叫孟辅世，是陕西汉中府南郑县民。他本来做些小生意，养活自己和寡居老母。他是怎么到直隶来的并不完全清楚——他有几年在西路，甚至到过兰州，去年在兰州上疏失实，随即锁拿，发回原籍本处正法，但孟辅世在途中将解役灌醉脱逃，却因无处容身，特来向李卫投到，听候解回治罪。

李卫在奏折上并未详述孟辅世投书的内容，只说"内有狂妄悖谬之语"。孟辅世行旅的方式，还有他在信中所写的内容，让李卫想到湖南的曾静。他在奏折中写道："孟辅世一犯，臣察其语言意见，似系穷困无聊，到处上书，羡慕曾静之身犯弥天大罪，得以幸偷余生，暖衣饱食，遂思仿效。其所为者虽上不至如曾静之狂吠逆乱至极，而霹空造谣，诽谤军机，罪大恶极，断无可容。”[12]

从李卫的奏折看来，孟辅世很可能是从西路宣讲的人那儿听到《大义觉迷录》，而有了投书仿效的想法。雍正并没有对仿效一事有所反应，只说把孟辅世严加押送陕西，由该省审结此案便可以了。

几个月之后，在1734年9月在云南昆明发生一案，与曾静一案又有所呼应。黄琳今年三十（译按：尹继善的奏折作三十岁，但史景迁英文原书作三十九岁，今从尹继善奏折），原籍宁夏，父亲乃是已故督标前营游击王的手下，如今住在云南，平日以占课卖药为生。据黄琳胞兄黄瑛和亲戚邻居供称，他自来疯癫，但平日并没有结交匪类，亦无不法情事。

黄琳写了三段文章，开始在昆明流传，引起官府注意。黄琳的话语似乎写来就是要惹雍正生气的，因为他大加赞扬雍正公开批驳的人。他认为以年羹尧在青海之功，即使获罪，也应该推其功而折其罪。“朝廷令天下臣工禀公直言，而臣工未尝一言申执。”黄琳转而提起吕留良，“乃明末大贤，生于明，食明之水土，是必尊于明，宜追赠品秩，以勉励天下为学之士”。和曾静比起来，吕留良并议“本朝衣冠宜遵古制，不宜冠外冠，衣外衣”。

云贵总督尹继善认为黄琳“乃一介小民，竟敢讥刺朝政，公然具呈，心存悖逆”。尹继善又派了人捡搜黄琳的住处，没有发现别项字迹，黄琳也不认得年羹尧。但是云南是边方重地，黄琳妄议朝政，应立即处死。雍正在奏折上朱批，认为也当作此处理。[13]

在其他各省也都屡有案子与曾静案相呼应。在四川，有一湖广邵阳县人刘瑞柏在四川总督黄廷桂回署途中喊称，他的主人车鼎立私藏吕留良的逆书，并有诗文对联。于是黄廷桂便将所搜到的书稿诗文加以固封，随奏折、供词上呈。江苏是人文荟萃之地，多文士才子，但是此地的书香世家也动辄遭人举发，所藏的书籍刻版遭到详细搜查，亲戚朋友俱遭审讯。[14]

但论案情之离奇，恐怕都比不上在1735年发生在广西的案子。有一人衣衫褴褛，身上背着箩筐到塘口，自称是钦差京大人，私访逃犯塞思黑、允禩。经过塘兵协同县差拏送修仁县讯问，结果数日之内，屡屡改供，一下说是山东青州府日照县人，一下说是湖广永州府新田县人。不过他自称年纪五十有二，乔装成游民来进行密访，这他倒是没改过口——这案子与王澍一案颇有相似之处。雍正读到随折附上的字样时，一定更觉得两案如出一辙。这上头的日期是1734年9月3日，由北京所发，并有“奉刑、兵、吏部效用”的字样。持有这张字样的人可按访塞思黑和允禩，“又领得皇上各条誊黄《大义觉迷录》一拾四本，巡察各省文官以及武将，果有实心实力，忠正报国者，定有加陞。若有贪贿滥派之官，着令各省巡抚布政官则飞章参处役则毙杖下”。这人的名衔是“钦差京大人”，还有一首村中长者题赠的五言绝句：“忠孝安家国，诗书教子孙；惟行方便事，阴骘满乾坤。”

提督广西总兵官霍升在1735年7月将这份匪夷所思的字样呈给雍正，并在奏折中概述调查结果。霍升认为这人虽然突然闯入塘口，说词前后数变，又谎称钦差，但他觉得此人并不疯癫。广西总督、巡抚认为“其中必有别情”，如果不是别案漏网逃犯，就是图谋不轨的凶徒。从雍正的朱批来看，他虽然不担心，但是还不愿把这事放手："狂人也，然亦应严究。"[15]

雍正从未就曾静追查王澍一事所扮演的角色发布谕旨，而关于这个独来独往的怪人的种种故事说不定也已经从湖南传到广西去了。虽然没有直接的联系，但这个背着箩筐的人似乎用的是类似的方式。这些人四处游荡，他们讲的故事经过精心构设，有创造一个充满怀疑的世界的力量和本事，在这个世界里头，每件事都变了模样，而这个衣衫褴褛、诳称背上的箩筐里放着《大义觉迷录》的人，竟也可以盘踞在这块土地上最有权势的人的心头。

如果广西的官员曾经继续深入追查这人的话，雍正也读不到他们的奏折了。因为，在雍正写下那段朱批之后两个月，突然罹病，两日之后便驾崩，离他五十七岁寿辰还有两个月。[16]

注释

1 **吕留良治罪之案** 见《清实录》，卷一二六，页八至九（亦见《清代文字狱档》，页五十一），日期为雍正十年十二月十二日。费思唐在《吕留良与曾静案》，页三八八，注一一一提到，至少有湖北省学臣遍行询问各学生监的记录留存至今。齐周华（见第十二章）的案子说明了并非“无一人有异词”，只是没有上奏而已。

2 **严鸿逵戮尸枭示** 见《清实录》，卷一二六，页十四至十五页b（亦见《清代文字狱档》，页五十一b至五十二），日期为雍正十年十二月十七日（1733年2月1日）。

3 **曾静一年假期满回长沙** 见《雍正朝汉文朱批奏折汇编》，卷二十三，页二五八（亦见《清代文字狱档》，页五十一）。

4 **赵弘恩在雍正十年九月七日（1732年10月25日）上了一份奏折** 提及李徽与胡瀛详对僧人命案的争执，见《雍正朝汉文朱批奏折汇编》，卷二十三，页二五七。

5 **雍正设置观风整俗使之议** 见《清实录》，卷四十九，页二与页六至七b。王国栋在湖南巡抚之后的仕途，从曾静一案便可看出。王国栋生平详见《清史稿》页一〇二九六至一〇二九七。王国栋谢恩的奏折见《宫中档雍正朝奏折》，卷二十五，页八〇〇、八一五。

6 **李徽缘事革去湖南观风整俗使一职** 见《清实录》，卷一三三，页三b（雍正十一年七月三日）与《清史》，页一二五。

7 **赵弘恩奏及如何处理曾静** 见《雍正朝汉文朱批奏折汇编》，卷二十四，页八四二，雍正十一年七月二十四（1733年9月2日）。

8 **李卫母亲去世** 雍正着李卫“在任守制，给假两月料理伊母丧事”，李卫在雍正七年七月十五日上了一份奏折，着实抱怨了一番，见《宫中档雍正朝奏折》，卷十三，页六〇六至六〇八（另见于《雍正朝汉文朱批奏折汇编》，卷十五，页七六七至七六九）。负责编纂《驳吕留良》的大学士朱轼在服丁忧丧时，也屡受催促，Norman Kutcher, *Mourning in Late Imperial China*, pp.97-101, 137-138，对此有更精细的分析。

9 **钟保接任湖南巡抚一事** 赵弘恩的奏折见于《雍正朝汉文朱批奏折汇编》，卷二十五，页七四四，雍正十二年一月二日。钟保上任之初的奏折见《雍正朝汉文朱批奏折汇编》，卷二十五，页六五三（雍正十一年十二月十八日）与卷二十五，页七四八（雍正十二年一月十七日）。钟保出身满洲镶黄旗，其传略见《清史》，页五三九一至五三九二。钟保任湖南巡抚之初的奏折内容，《雍正朝汉文朱批奏折汇编》，卷二十五，页七四至七五可见其梗概。

10 **湖广镇筸镇总兵杨凯的奏折** 见《雍正朝汉文朱批奏折汇编》，卷二十六，页九二，雍正十二年三月。

11 **署理湖北巡抚印务兵部右侍郎吴应棻的奏折** 见《雍正朝汉文朱批奏折汇编》，卷二十八，页二四九，雍正十三年闰四月十七日。

12 **李卫在雍正十二年七月二十日上奏** 有人羡慕曾静，便想仿效他的作为，见《宫中档雍正朝奏折》，卷二十三，页三〇六至三〇七（亦见于《雍正朝汉文朱批奏折汇编》，卷二十六，页七〇二至七〇三）。

13 **黄琳一案** 由云南总督尹继善（他才从江苏调任来此不久）和云南巡抚张允联名上折 此案发生在雍正十二年九月四日（1734年9月30日），见《雍正朝汉文朱批奏折汇编》，卷二十七，页一〇七。

14 **四川车鼎立一案** 见黄廷桂在雍正十年四月二十九日所上的奏折（《雍正朝汉文朱批奏折汇编》，卷二十二，页二二七至二三〇）与雍正十年十一月二十四日的奏折（《雍正朝汉文朱批奏折汇编》，卷二十三，页六五七）。

15 **广西一案** 由提督广西总兵官霍升于雍正十三年六月八日所奏，（奏折并附上查获的黏单），见《宫中档雍正朝奏折》，卷二十四，页七九一至七九三（亦见于《雍正朝汉文朱批奏折汇编》，卷二十八，页五六七至五六八）。

16 **雍正驾崩的情形** 《清实录》卷一五九，页十九 b 至二十大略叙述了此事，但并未言明死因。

第十五章　重　审

乾隆即位时，年方二十有四。他和父皇雍正一样，都是排行第四，但是雍正即位风雨诡谲，阴谋篡位之说甚嚣尘上，而乾隆克承大统则无人质疑。雍正到底属意谁来继承大位，虽然不曾昭告天下，但事态确然，无一丝可疑。雍正早在即位之初，便召诸王满汉大臣入见，面谕建储一事，然后雍正亲书谕旨，加以密封，收藏在乾清宫“正大光明”匾额之后，要等到雍正殡天之夜才可开启。朝中重臣遵奉圣意，眼见雍正大行在即，于是在10月7日由大学士鄂尔泰、张廷玉开匣，取出御笔亲书的密旨，命皇四子宝亲王为皇太子。雍正于次日驾崩，弘历即位，是为乾隆。虽然这整个过程缜密隐微，但朝廷少有人对此选择感到惊讶。大部分官员早已了然，乾隆所受的陶冶历练就是要当帝王的。[1]

乾隆即位的前四十九日忙于料理丧事，所作决策皆在务求权力移转顺遂。为了安定朝政，乾隆将父皇倚重的内廷朝臣、封疆大吏留任原职。乾隆若是觉得有必要更改雍正的重大决策，也是谨慎行事，如履薄冰。但是在1735年11月21日，乾隆的行事风格一变，下旨重议阿其那、塞思黑的罪：乾隆不相信惩罚八叔、九叔等几位皇叔的后人，使之永世蒙羞，沦为庶民，是雍正的本意。乾隆要诸王满汉文武大臣翰詹科道各抒己见，确议具奏。这个问题的讨论应该知无不言，言无不尽，其中如果有两议三议者，亦准陈奏。[2]

就在同一天，乾隆下了另一道谕旨，这次他没有向臣下垂询意见："曾静大逆不道，虽置之极典，不足以蔽其辜，乃我皇考圣度如天，曲加宽宥。夫曾静之罪，不减于吕留良，而我皇考于吕留良则明正典刑，于曾静则屏弃法外者，以留良谤议及于皇祖，而曾静止及于圣躬也。今朕绍承大统，当遵皇考办理吕留良案之例，明正曾静之罪，诛叛逆之渠魁，泄臣民之公愤。"[3]

缉拿曾静到案的谕旨马上就发给了湖南督抚，将曾静张熙即行锁拿，遴选干员，解京候审。此事必须优先处理，事机不准有所走漏。曾静与张熙的家眷也一并捉拿，由当地官府严加看管，等旨意再作处置。乾隆要刑部立即就此事采取行动。

兵部驿丞立即飞驰湖南宣旨，湖南巡抚钟保在 12 月 10 日正午接旨。钟保虽然还没把曾静的所作所为上奏，但他对曾静人在哪里倒是很清楚——他密传按察使密委长沙知府，将曾静缉捕到案，并搜查曾静住处，没收所有书刊、稿件、随意书写的字句。

为防范重开此案的消息走漏，让曾静族中有人听到风声，所以才以迅雷不及掩耳的速度，这与 1728 年的情形如出一辙。在曾静被捕的同一天，巡抚钟保下令善化县知县前往安仁捉拿张熙，并将他带到长沙拘禁。他们也下令安仁当地官府将张熙嫡属一并逮捕，又派标千总率队南行至永兴，负责协调地方官查明捉拿曾静嫡属。

这事办得滴水不漏，分毫不差，一切按原定计划行事。曾、张族人都就近关在牢里，而张熙则立即解送至长沙。12 月 29 日，巡抚钟保得以上奏，在接到旨意之后仅仅十九日，逆徒曾、张已经就缚，并在衡州府同知和长沙协都司的严密看管下，踏上解往北京的漫漫长路。钟保为防万一，先写信给沿途官府，要他们届时加派兵丁，严防意外。钟保并将把曾静住所所搜到的书刊档随犯人送往北京，这些档中说不定也有大逆的文字。钟保上奏乾隆，他一直都认为曾、张二人罪大恶极，死有余辜，只是先皇雍正宅心仁厚，他们当年才逃过一死。[4]

湖南那边正在依圣旨行事，北京这边则在为曾静、张熙的押解预作准备。乾隆已经要刑部重开此案，所以要找个他能信得过的人在刑部。于是，缉捕曾静、张熙的谕旨才刚下，乾隆在第二天（11 月 22 日）就做了登基以来第一次重大的人事更动：工部侍郎徐本改任刑部侍郎，徐本现年五十一岁，出身杭州富裕人家。刑部侍郎则转任工部侍郎。徐本或许不知新皇对他的才具极有信心，数日之后，徐本在办理军机处行走，参赞机密。[5]

徐本可谓为官之典范：1718 年中进士，入翰林院编修，历任五省官员，也在各部任职过。徐本在仕途之初，曾在权倾一时的云贵总督鄂尔泰手下任事。鄂尔泰当年是雍正的重臣，如今也极受乾隆倚重。乾隆推行政策，鄂尔泰是最恰当的人选，而委以徐本重任也是一招妙棋。

不管徐本从工部转任刑部是鄂尔泰或是乾隆的意思，这么做的理由是很清楚的。徐本以新的名衔上了一份措词谨慎的奏折，提出了一个在京在省都必须注意的问题：既然追捕曾静的命令已经发出，那么已经刊行全国的数万部《大义觉迷录》该如何处置？

徐本概略说了编纂《大义觉迷录》的缘由，说大行皇帝把谕旨和问逆贼曾静口供汇刊为《大义觉迷录》，颁行直隶各省，每月朔望两次讲读，甚至及于乡村。徐本上奏，大行皇帝之所以如此，是要以“逆贼狼嗥犬吠之词”来“使穷乡僻壤感发其忠爱之天良，共明夫尊亲之大义也”。

但这已有一段时间了，“宣谕既久，愚蒙尽觉”，如今雍正宾天，正是海宇苍生讴功颂德、思慕不忘的时候，徐本认为，“以此谤毁君父之言，每于月吉宣之于口，实为天下臣民所不忍听闻者”。为今之计，唯有“伏乞皇上特颁谕旨，将《大义觉迷录》于每月朔望停其讲解”。[6]

乾隆在12月2日下了一道谕旨，以寥寥数语回应：“《大义觉迷录》着照尚书徐本所请，停其讲解其颁发原书，着该督抚汇送礼部，候朕再降谕旨。”[7]其间的意思很清楚：等到《大义觉迷录》都缴还礼部之后，就将之悉数销毁。徐本的差事在12月12日办完，也压制了任何可能的反对，于是他卸下内阁之职，仍回任刑部尚书。[8]这样一来，即使曾静还没带到北京，这部当年徐本曾参与编纂的《大义觉迷录》也成了禁书，只能偷偷藏在家里。如今，私藏《大义觉迷录》就有如当年私藏吕留良的著作一般，都会惹来杀身之祸。

曾静和张熙大约在1736年1月20日左右押解至北京。这是他们第二次这样的旅行，而这次在他们眼前的是一条死路。在1729年，曾经虽然关在牢里，但至少还有空间、有光、有笔墨，杭奕禄不时奉旨来讯问。而且他还有许多东西可读。而如今，没有人来看他，也没有人在意他在想些什么。

曾静关在北京大牢里，一片死寂。此时居然有一个人穿过这片死寂，他就是方苞。雍正曾召了四名学者负责编纂《驳吕留良》，其中年纪最大的就是方苞。而车鼎丰、鼎贲兄弟也是在方苞家认识了孙用克，之后张熙来访，从此便没了安静日子。方苞因涉入戴名世案，曾在1712年至1713年关在刑部大牢，随时都可能问斩。最后，方苞九死一生，逃过死劫，数年之后把这段经历写下。方苞还记得，大牢有四排牢房，每一排牢房的配置都类似，中间是狱卒住的地方，有门窗可透光通风。但是两侧的牢房既无光线，通风也不好。五十多名囚犯挤在没有窗户的牢房里，入夜之后都锁成一排，门上拴了锁，直至天明。这门在晚上是不曾打开过的。每天早上，狱卒把死去的囚犯拖出去，这样，活着的囚犯在新的犯人关进来之前活动的空间可以大些。除非犯人有什么有钱有势的亲戚，愿意花些钱打点打点，让犯人脱去枷锁，情况才有可能稍有舒缓。[9]

不过，曾静和张熙都不必在牢里待太久。重审此案既迅速而秘密，不到七天便已结束。1736年1月31日，乾隆下谕旨，措词简略而冰冷：

> 曾静、张熙悖乱凶顽，大逆不道，我皇考世宗宪皇帝圣度如天，以其谤议止于圣躬，贷其殊死，并有将来子孙不得追究诛戮之谕旨。然在皇考当日或可姑容，而在朕今日断难曲宥，前后办理虽有不同，而衷诸天理人情之至当，则未

> 尝不一。况亿万臣民所切骨愤恨、欲速正典刑于今日者，朕又何能拂人心之公恶乎？曾静、张熙着照法司所拟，凌迟处死。[10]

依律，曾静和张熙的嫡属不久也将伏诛，除了年十六以下的男性，或许还有一些女眷，会终身发配边军兵士为奴。所有财产查抄充公。

这道谕旨颁布之后，曾静和张熙也只能等死了。但据方苞所说，即使是判了死刑，只要有钱还是可以打通关节。行刑之前，刽子手等在牢房之外，让司役进去要些值钱的东西。如果人犯家里有钱，就跟他家中亲人问，如果人犯是穷人家，就直接问人犯。要是给了钱，问斩的犯人亲族就可把头要回来，和身体一同安葬。若是绞刑，花了钱也可在绳子上动手脚。就算是凌迟处死，花钱也可派上用场。方苞自己就亲眼见过，刽子手对凌迟处死的犯人说："若你叫我满意，我便一刀刺在心上。否则即便你手足片肉无存，但人还没死绝。"[11]

对曾静和张熙来说，这次可没有刀下留人，也没有法外施恩。这两人死的时候，没人有一声抗议，倒是有人大声叫好。这人就是齐周华，几年前他信了雍正颁布的谕旨，费尽九牛二虎之力，想把他写的抗疏，对雍正赦免曾静，对吕留良施以剉骨扬灰之刑表达抗议。齐周华还关在杭州的牢里，朋友捎来曾静伏诛的消息，齐周华在《巨山日记》中写道："不胜痛快，惜乎吕氏子孙，犹未赐还也！"[12]

这个案子至此，应是尘埃落定了。1736 年稍晚，乾隆命徐本兼礼部尚书，显然这项任命是要徐本监督《大义觉迷录》的销毁。[13]

虽然事前筹划周密，但是仍有若干数量逃过一劫。有些文人认为这是史料，将之私藏在家。宫里头也收了一部，以为后代参考。有些《大义觉迷录》流到日本，幕府对其中透露朝廷如何运作的蛛丝马迹很有兴趣，有些胆子大的书贾相信此书日后必受重视——不管是出于好奇，或是出于史料保存——于是加以搜藏。书中有些内容透过每月两次的宣讲，已经深入人心，并向后人传述，看看一位帝王是如何修改记录以洗刷名声。有些部分则是遭到随意窜改，其中流传最久的便是吕留良的孙女吕四娘使雍正暴毙一节。传说吕四娘因在安徽乳娘家中，幸免于难。吕四娘得知全家祖孙三代惨遭杀害，悲愤填膺，当即刺破手指，血书“不杀雍正，死不瞑目”八个大字。于是只身北上京城，途中巧逢高僧甘凤池，四娘拜之为师。甘授吕四娘飞檐走壁及刀剑武艺。之后，吕四娘辗转进京，设计潜入乾清宫，刺杀雍正，削下头颅，提首级而去。

或许可以说，这两位皇帝都错了。一个皇帝以为向天下人说明对他不利的传言，便可让流言不攻自破，因为眼睛雪亮的后代会尊敬他。但是他的子民却记得了谣言，而忘了皇帝的苦心。另一位皇帝却以为把书毁掉，便能告慰父皇在天之灵。而他的子民却以为他之所以想毁去此书，就是因为书中内容乃真有其事。[14]

也因为这本书，生出了种种故事，让几个角色跃上舞台，其他的人物也是叫人目不暇接：假称王澍的那人，身穿紫袄，头戴黑毡帽，足蹬缎鞋；堪舆师陈帝锡，还有桥边那白须道人；狂怒不止的唐孙镐；被流放到广西的八爷、九爷府里的宦官；在河上四处做生意的商贾；那四个着兵服的旗员；那衣衫褴褛、肩头挑着箩筐的人——还有许多人或可考、或不知其名。和这林林总总的人物、形形色色的百态比起来，雍正欲正视听的企图显得并不足道，其子乾隆亦不能杜天下人悠悠之口。

这种种纷扰，就只因为在湖南安仁县的路旁有个不起眼的私塾；这一切，就只因为他唤了个人，差他往另一条路上，长途跋涉，怀里揣着封信……

注释

1　**乾隆继位**　见Kahn, *Monarchy*, pp.239-243，关于即位程序的讨论；乾隆的教养与历练见前揭书，页一一五至一四三。乾隆在位文治武功，见《清代名人传略》，页三六九至三七三。

2　**关于雍正当年处置手足的部分**　见《大清高宗皇帝实录》，卷四，页二十八。朝中大臣对此事的反应见《雍正朝汉文朱批奏折汇编》，卷三十，页九〇一至九〇三。

3　**乾隆就重开曾静案所下的第一道谕旨发于雍正十三年十月八日**　见《清高宗实录》，卷四，页二十九（亦见于《清代文字狱档》，页五十二b）。皇帝若是驾崩，年号会继续使用到该年结束。

4　**钟保所采取的行动**　见他在雍正十三年十一月十八日（1735年12月31日）所上的奏折，收在《雍正朝汉文朱批奏折汇编》，卷三十，页九〇〇至九〇一。

5　**徐本转任刑部尚书**　见《清高宗实录》，卷四，页三十五，雍正十三年十月九日（1735年11月22日）。徐本入内阁见于《清高宗实录》，卷五，页八左，雍正十三年十月六日（1735年11月29日）。徐本生平见《清史稿》，页一〇四五五与《清史列传》，卷十六，页十，另见于《清代名人传略》，页六〇二，将他列为鄂尔泰的门人。

6　**可惜徐本的奏请并未标注日期**　见《宫中档雍正朝奏折》，卷二十六，页八三四至八三五（另见于《雍正朝汉文朱批奏折汇编》，卷三十二，页五一一）。既然徐本用的官衔是刑部尚书，那必然是奏于11月22日之后。

7　**乾隆在12月2日所下之谕旨**　见《清高宗实录》，卷五，页十七，日期为雍正十三年十月十九日。

8　**徐本不在内阁之列**　是雍正十三年十月二十九日（1735年12月12日）的事，见《清史》，页二四八七。

9　**方苞所记入狱一事**　见郑培凯与Lestz，《文件汇编》，页五十五至五十六。方苞生平见《清代名人传略》，页二三五至二三七。

10　**乾隆的谕旨**　见《清高宗实录》，卷九，页十左至十一（亦见于《清代文字狱档》，页五十二左），雍正十三年十二月十九日。

11　**死刑**　方苞的见闻，见郑培凯与Lestz，《文件汇编》，页五十七。

12　**曾静死而齐周华大声叫好**　王汎森，《从曾静案看18世纪前期的社会心态》，页十五，引自齐周华的日记。关于齐周华的晚年，见《清代名人传略》，页一二三至一二五。

13　**徐本任职礼部**　见《清史稿》，页一〇四五六。

14 **未毁尽的《大义觉迷录》** 流到日本的部分，见吴秀良，《历史与传奇：〈胤禛剑侠〉小说》，页一二四五至一二四八；吕留良的孙女吕四娘的部分，见前揭书，页一二二三至一二二四。从乾隆一朝搜查禁书的记录中可见持续没收《大义觉迷录》，例如《文献丛编》（重印）便有书楼的存货记录，页一九五（提到二十部）、二〇一（一部）、二一九（十部）。

译后记

历史、认同、权力

史景迁这本书说的是《大义觉迷录》这部奇书形成、流传、禁毁的过程，乃至其间横生的许多耐人寻味、匪夷所思的枝节。

《大义觉迷录》全书共有四卷，内收有雍正本人的十道上谕，提审官员杭奕禄审讯与结案的意见，包括曾静《知新录》、《知几录》部分片段在内的四十七篇口供，曾静门人张熙的两篇口供，书末并附有曾静认罪所著的《归仁说》一篇。雍正“出奇料理”曾静一案，下令将《大义觉迷录》“通行颁布天下各府州县远乡僻壤，俾读书士子及乡曲小民共知之”。此书因而广行天下，一时人尽皆知。雍正自逞笔舌之能，撰文辟谣的结果，反倒弄巧成拙，非但未能端正视听，竟引起天下之人竞相窥视宫廷斗争。迄于乾隆即位，为求补救之道，而将《大义觉迷录》一书列为禁毁之类，从此销声匿迹，只有少数或私藏民间，或流至东瀛。清末，留学日本的革命党人发现此书，结果书中暴露清朝皇室的权力斗争，以及吕留良、曾静反满言论，又成为革命党人攻讦清廷的材料。

雍正是否夺嫡，本身就是一桩引人入胜的历史公案，绝佳的小说题材。而史家对《大义觉迷录》一书的兴趣，素来集中于爬梳收录在书内雍正自曝继统疑云的谕旨，佐以各种间接史料，借以推断雍正缵承帝位的正当性。主张雍正夺位者，勇于推陈出新，言之凿凿；持反对意见者，又每每能旁征博引，自圆其说。正反两造对簿于历史公堂之上，你来我往，人各言殊，难有定论。

然而，近来西方汉学界重提曾静案，旨不在于赓续这场历史奇案，揭发宫廷斗争的来龙去脉；而是另辟蹊径，把雍正对曾静案的出奇料理，乾隆的悖反常理、违逆雍正严谕诛杀曾静等的这段过程，视为满人形塑自我认同之重要转折的表征，以扬弃自Franz Michael、Mary C. Wright以降雄踞学界的清朝政权“汉化”（sinicization）说。这种问题意识的“转向”（turn），使学者更为关注于雍正驳斥曾静所传达的思想观念，以及乾隆对满人自我认同意识的强化。

从《大义觉迷录》来看，雍正是以儒家的论辩来驳斥曾静、吕留良。雍正采孔、孟的逻辑，认为华夷之别不在地域、种族，而在于文化，以反驳曾静那种带有“本质论”的华夏立场。换言之，雍正把“意符”（sign）与“意指”（signed）分别看待，“华”作为一个指涉的文化符号，是可以与特定的疆域、种族界线割裂。所以雍正说：“天下一家，万物一体，自古迄今，万世不易之常经，非寻常之类群聚，分乡曲疆域之私衷浅见所可妄为同异者也。”更何况，“舜为东夷之人，文王为西夷之人，曾何损于圣德。”只要依循王道，具备礼教，潜心默化，也能仰承“天命”。

雍正接着演绎儒家传统的“天命观”，以证明清廷定鼎中原的“正当性”(legitimation)。曾静在《知新录》中曾批评明清朝代嬗替,他说:“慨自先明,君丧其德,臣失其守,中原陆沈。夷狄乘虚,窃据神器,乾坤反复,地塌天荒。八十余年,天运衰歇,天震地怒,鬼哭狼嚎。”雍正则是从历史和哲学两方面来反驳曾静。雍正首先说明亡于李自成,与满人无涉;而明亡的根本原因,“以天地气数言之,明代自嘉靖以后,君臣失德,盗贼四起,民生涂炭,疆圉靡宁”。雍正反问之,“夫以十万之众,而服十五省之天下,岂人力所能强哉”!清朝之所以能定鼎中原,雍正援引《尚书》“皇天无亲,惟德是辅”的说法,证明这乃是“天命”之所归,在于统治的“德”性:“盖德足以君天下,则天锡佑之以为天下君。未闻不以德为感孚,而第择其为何地之人而辅之之理。”由是观之,政权的更迭取决于天命、君德,而不在于种族、地域。

雍正以儒家的“文化建构论”破除曾静的“华夷之防”,并以德配“天命”说证明清朝统治中原的“正当性”之后,即提出他的“君臣大义”之说。《大义觉迷录》的“大义”指的就是“君臣之大义”;而在雍正看来,“君臣之大义”尤应超越“华夷之辨”。所以雍正再次引用儒家思想的观念:“《诗经》言‘戎狄是膺,荆楚是惩’者,以其僭王猾华夏,不知君臣之大义,故声其罪而惩艾之,非以其为戎狄而外之也。”

新加坡学者邵东方曾论雍正的文化政策,他认为从清朝的武力镇压和政治强权等外部因素实不足解释明亡之后大多数汉族知识分子,甚至如曾国藩这样的中兴名将,会转而接受满人异族王朝统治的合法性。清朝政权何以维持长达二百六十年的统治,其中的关键是满人入关之后即逐渐意识到，单凭武力是不足以长治久安的，更重要的是要通过长期而有效的思想统治，使汉族知识分子在意识形态上接受满人的统治。雍正刊刻印行、广行宣布《大义觉迷录》一书，除了政治动机之外，更蕴含了内在深层的文化意义。

既然如此，何以乾隆要禁绝《大义觉迷录》？ Frank Dikotter曾经论及，中国精英的文化观存在两种迥然不同但又互为关联的观点，即一方面宣扬普遍主义的理念，认为外夷都是可以被汉化的。但另一方面，当中国人的文化受到威胁时，就强调地域、种族的特殊主义，闭关自守，以免受外在邪恶力量的威胁。但无论是普遍主义或特殊主义，无非都是对汉族、汉文化优越性的强调。乾隆自然不会同意曾静带有特殊主义的本质论立场，但他违逆父命诛戮曾静、禁毁《大义觉迷录》的做法，其实也反映了他对于雍正的文化道德改造论不表苟同。根据 Pamela Kyle Crossley 的分析，乾隆认为身为满人并无可耻之处，满人之所以入主中原，并非满人受到汉人文明的教化始然；而是因为努尔哈赤、皇太极秉持“天心”之故，使满人取明而代之。换言之，这反映了自从乾隆时期开始，清廷已逐步强化满人的自我认同意识。

不过 Crossley 强调，有越来越多的研究显示，认同意识的形塑和维系是一个复杂且充满历史偶然性的过程；而种族作为一种概念，是随着欧洲民族国家的崛起而被建构的。尽管乾隆时期爱新觉罗的自我认同逐渐强化凸显，但把缘起于欧洲社会的认同概念套用在清朝政权是会扭曲历史的实情。

但是这并不意味着身为统治者的满人就没有认同意识，关键在于两者对自我认同的定义以及所处的政治脉络存在着差异性。诚如Evelyn S. Rawski的分析，清朝的政治模式并不是民族国家，其所要建构的也不是单一族群的认同意识，而是包容满、汉、蒙、藏等异质文化共同存在于一个松散、人格化的清朝帝国，将各族的政治精英吸纳进清朝的统治集团之中，以维持一个多元文化的世界观。就个人而论，乾隆所意图维护的是爱新觉罗统治精英的世系。从统治者的角度观之，乾隆所施行的文化政策并不是种族间的同化，而是要维护各个族群的文化特质，彰显满人政权中不同族群成分的特色。

于是我们可以看到，满人正是透过优宠藏传佛教以治理西藏、绥服蒙古，接纳儒家文化笼络江南文人，但又尊崇萨满教以维系满人的自我认同。文化政策虽是满人政权得以维系的关键，但满人文化政策成功的秘诀不惟在其汉化的程度，更重要的是清廷能采取弹性因应的文化政策，整合帝国之内各个族群的人民，共同构筑了一个多元文化的世界观。离弃了这个多元文化的世界观，也就无法统御这庞大的国家，而这或许也是孙文当年从“驱逐鞑虏”到“五族共和”这层转折的原因。

异质文化之间的互动融汇与内在张力一直就是史景迁著述的主题，从康熙与曹寅、来华传教的利玛窦、游历欧洲的胡若望，乃至马可波罗、洪秀全，学贯中西的史氏，每能透过奇绝的叙事布局和斐然文采，让笔下的历史人物跃然纸上，耕耘出满汉、东西文化交错的吉光片羽，而使他叙事的主轴摆脱业师Mary Wright的“汉化”说。也许是深谙历史的诡谲多变，史景迁不像有着同样写作风格的黄仁宇，竟提出宏观论述和带有“东方主义”（Orientalism）凿痕的命题，而落入西方理论的纠葛，削足履鞋。但吊诡的是，也因为他那迷人的蒙太奇写作手法，打破了线性时间和僵固空间的制约，以人物的欲望、动机为坐标，重新编码历史素材，因而时常游移于历史与小说之间，成为西方汉学界有关史学方法论争辩时的焦点。

史景迁具有强烈叙事风格的作品究竟是历史或小说？这个问题或许可以借由 Hayden White 在 *Metahistory* 书内的一段话来厘清：历史写作乃是“一种以叙事散文形式呈现的文字话语结构，意图为过去种种事件及过程提供一个模式或意象。我们透过这些结构，得以重现过往事物，以达到解释它们意义的目的”。在厘清历史与小说的分际时，吾人必须摒弃“经验主义”的褊狭之见，体会到历史写作不单只是一种组织经验的方法，同时也是赋予形式的过程；而历史知识的力量，可能源于在赋予形式过程中引发的功能，而不是来自纯粹的经验事实。

史景迁笔下所营造的那种现实感，甚至面对无垠时空所生的“无可奈何”之感，有如莱茵河上的歌唱的女妖，闻之令人心生幻相，而所谓历史或小说的混淆其实并不存在；法文里头 histoire 兼指“历史”与“故事”二义，端视我们如何定义“真实”。

若要硬将在两者之间作个分别也并不难，只消将本书与二月河的《雍正王朝》相比便可。二月河笔下述及《大义觉迷录》一节，不论是投书的地点、审讯的过程，乃至岳钟琪、李卫、徐骏等角色，与既存史料之间都颇有差距。小说既是虚构，这些部分只能算是细枝末节，都可为情节安排而变更。但史景迁尽管布局奇绝，但是他在史料的运用仍然谨守专业历史学者的分寸。以本书而言，史景迁以《大义觉迷录》的内容为经，辅以大量的奏折，复参酌各家说法，只见史景迁在庞大的数据交织下穿针引线，不能违逆资料，又要营造气氛，维持叙述张力，这正是史景迁过人之处。作者过人之处，便是译者挑战所在。本书还原数据的难度当然远不及《追寻现代中国》，但由于数据细密，回复为中文仍是极为艰巨的工作。加上行文多处引用奏折，为求文字风格不致扞格，译者也选择了较有文言色彩的中文。

史景迁在叙事时，有时过于简略，提及一些无关紧要的人物时，也多以某姓之人来称呼，想来这是面对英文读者使然，因此中文本有几处参酌奏折《大义觉迷录》等资料，或略详其事，或补回人名。这点也请读者明察。

参考书目

Andrew, Anita Marie. "Zhu Yuanzhang and the 'Great Warnings' (Yuzhi da gao): Autocracy and Rural Reform in the Early Ming." Ph.D. thesis, University of Minnesota, 1991.

Anonymous. "Fan Shijie chengci an" (The petition by Fan Shijie). *Wenxian congbian,* vol. 7. Beijing: Palace Museum, n.d. Reprint, Taipei: 1964, pp. 68–72.

Anonymous. "Yinsi, Yintang, an" (The cases of Yinsi and Yintang). *Wenxian congbian,* vol. 1, pp. 1–12; vol. 2, pp. 13–25; vol. 3, pp. 26–35. Beijing: Palace Museum, n.d. Reprint, Taipei: 1964, pp. 1–18.

Anonymous. "Yue Zhongqi zouzhe" (The reports to the palace by Yue Zhongqi). *Wenxian congbian.* Beijing: Palace Museum, n.d. Reprint, Taipei: 1964, pp. 432–436.

Anonymous. "Zhang Zhuo toushu an" (The case of the letter delivered by Zhang Zhuo). *Wenxian congbian,* vol. 1. Beijing: Palace Museum, n.d. Reprint, Taipei: 1964, pp. 22–35.

Anonymous. "Zeng Jing qiantu Zhang Zhuo toushu an" (The case of how Zeng Jing sent his follower Zhang Zhuo to deliver a letter). First published in *Qingdai wenziyu dang* (Collectanea of literary inquisition cases in the Qing Dynasty). Peiping: Peiping Palace Museum, 1931–1934. Reprint, Shanghai: 1986.

Awakening from Delusion: See *Dayi juemi lu.*

B, followed by volume and page numbers (e.g., B10/20): See *Yongzhengchao hanwen zhupi zouzhe huibian.*

Bartlett, Beatrice S. *Monarchs and Ministers: The Grand Council in Mid-Ch'ing China, 1723–1820.* Berkeley: University of California Press, 1991.

Britton, Roswell S. *The Chinese Periodical Press, 1800–1912.* Shanghai: 1933.

Brunnert, H. S., and V. V. Hagelstrom. *Present Day Political Organization of China.* Translated by A. Beltchenko and E. E. Moran. Rev. ed. Beijing: 1911.

Chang'an xianzhi (The gazetteer of Chang'an/Xi'an). 36 *juan.* 1812. Reprint, Taipei: 1967.

Chen Hsi-yuan. "Propitious Omens and the Crisis of Political Authority: A Case Study of the Frequent Reports of Auspicious Clouds During the Yongzheng Reign." *Papers on Chinese History* (Harvard University), vol. 3 (Spring 1994): 77–94.

Cheng Pei-kai and Michael Lestz. *The Search for Modern China: A Documentary Collection.* New York: Norton, 1999.

Chu Ping-tzu. "Factionalism in the Bureaucratic Monarchy: A Study of a Literary Case." *Papers on Chinese History* (Harvard University), vol. 1 (Spring 1992): 74–90.

Crossley, Pamela Kyle. *A Translucent Mirror: History and Identity in Qing Imperial Ideology.* Berkeley: University of California Press, 1999.

Daqing huidian shili (Statutes and precedents of the Qing dynasty). 19 vols. 1894. Reprint, Taipei: 1963.

Dayi juemi lu (A record of how true virtue led to an awakening from delusion). Compiled on orders of Emperor Yongzheng, 1730. 4 *juan.* Reprint, Taipei: Wenhai Chubanshe Reprint Series, no. 36, 1966. (Cited in Notes as *DYJML.*)

Dayi juemi lu. Edited and rendered into vernacular Chinese by Zhang Wanjun et al. Beijing: Zhongguo Chengshi Chubanshe, 1999.

de Bary, Wm. Theodore, trans. *Waiting for the Dawn: A Plan for the Prince—Huang Tsung-hsi's 'Ming-i-tai-fang lu.'* New York: Columbia University Press, 1993.

de Bary, Wm. Theodore, and Richard Lufrano, comps. *Sources of Chinese Tradition.* 2nd ed. Vol. 2. New York: Columbia University Press, 2000.

Donghua lu (Documentary history of the Qing dynasty). Edited by Wang Xianqian. 88 vols., n.p., 1899.

Durand, Pierre-Henri. *Lettrés et pouvoirs: un procès littéraire dans la Chine impériale* (Scholars and power: A literary trial in imperial China). Paris: 1992.

DYJML (e.g., *DYJML,* 1/60b): See *Dayi juemi lu,* 1730 edition and 1966 reprint.

ECCP: See Arthur W. Hummel, ed., *Eminent Chinese of the Ch'ing Period (1644–1912).*

Fairbank, J. K., and S. Y. Teng. "On the Transmission of Ch'ing Documents." 1939. Reprinted in *Ch'ing Administration: Three Studies.* Cambridge, Mass.: Harvard-Yenching Institute, 1960, pp. 1–35.

———. "On the Types and Uses of Ch'ing Documents." 1940. Reprinted in *Ch'ing Administration: Three Studies.* Cambridge, Mass.: Harvard-Yenching Institute, 1960, pp. 36–106.

Fang Chao-ying. "Tseng Ching." In Arthur W. Hummel, ed., *Eminent Chinese of the Ch'ing Period (1644–1912).* 2 vols. Washington, D.C.: Government Printing Office, 1943, pp. 747–749.

Feng Erkang. *Yongzheng zhuan* (Biography of Yongzheng). Beijing: 1985.

———. "Zeng Jing toushu an yu Lü Liuliang wenzi yu shulun" (Discussion of the relationship between the Zeng Jing case and the literary inquisition against Lü Liuliang). *Nankai xuebao* 5 (1982): 41–46; *Nankai xuebao* 6 (1982): 28.

Fisher (1974): See Thomas Stephen Fisher, "Lü Liu-liang (1629–83) and the Tseng Ching Case (1728–33)."

Fisher, Thomas Stephen. "Lü Liu-liang (1629–83) and the Tseng Ching Case (1728–33)." Ph.D. thesis, Princeton University, 1974.

Fisher, T. S. "Accommodation and Loyalism: The Life of Lü Liu-liang (1629–1683)." *Papers on Far Eastern History* (Canberra, Australia) 15, 16, 18 (March 1977, September 1977, September 1978).

Fisher, Tom S. "New Light on the Accession of the Yung-cheng Emperor." *Papers on Far Eastern History* (Canberra, Australia) 17 (March 1978).

[Fisher, T. S.] Fei Sitang. "Qingdaide wenzi pohai he 'Zhizao yiji' de moshi" (The relationship between the distortion of words in the Qing and the model of "Manufactured Deviance"). In Bao Shouyi, ed. *Qingshi guoji xueshu taolunhui lunwenji* (Collected proceedings of the international conference on Qing history). Liaoning: 1986, pp. 531–553.

Fu Lo-shu. *A Documentary Chronicle of Sino-Western Relations 1644–1820.* 2 vols. Tucson: University of Arizona Press, 1966.

Gongzhong dang Yongzhengchao zouzhe (Secret palace memorials of the Yongzheng reign). 32 vols. Taipei: Palace Museum, 1977–80. (Cited in the Notes as T, followed by volume and page numbers.)

Goodrich, Luther Carrington. *The Literary Inquisition of Ch'ien-lung.* Baltimore: Waverly Press, 1935.

Hauf, Kandice. "The Community Covenant in Sixteenth Century Ji'an Prefecture, Jiangxi." *Late Imperial China* 17, 2 (December 1996): 1–50.

Hay, Jonathan. "Ming Palace and Tomb in Early Qing Jiangning: Dynastic Memory and the Openness of History." *Late Imperial China* 20, 1 (June 1999): 1–48.

Huang Pei. *Autocracy at Work: A Study of the Yung-cheng Period, 1723–1735.* Bloomington: University of Indiana Press, 1974.

Hummel, Arthur W., ed. *Eminent Chinese of the Ch'ing Period (1644–1912).* 2 vols. Washington D.C.: Government Printing Office, 1943. (Cited in the Notes as *ECCP.*)

Hymes, Robert. "Lu Chiu-yuan, Academies, and the Problem of the Local Community." In W. T. de Bary and John W. Chaffee, eds., *Neo-Confucian Education: The Formative Stage.* Berkeley: University of California Press, 1989, 432–456.

Jining zhilizhou zhi (Gazetteer of Jining district). 11 *juan.* 1859. Reprint, Taipei: Xuesheng shuju, 1968.

Kahn, Harold L. *Monarchy in the Emperor's Eyes: Image and Reality in the Ch'ien-lung Reign.* Cambridge, Mass.: Harvard University Press, 1971.

Kaplan, Edward Harold. "Yueh Fei and the Founding of the Southern Sung." Ph.D. thesis, University of Iowa, 1970.

Kuhn, Philip A. *Soul Stealers: The Chinese Sorcery Scare of 1768.* Cambridge, Mass.: Harvard University Press, 1990.

Kutcher, Norman. *Mourning in Late Imperial China: Filial Piety and the State.* Cambridge, UK: Cambridge University Press, 1999.

Legge, James, trans. "Confucian Analects." In *The Chinese Classics.* 7 vols. Reprint, Taipei: 1963; vol. 1, pp. 137–354.

———. "The Doctrine of the Mean." In *The Chinese Classics.* 7 vols. Reprint, Taipei: 1963; vol. 1, pp. 382–434.

———. "The Shoo King, or the Book of Historical Documents." In *The Chinese Classics.* 7 vols. Reprint, Taipei: 1963, vol. 3, pt. 1, pp. 1–630.

Lü Liuliang. *Dongzhuang shicun* (Collected poems of Lü Liuliang). 1911. Fengyulou congshu ed., second collection.

———. *Lü Wancun wenji* (Collected literary works of Lü Liuliang). Reprint, Taipei: 1973.

———. *Lü Wancun xiansheng sishu jiangyi* (Mr. Lü Liuliang's commentaries on the Four Books). Edited by Chen Cong. Reprint, Taipei: 1978.

———. *Lü Wancun xiansheng sishu yulu* (Mr. Lü Liuliang's discussions of the Four Books). Edited by Zhou Zaiyan. Reprint, Taipei: 1978.

Lynn, Richard John, trans. *The Classic of Changes: A New Translation of the I Ching as Interpreted by Wang Bi.* New York: Columbia University Press, 1994.

Macauley, Melissa. *Social Power and Legal Culture: Litigation Masters in Late Imperial China.* Stanford: Stanford University Press, 1998.

Meng Sen. *Qingchu san dayian kaoshi* (An examination of the sources on three major early Qing controversial cases). 1934. Reprint, Taipei: 1966.

Meyer-Fong, Tobie. "Making a Place for Meaning in Early Qing Yangzhou." *Late Imperial China* 20, 1 (June 1999): 49–84.

Ming-Ch'ing Tang-an (Sources on Ming and Qing history). Edited by Chang Wei-jen. Taipei: Academia Sinica, 1986.

Mote, F. W. *Imperial China, 900–1800.* Cambridge, Mass.: Harvard University Press, 1999.

Naquin, Susan. *Millenarian Rebellion in China: The Eight Trigrams Uprising of 1813.* New Haven: Yale University Press, 1976.

QDWZYD: See *Qingdai wenziyu dang.*

Qingdai wenziyu dang (Collectanea of literary inquisition cases in the Qing dynasty). Peiping: Palace Museum, 1931–1934. Reprint, Shanghai: 1986.

Qijuzhu: See *Yongzhengchao Qijuzhu ce.*

Qingshi (History of the Qing dynasty). 8 vols. Taipei: Guofang Yanjiu Yuan,

1961.

Qingshi gao (Draft history of the Qing dynasty). Compiled by Zhao Ersun. 529 *juan*. Beijing: 1927. Reprint, Beijing: 1977.

Qingshi liezhuan (Biographies of Qing dynasty figures). 10 vols. Shanghai: 1928. Reprint, Taipei: 1962.

Qing shilu: Daqing shizong xianhuangdi shilu (Veritable Records of the Yongzheng reign). Edited by Ortai et al. Mukden: 1937.

Rawski, Evelyn S. *The Last Emperors: A Social History of Qing Imperial Institutions.* Berkeley: University of California Press, 1998.

Schneewind, Sarah. "Competing Institutions: Community Schools and 'Improper Shrines' in Sixteenth-Century China." *Late Imperial China* 20, 1 (June 1999): 85–106.

Shao Dongfang. "Qing Shizong 'Dayi juemi lu' zhongyao guannian zhi tantao" (An examination of the key concepts in Yongzheng's 'Dayi juemi lu'). *Hanxue yanjiu* 17, 2 (1999): 61–89.

Shen Yuan. "'Aqina,' 'Saisihei' kaoshi" (A study of the names Acina and Sesshe). *Qingshi yanjiu* 25 (1991): 90–96.

T, followed by volume and page numbers (e.g., T12/876–877): See *Gongzhong dang Yongzhengchao zouzhe.*

Ubelhor, Monika. "The Community Compact (*Hsiang-yueh*) of the Sung and Its Educational Significance." In W. T. de Bary and John W. Chaffee, eds., *Neo-Confucian Education: The Formative Stage.* Berkeley: University of California Press, 1989, pp. 371–387.

von Glahn, Richard. *Fountain of Fortune: Money and Monetary Policy in China, 1000–1700.* Berkeley: University of California Press, 1996.

Waley, Arthur, trans., and Joseph R. Allen, ed. *The Book of Songs.* New York: Grove Press, 1996.

Waley-Cohen, Joanna. *Exile in Mid-Qing China: Banishment to Xinjiang, 1758–1820.* New Haven: Yale University Press, 1991.

Wang Fansen. "Cong Zeng Jing an kan shibashiji qianqide shehui xintai" (The usefulness of the Zeng Jing case in studying the emotional life of early-eighteenth-century society). *Dalu zazhi* 85, 4 (1992): 1–22.

Wang Jingqi. *Xizheng suibi* (Casual notes of my journey to the West). *Zhanggu congbian.* Reprint, Taipei: 1964, pp. 114–142.

Wang Zhonghan. "On Acina and Sishe." *Saksaha: A Review of Manchu Studies*, no. 3 (Spring 1998): 31–35.

Watson, Burton, trans. *The Tso chuan: Selections from China's Oldest Narrative History.* New York: Columbia University Press, 1989.

Wechsler, Howard J. *Mirror to the Son of Heaven: Wei Cheng at the Court of*

T'ang T'ai-tsung. New Haven: Yale Univeristy Press, 1974.

Wenxian congbian (Collected Source Materials). 43 vols. Peiping: Palace Museum, 1930–37. Reprint, 2 vols. Taipei: 1964.

Wilhelm, Hellmut. "From Myth to Myth: The Case of Yueh Fei's Biography." In Arthur F. Wright and Denis Twitchett, eds., *Confucian Personalities*. Stanford: Stanford University Press, 1962, pp. 146–161.

Wilhelm, Richard. *The I Ching or Book of Changes*. Translated by Cary F. Baynes. Princeton: Bollingen Foundation, Princeton University Press, 1967.

Wu Bolun. *Xi'an lishi shulue* (Historical materials on the city of Xi'an). Xi'an: Shaanxi Renmin Chubanshe, 1979; expanded edition, 1984.

Wu, Silas Hsiu-liang. *Communication and Imperial Control in China: Evolution of the Palace Memorial System, 1693–1735*. Cambridge, Mass.: Harvard University Press, 1970.

———. *Passage to Power: K'ang-hsi and His Heir Apparent, 1661–1722*. Cambridge, Mass.: Harvard University Press, 1979.

Wu, Silas H. L. "History and Legend: *Yung-cheng Chien-hsia* Novels." In *Tradition and Metamorphosis in Modern Chinese History: Essays in Honor of Professor Kwang-ching Liu's Seventy-fifth Birthday*. Taipei: Institute of Modern History, Academia Sinica, 1998.

Xu Zengzhong. "Zeng Jing fan Qing an yu Qingshizong Yinzhen tongzhi quanguode dazheng fangji" (On the relationship between the Zeng Jing anti-Qing case and Yongzheng's absolutist tendencies in government). *Qingshi luncong* 5 (1984): 158–178.

Yang Qiqiao. *Yongzhengdi ji qi mizhe zhidu yanjiu* (A study of the secret report system of emperor Yongzheng). Hong Kong: 1981

Yongxing xianzhi (Gazetteer of Yongxing county]. 55 *juan* in 10 vols. 1883. Reprint, Taipei: Xuesheng Shuju, 1975.

Yongxing xianzhi (Gazetteer of Yongxing county). Beijing: 1994.

Yongzhengchao hanwen zhupi zouzhe huibian (A compilation of the Chinese-language reports and imperial endorsements from Yongzheng's reign). Published for the Beijing Number One Archive. 40 vols. Jiangsu: 1991. (Cited in the Notes as B, followed by volume and page numbers.)

Yongzhengchao Qijuzhu ce (Court Diaries of the Yongzheng reign). 5 vols. Beijing: Palace Museum, Number One Archive, 1993.

Zelin, Madeleine. *The Magistrate's Tael: Rationalizing Fiscal Reform in Eighteenth-Century China*. Berkeley: University of California Press, 1984.

Zhanggu congbian (Collected Historical Source Materials). 10 vols. Peiping: Palace Museum, 1928–29. Reprint, Taipei: 1964.

Zhu Shi et al., eds. *Bo Lü Liuliang sishu jiangyi* (A refutation of Lü Liuliang's commentaries on the Four Books). 1733. Reprint, Taipei: 1978.

Zi, Etienne. "Pratique des examens littéraires en Chine." *Variétés sinologiques*, no. 5 (Shanghai, 1894). Reprint, Taipei: 1971.

———. "Pratique des examens militaires en Chine." *Variétés sinologiques*, no. 9 (Shanghai, 1896). Reprint, Taipei: 1971.